铁甲洪流——古代骑兵

孟驰／著

文汇出版社

目 录

马其顿伙友骑兵 / 001
征服绳结 / 001
伙友骑兵的装备 / 003
马其顿骑兵的组成、阵型和战术 / 005
实战：从林卡斯到喀罗尼亚 / 006
战术：长途奔袭和领头冲锋 / 010

两汉骑兵 / 029
灭亡匈奴 / 029
汉军骑兵的装备 / 031
阵型与战术 / 035
名将：卫青与霍去病 / 037
决战大漠 / 040
窦宪的远征 / 043
东汉末年：袁曹争雄 / 047
平胡录：乌桓和羌 / 050

波斯骑兵 / 056

居功至伟 / 056

阿契美尼德波斯骑兵的装备和阵型 / 057

阿契美尼德波斯骑兵的常用战术和战例 / 058

帕提亚骑兵的组织和装备 / 061

卡莱血战 / 065

萨珊骑兵的编制和装备 / 075

萨珊时代的骑兵阵型和战术、战法 / 078

1. 集中力量,各个击破 / 079

2. 抄袭后路,断敌粮道 / 080

3. 诱敌深入,坚壁清野 / 082

4. 明修栈道,暗度陈仓 / 084

卡利奈孔,贝利撒留的耻辱 / 085

日耳曼骑兵 / 089

罗马之敌 / 089

日耳曼骑兵的装备、战术 / 090

高卢战争 / 093

条顿堡森林之战 / 100

哥特骑兵 / 103

被杀的罗马皇帝 / 106

匈奴入侵与亚德里亚堡会战 / 108

上帝之鞭与沙隆会战 / 117

拜占庭骑兵 / 125

小强帝国 / 125

拜占庭骑兵的构成和装备 / 126

战术和训练 / 128

达拉之战 / 129

征服北非 / 133

罗马之围 / 139

二打意大利 / 145

中期的拜占庭骑兵 / 148

灭亡保加利亚的战争 / 152

大唐骑兵 / 157

太原举义 / 157

唐代骑兵的装备 / 161

浅水原之战 / 165

大破刘武周 / 166

平定洛阳 / 167

从水淹刘黑闼到与突厥开战 / 172

突厥骑兵概况与突厥汗国的灭亡 / 175

追杀吐谷浑 / 178

东征薛延陀和高句丽 / 180

武街之战 / 188

蒙古骑兵 / 191

一统漠北 / 191

铁木真 / 192

蒙古骑兵的编制和装备 / 193

阵型和战术 / 196

大汗初征 / 197

大战野狐岭 / 200

骑兵战高手：哲别与木华黎 / 203
复仇之战 / 206
与俄罗斯人的交手 / 210
三峰山之战（上）/ 213
三峰山之战（下）/ 217
拔都西征 / 220

马穆鲁克骑兵 / 227
起源：从"古兰姆"到"马穆鲁克" / 227
装备和战术 / 229
百年帝国的没落：曼兹特克会战 / 231
伊斯兰世界的拯救者：赞吉王朝和阿尤布王朝 / 239
哈丁双角：天国王朝的末世挽歌 / 242
艾因贾鲁，世界征服者的折戟 / 250

诺曼骑兵 / 257
从海盗到商人 / 257
装备和战术 / 259
王位之争 / 262
在黑斯廷斯打起来了 / 264
亚平宁半岛的冒险 / 271
恶战奇维塔泰 / 275
底拉西乌姆之战 / 278
12世纪时的诺曼骑兵的装备和战术 / 282
阿苏夫大捷 / 285
阿苏夫战役中的狮心王 / 289

马其顿伙友骑兵

征 服 绳 结

在小亚细亚的佛律基亚，流传着这么一个传说：农民出身的国王戈耳迪，曾用山茱萸树的皮做成的绳子将自己用过的马车的车轭和车辕系在一起并打了个复杂的死结，他留下预言：谁能解开这个绳结，他就能征服整个亚洲。

不少想成为亚洲之主的人都试着解开这个绳结，但都以失败而告终。公元前4世纪的一天，有位来自欧洲的国王也做了尝试，同样没有成功。他毫不犹豫地拔出自己的佩剑，将绳结一劈两断，而后讥讽地说："问题解决了。"

这句话很短，但包含着巨大的野心，背后的意思就是：让亚洲在我的剑下屈服吧。

这位国王的口气不小。通常说来一个人如果口气太大，那他的能力一般都不咋样。但这位国王在随后的数年时间内，用实际行动实现了他的诺言，证明了他并不是个只会吹牛的家伙。这位野心与能力兼具的国王，就是号称"万王之王"的马其顿国王——亚历山大大帝。

那亚历山大大帝又是如何一步步实现了征服亚洲的雄心壮志呢？千百年来，关于亚历山大大帝的评价和称颂可谓是不计其数，但大多是简单的对其出色的军事政治才华的吹捧，不免流于俗套，而伟大的革命导师恩格斯的评论可谓别具一格："他（亚历山大）是历代最优秀的骑兵指挥官之一。"一语点破了大帝战无不胜的关键：拥有一支出色的骑兵队伍，以及出神入化的骑兵战术。

古罗马时代的亚历山大大帝铜像

马其顿骑兵已经被公认为古代地中海世界乃至西方世界最优秀的骑兵之一，但它的由来和壮大却不是用一两句话能说得清的。看官莫急，我们先从马其顿王国的发展说起。

古希腊世界的构成是很有特色的：整个半岛被多山地形分割为无数个城邦，每个城邦都是一个相对独立的王国——无论是经济还是政治、外交。这使得古希腊世界看起来和我国的东周王国有些相似——说白了就是一大片诸侯国的联盟嘛。如果把古希腊世界比作东周列国的话，那马其顿王国就类似于秦王国：地处北方，和内地各城邦交往甚少；内地城邦地处山地，经济上以农业为主，马其顿王国却是地处平原，人民多从事畜牧业。这导致了两个后果：一，多年来希腊各城邦一直视马其顿为蛮夷，而非希腊人的一员；二，当其他城邦因地形及经济形态限制，作战只能以重步兵方阵为主、少量骑兵为辅的时候，马其顿王国却能轻松建立起一支规模不小的骑兵队。

不过，拥有一支规模不小的骑兵队和拥有一支强大的骑兵队是两回事，由于被南方城邦视若异类，遭受来自他们的攻击对于马其顿王国而言是常有的事。马其顿诸王奋起抵抗，但多以失败告终，甚至到了不得不将王子派到敌国作为人质的屈辱地步。直到公元前357年，亚历山大的父亲菲利普（即菲利普二世）登位后，这一状况才得以改变。

菲利普就是前文提到的前往敌国作人质的王子，由于他的哥哥亚历山大二世在与敌对城邦底比斯的争斗中败北，他被迫在底比斯待了3年。但塞翁失马焉知非福，底比斯当时是希腊城邦中最强大的，菲利普在底比斯逗留期间，乘机悉心学习对方在政治和军事上的理论成果。当他回国继承王位后，他就利用那3年所学到的知识，在国内进行了一场意义重大的改革。

改革的内容简单来说有如下几点：1. 将军队职业化，马其顿从此成为继斯巴达之后第二个拥有职业军队的希腊城邦；2. 对马其顿步兵的装备和阵型进行改良，创造了别具特色的马其顿方阵（这个下文将会提到）；3. 加强王权，令马其顿成为一个君主集权制国家；4. 对马其顿骑兵进行了改组。这事值得一提。

其实举措3和举措4彼此关系不小，古希腊大多数城邦实行的是民主制或军事寡头制，无论哪种制度，城邦的政治大权都掌握在贵族手里。菲利普为加强集权，命令马其顿贵族们将自己的儿子全部派到宫中来，组建了一支贵族骑兵队。虽然古希腊其他城邦的骑兵同样多为贵族充任，但马其顿的贵族骑兵的主要任务却是作为国王的近卫骑兵队而存在。当然，这样做也有另一个目的：所有马其顿贵族之家等于都朝宫中派出了人质。

虽说这一做法有着预防的意味，但菲利普表面上对这支官二代骑兵还是挺客气的，宣称他们为自己的"伙伴"而不是"手下"，这支骑兵队因此得名为"伙伴骑兵队"，又称"伙友（hetairoi，古希腊语ἑταῖροι）骑兵队"。在菲利普二世和亚历山大统治时期，伙友骑兵队不仅是马其顿骑兵乃至马其顿军队中的头号精锐，更成为亚历山大大帝每场战役取胜的关键之钥。

伙友骑兵的装备

既然是头号精锐，那装备也势必是最好的。伙友骑兵的防护装备包括波奥蒂亚式头盔（The Boeotian helmet）和胸甲、胫甲、盾牌，兵器有绪斯同骑枪（The xyston）、科庇斯弯刀或希腊剑（The xiphos）。

波奥蒂亚式头盔用金属薄片制成，是一种开放式头盔，盔顶为半圆形，周围环绕着一圈宽阔的下斜式帽檐，帽檐后端下垂，前端突出，边缘则呈现层叠状，这样骑手的颈部、前额以及侧面便都能得到防护，而与此同时又不影响骑手的视野范围和听力，这种设计令古希腊著名军事家色诺芬都称赞不已。

骑兵胸甲有亚麻布质地和青铜质地，但更常见的是前者，胸甲分为前后两片，分别为胸部和背部、肩部提供防护，前段有一片翼装下垂以保护腹部。胸甲底部则环绕着一圈金属片，如同腰带一般，遮蔽着穿戴着的腰部、腹股沟和大腿。亚麻布质地的胸甲通常由 11 到 18 层亚麻布层叠而成,有 1 厘米厚。

胫甲则为铁质,从人体的膝盖一直延伸到脚背,以保护人的腿部。

除了亚麻或青铜胸甲外,伙友骑兵还装备按照人体肌肉结构设计的"肌肉型胸甲",多为青铜质地,但极其少见。

骑兵所用盾牌为马其顿阿斯皮斯盾牌,外形像一个扁平的碗,直径为 60 厘米左右,多为木质,表面包铜。盾牌无边,内侧有把手可供把持,平时可通过一条肩带挂在肩部。

绪斯同骑枪其实是一种突刺型长矛,矛柄为山茱萸木质地,长度达 3.5 到 4.25 米,长矛两端均装有矛尖,这样有两个好处:一是平衡长矛重量,二是一旦前端矛尖折断,后端矛尖可以作为备用。马其顿骑兵在使用绪斯同骑枪时根据个人喜好或将其搁在肩上,或夹在腋下,矛头朝下,冲锋时一旦刺进敌人体内,则不再拔出而改用弯刀或希腊剑作战,这样可以避免因冲力而导致骑手被掀下马去。

科庇斯弯刀为单手武器,刀身长 48 厘米,为反曲形,刀身的造型设计令其兼具劈砍和刺击的能力,在挥砍时力度相当于一把战斧,深得色诺芬推崇。著名的狗腿刀就是从科庇斯弯刀基础上发展而来。

希腊剑更为常见,剑身长度为 50 到 60 厘米,剑刃为柳叶形,重心前倾,有明显的收腰,与科庇斯弯刀一样可同时用于劈砍与刺击。早期的希腊剑为铜质,古典时期为铁质。骑手们一般把它挂于左臂下的背剑皮带上,当长矛损毁或被丢弃时,才拔出来近身肉搏。

骑兵们所乘坐的战马值得一提。希腊半岛以山地地形为主,自然诞生不出好牧场,也养不出优质战马,希腊本土马匹四肢力量偏弱且耐力差,不适合充当军马。但色萨利城邦出产的品种除外,公元前 5 世纪晚期的希波战争中,波斯军队曾在那里过冬,色萨利马匹得以与波斯的良种军马——尼萨恩马杂交、改良,色萨利骑兵由此也成为希腊城邦骑兵中的佼佼者,因而菲利普成为色萨利同盟首领时,将大量色萨利骑兵编入马其顿骑兵队伍中,色萨利马也随之流入马其顿。

马具方面是很简单的,只在马头装有一个铁甲护头,另外马背上披有一大块豹皮作为马鞍的代用品,同时对马身能起到一定的防护作用。

不过部分有钱的马其顿贵族可能拥有亚麻布织的马甲。

此外,由于全套装备的重量是十分可观的,骑手不可能一天到晚背着它们,所以每名骑手往往携有一名侍从为其照管装备。战时这些侍从也将跟随出战,他们的位置在主人的后面。

马其顿骑兵的组成、阵型和战术

伙友骑兵主要由马其顿王国下辖的8个城邦的贵族和上层公民组成,起初的规模很小,不超过800人,仅能勉强编成4个中队(马其顿骑兵以中队为战时基本单位,早期一个中队为200人左右),在菲利普二世的手上不断扩大,到他远征波斯时已有8个中队,1 800余人,亚历山大大帝时期可能超过2 000多人。当然此时其中很可能混杂有一部分来自色利萨和希腊各地的成员,但主体应该还是马其顿人。

除了伙友骑兵外,马其顿军队中还拥有一支前哨骑兵队,这是一支轻骑兵,主要任务是负责战前的侦察。作战时他们则担任攻击先锋。前哨骑兵装备与伙友骑兵类似,但没有胸甲,所携武器中有一种希腊式短矛(长4到6英尺,矛头细长,重量很轻,既可以用于击刺,也可作为投枪投掷),兵源同样来自马其顿各地。

另外,菲利普在统治后期,又从色雷斯等地招募了一批雇佣骑兵,这也与当时希腊各邦普遍使用雇佣军的潮流相符合。

在菲利普二世改革前,马其顿骑兵的阵型与希腊其他城邦的骑兵一样,都是长方形或正方形,这种阵型不但攻击力一般,进行队形转换时也很不方便。针对以上问题,菲利普很有创意地设计了一种楔形骑兵阵,这个阵型看起来像是一个倒立的三角,是以小队为单位设置的(每个马其顿骑兵中队下辖4个小队,每小队49人)。小队长立于方阵最前列,他的身后就是方阵的主列,由13名骑兵构成,往下每列按2人为单位逐次递减(例如主列后的第二列就是11人,第三列9人……),最后一列仅有1人,按$1+3+5+7+9+11+13=49$的公式来推算的话,可知一个楔形阵除队长外共有7列。小队长的职责除了带头冲锋外，还需指挥方阵内的骑兵们彼此间保持一定距离，以不至于阵型太过分散或在冲锋时发生碰撞。

一个楔形阵由一个马其顿骑兵小队组成，则 4 个楔形阵就并列组成了一个完整的马其顿骑兵方阵。这种阵型既能将主要兵力部署在战斗纵队的最前线，又兼顾到了方阵纵深的排布，在一定程度上提高了马其顿骑兵的攻击力。

当然，楔形骑兵阵只是马其顿军队方阵中的一部分而已，完整的马其顿大方阵是由重装步兵、轻装步兵、骑兵共同组成的——重装步兵方阵在中央，轻装步兵分布于方阵两侧，轻装骑兵如前哨骑兵、雇佣骑兵等分布于左侧轻装步兵的左前方，组成方阵最左翼，重装骑兵如伙友骑兵等分布于右侧轻装步兵的右前方，组成方阵最右翼。这种阵型用雅典名将伊菲克拉特斯的话来说，就是一个人的全身：将军是头，重装步兵是胸部，轻装步兵是手，骑兵则是脚。

由于在当时无论马鞍还是马掌都没发明，骑兵们难以进行长途奔袭作战，也无法承受冲锋时所带来的反作用力，何况希腊各城邦在作战时都是以长矛如林的步兵方阵为主打，骑兵正面强突势必伤亡惨重，因而当时的骑兵战术更多的是迂回到敌方侧翼或后部进行打击。该战术由底比斯将领帕贡达斯于德利乌穆战役首创，而后各城邦骑兵队纷纷效仿之，菲利普的马其顿骑兵也不例外，但他的儿子亚历山大将步兵方阵和骑兵方阵之间的长处相互结合，创造了铁砧战术等多种灵活多变的战术，此是后话，这里暂且按下不表。

实战：从林卡斯到喀罗尼亚

在进行了一系列改革之后，菲利普二世很快将这支马其顿新军应用于实战之中，首当其冲的是马其顿西北部的伊利里亚部落（阿尔巴尼亚人和南斯拉夫人的祖先）。公元前 358 年，菲利普二世与伊利里亚首领巴迪亚斯在林卡斯决战。双方兵力相仿但马其顿骑兵略多。战役爆发时，巴迪亚斯摆出了由数列步兵纵队组成的重步兵方阵，而菲利普二世则摆出了"斜线步兵方阵"（底比斯名将伊巴浓密达发明的，将重兵集中于方阵左翼，右翼则排于左翼之后的著名方阵）。

斜线方阵的攻击重点无疑是左侧，因而战斗甫一开始，位于马其顿一方左前翼的轻装骑兵就对伊利里亚军的右翼率先发动攻击。靠着投枪的远距离打击，他们竟成功地在对方右翼打出一个缺口来，马其顿步兵方阵左翼随后从缺口涌入。由于他们的兵力明显比对方占优势，伊利里亚军右翼很快就吃不消开始后撤，方阵左翼的侧翼就此暴露，伙友骑兵乘机从中杀入，与步兵前后夹击，伊利里亚方阵全线崩溃，战死者达 7 000 余人之多。好不容易逃得一命的巴迪亚斯被迫向菲利普求和，伊利里亚就此被马其顿征服。林卡斯一战也成了首次有明文记载的伙友骑兵与步兵配合并彰显威力的一战。

林卡斯大捷后，菲利普二世再接再厉，接连扫荡了东线和色雷斯西南部，并击败了南部城邦福基斯和斐赖，基本统一了王国全境。尊重从来都是靠自己争取来的，马其顿的崛起令原本瞧不起它的邻居从此刮目相看。以色萨利城邦为首的色萨利同盟召开会议，任命菲利普为色萨利同盟的执政官。这一举措不仅代表着希腊各邦正式承认马其顿为希腊城邦的一员，更使色萨利并入了马其顿王国版图，为菲利普带来了 2 000 余名强悍的色萨利骑兵，从而壮大了马其顿骑兵队的规模。

顺带一提：色萨利骑兵除了身披镶白边的暗紫色披风外，其装备与伙友骑兵基本相同，这意味着他们也被归入重骑兵一列，在作战时与伙友骑兵分别部署于方阵的左右翼。

马其顿的统一及向南扩展势力的行为，引起了希腊半岛的雅典、底比斯、斯巴达等城邦的不安。要知道古希腊世界的历史就是一部各个城邦之间互相争霸又互相制约的历史，要是有哪个城邦突然强大起来，进而打破半岛势力平衡，成为城邦联盟中的霸主的话，其他城邦必定群起而攻之，直到将其打败削弱为止。大型城邦雅典、斯巴达、底比斯等都未逃脱这一命运，现在轮到马其顿来享受这一"待遇"了。

公元前 338 年，在雅典的极力煽动下，希腊城邦联军对马其顿的战争终于在希腊中部的喀罗尼亚爆发，由于斯巴达临时拒绝参加，因而领导联军的为雅典和底比斯的军队。这场战役中，年仅 18 岁的亚历山大作为伙友骑兵统领参战，这也是他数十年军事生涯中迎来的第一场大考。

但这第一考，亚历山大就遇上了一块硬骨头，按照惯例，他所率领的近卫骑兵（伙友骑兵）和色萨利骑兵一起布置在方阵左翼突出部位，这意味着他所面对的是希腊联军的右翼。而担任联军右翼的是底比斯人。这是一支战斗力非常凶悍的军队，他们的杀手锏除了前面提到的斜线方阵外，还有一支特种部队：底比斯圣军。

底比斯圣军又是何方神圣？说来可能会让读者哑然失笑，他们是人类有史以来第一支由清一色的同性恋情人组成的队伍。全军人数为300人，也就是150对男性同性恋。

这样的特种部队可能让你看着觉得可笑，但底比斯人于公元前378年组建它的时候可是非常严肃的。在现代，无论东西方，同性恋者都属于被人鄙视甚至唾骂的人群，但在古希腊时代，人们却视之为神圣的爱情。古希腊人认为男人和男人之间的感情比男女之情更加坚定而神圣（圣军由此得名），因而当一对基佬并肩作战的时候，他们迸发出的勇气也非同一般——谁都不想在爱人面前显得懦弱无能吧。而事实证明，这一创意是正确的，在之后的数十年间，这150对真心相恋的基佬贵族不断活跃在半岛的各个战场，骁勇异常，罕逢敌手，成为古希腊一支精锐部队。靠着圣军和斜线战术，底比斯人于公元前371年在留克特拉战役中，击败了当时不可一世的斯巴达人，从对方手里夺走了半岛霸主的地位。

亚历山大固然也是古代西方军事史上难得一见的将才，但此时他毕竟还是个青涩的小伙子，作战经验与当年的斯巴达人可以说是差老鼻子远了，他能交出一份令他父亲满意的答卷吗？

马其顿军左翼的菲利普面对的固然是实力差一些的雅典人，但在人数上他同样处于劣势，且雅典军左侧有一道山脊保护，在地利上又占了上风。菲利普又该如何应对呢？

菲利普的选择出人意料：战斗一开始，亚历山大的右翼军队一动不动，只有菲利普亲率轻骑兵和重步兵方阵朝联军左翼压去，雅典方阵立刻迎战，尽管马其顿步兵在兵器上有着一定优势（马其顿步兵所使用的长矛有5到6米长,比希腊城邦的标准长矛长了近一倍),但菲利普似乎还是吃不住人数众多的雅典军队的攻击,没多久便开始败退。

马其顿人在北方号称无敌,原来就这点能耐啊,真是闻名不如见面。雅典人士气大振,追击是自然的,俺们今天吃定你们这些号称希腊人的蛮子了!

不过马其顿军队的败退与常见的溃退貌似很有些不同,他们不是简单的转身而逃,而是边战边退,特别是步兵方阵,退却时是很有秩序的,一丝不乱。当然,沉浸在兴奋中的雅典军队是不会注意到这一点的。

就这么边追边打了几百米,菲利普的左翼已经退到原来阵线的后面去了,而亚历山大却仍留在原地,冷眼看着自己父亲被雅典人追着打。此时整个雅典方阵都已经压向马其顿军的左翼去了。

雅典人没有意识到,这样一来导致了两个问题:一他们离开了自己依托的山脊,左侧不再有天险保护;第二点也是最要命的,由于马其顿方阵的右翼一直不动,联军方阵的左翼也没有动,这样雅典人就把底比斯人远远甩在了身后,也就是说,联军左右翼之间出现了一大片空白地带。

亚历山大等待的就是这一刻,随着他一声令下,养足了精神的马其顿右翼突然发动,向完全暴露的雅典军侧翼和后背袭去!

雅典军队重拳接连出击,打得正高兴,没想到自己的屁股被亚历山大重重踹了上去,一时慌了神。而此时菲利普也不再退了,马其顿步兵开始奋力挥动长矛朝雅典人脸上捣去,推动盾牌朝雅典人身上撞去。

这么一夹,雅典方阵也和伊利里亚方阵一样崩掉了。亚历山大顾不上追击雅典人,而是挥师攻向还傻在原地的底比斯人。没有了雅典人守护底比斯人的侧翼,亚历山大很快就绕到了以步兵为主的底比斯方阵之后,和他的父亲一道将底比斯人夹成了又一块三明治。

尽管败局已定,但底比斯人却并未像他们的雅典盟军一样落荒而逃,他们依旧不屈不挠地与马其顿人厮杀着。圣军更是发挥着宁死不降的英勇传统,一次次向亚历山大的军队冲杀过去,直至全军覆没。战后菲利普二世视察战场时，发现这 300 具尸体的致命伤口竟全都在胸部——也就是说每一个人都是战死而不是转身逃跑时被杀的，这令这位国王也对这些敌人肃然起敬不已。

圣军的无畏精神并未改变战役的结局，缺乏骑兵的底比斯军队最终无力抵挡马其顿军的步骑夹击而败走。两大主力都被击败了，剩下的小城邦联军只能选择投降。喀罗尼亚之战以马其顿人大获全胜而告终。

如果说在林卡斯，马其顿骑兵还只是作为步兵的附属部队而战，功劳顶多与步兵五五开的话，那么到了喀罗尼亚战役的时候，骑兵队起到的就是力挽狂澜的作用，是扭转不利局面的关键因素。少年亚历山大于此役的表现至少可以打 90 分以上。

战术：长途奔袭和领头冲锋

喀罗尼亚之战彻底粉碎了希腊联盟压制马其顿的希望，各个城邦见风使舵，纷纷转而投靠到菲利普这一边来。公元前 337 年，一场大会议在科林斯城召开，希腊半岛的所有城邦除科林斯外都派来了代表，会上决定成立科林斯同盟，希腊世界的全部城邦均囊括其中，并选定马其顿为科林斯同盟的领导。新的霸主就此诞生。

从被人鄙夷的蛮夷首领一跃成为全希腊同盟的执牛耳者，菲利普的激动和喜悦自不必提了，但他并没有被一时的胜利冲昏头脑，在他的心中，还有更为远大的目标没有完成：进军亚洲，向波斯复仇。

崛起于伊朗高原的波斯人是雅利安人（二战狂魔希特勒很推崇这一民族的血统）的一支，公元前 550 年，波斯的阿契美尼德家族首领居鲁士二世（又称居鲁士大帝）在安善城起兵，先后灭亡了米底、吕底亚、巴比伦等国，一下统一了整个两河流域，并将势力范围扩展到小亚细亚。

征服的欲望是无止境的，拿下西亚和中东后的阿契美尼德波斯人开始将触手伸进希腊世界。公元前 5 世纪起，波斯王大流士一世和其子薛西斯一世先后两次大规模入侵半岛,均败在训练有素的希腊军队手上,著名的马拉松战役和普拉提亚战役中,希腊人都击退了波斯人的进犯。

一再的挫折并没有让波斯人放弃他们的野心,直接出兵不成,他们就改用插手对手内部事务的办法。希腊城邦之间连绵不断的战争为波斯人提供了极好的机会,以雅典为首的提洛同盟和以斯巴达为首的伯罗奔尼撒同盟之间爆发的两次伯罗奔尼撒战争中,波斯人或支持雅典,或支持斯巴达,利用一次次的煽动和挑拨,他们不但令希腊人在内战中损耗加剧,还一度成为古希腊世界的宗主国。

菲利普深知波斯人的阴谋能够得逞,完全是希腊人之间的不团结造成的。只要内战一天不停止,形势就永远有利于波斯人。为此他在科林斯大会上呼吁全希腊各邦抛弃彼此的旧仇,联合起来向波斯人讨还一个世纪以来的累累血债。菲利普的呼吁很快得到了大家的赞同并迅速付诸行动:由马其顿大将帕尔米奥所率领的一万多人的远征军于当年率先出发。

形势对于菲利普相当有利,波斯国王阿尔达希尔三世为宦官巴格瓦斯所毒杀,巴格瓦斯随即另立傀儡,把持朝政。波斯国内局势一片混乱,自然无瑕抵抗希腊人,帕尔米奥很快就在小亚细亚占领了不少据点。

造化弄人,正当雄心勃勃的菲利普打算组织希腊同盟军赶去与帕尔米奥会合时,阿尔达希尔三世的不幸命运却降临到了他的身上:公元前366年,菲利普在出席女儿的婚礼时被刺杀。

菲利普的死在希腊世界掀起了轩然大波,原本就对马其顿不服的雅典、底比斯等各城邦纷纷举兵反对马其顿。王国内部为了争夺王位也爆发了激烈的斗争。新继位的波斯王大流士三世也乘机收复了几乎所有失地。马其顿王国内外交困,远征计划就更无从谈起了。

但塞翁失马焉知非福,菲利普的死为更为雄才大略的亚历山大提供了发挥的机会。这位刚满20岁的年轻人刚继位就平定了国内的反对势力。随后他又以迅速推进的方式四处出兵,征服了色萨利、伊利里亚等蠢蠢欲动的城邦。

当亚历山大锋芒初露的时候,一些全无自知之明的人却主动将身子朝上凑。底比斯人轻信亚历山大已在远征伊利里亚的途中身亡的谣言,在雅典的支持下公开造反,并发兵攻击卡德米亚的马其顿军。但他们打得正欢时,他们发现那个传说中已死的亚历山大突然幽灵一般地率军出现在了他们身边,其现身之快甚至远超出底比斯人的想象——亚历山大大帝充分发挥了马其顿骑兵在机动性上的特长,打了一次漂亮的长途奔袭。

亚历山大的奔袭取得了完全的成功,底比斯人根本没做好应对的准备,于是仅过了一天,底比斯城就陷落了。作为惩罚,6 000 底比斯人被屠杀,幸存的妇孺被卖为奴隶,整座城池被夷为平地。底比斯这个曾经威风一时的强邦从此从希腊版图上消失了。

亚历山大的做法是残酷的,但也是必要的,希腊各城邦为底比斯的下场所镇服,从此再也没有人再敢小瞧这个年轻人,更没人再敢胡思乱想了。亚历山大远征亚洲期间,除了一直拒绝归附科林斯同盟的斯巴达外,希腊半岛众城邦再未叛乱过,稳固的后方基地为亚历山大的胜利提供了坚实的保障。

制伏了希腊后,亚历山大开始着手完成父亲未竟的遗愿。在出发前,他把在马其顿的财产全部分给自己的亲友,当别人问他拿什么留给自己时,亚历山大轻松地回答道:"希望。"

是啊,只有抛弃所有杂念和牵挂,一心全力以赴,人们才能克服千难万险,到达成功的彼岸。西楚霸王项羽在巨鹿破釜沉舟,以少胜多大胜秦军,不也是彻底斩断了一切后撤的念头,紧握着不胜则亡的希望才做到的吗?

公元前 335 年,轻装上阵的亚历山大亲率 37 000 大军,踏上了亚洲的领土,在那里,他将成就他人生中最伟大的事业。

在出发之前,亚历山大效仿他的父亲,对马其顿军队进行了一些改革,不过改革的重点是骑兵。由于统一了希腊,亚历山大的兵源大为增加,骑兵队中也加入了数千希腊各城邦的兵员。骑兵小队和中队分别增加到了 64 人和 512 人。中队之上又设团,一个满编的骑兵团拥有 8

个中队，4 096人。

此外在骑兵战术和阵型方面，他也有所改进。首先是吸收了色利萨骑兵的菱形阵，先前菲利普二世发明的楔形阵将骑兵方阵的兵力从阵尾到阵首逐次增加，这样固然增加了阵首的战斗力，但方阵却只能以最宽阔的直线率先迎敌。学过物理学的应该都知道，作用力的大小和受作用物体的面积大小是成反比的，因而倒三角的楔形阵的最大缺点就是将骑兵的第一优势——冲击力限制到最小。而色利萨人所使用的菱形阵恰似把两个三角形底边相连，三角形的锐角面对敌方方向，这样骑兵们在冲锋之时就能将冲力提升到极限，整个方阵也能如同一把尖刀一般插入、搅乱敌阵。

其次，喀罗尼亚之战无疑给予了亚历山大很大的启迪，雅典人崩溃之迅速让他意识到了步骑协同作战的无穷威力。为此他创造了"铁砧战术"，相信各位读者对铁匠们的打铁方式并不陌生：一手用铁钳将块铁紧紧钳制在砧板上，一手挥舞铁锤敲击块铁。而铁砧战术的铁钳就是马其顿骑兵队，作战时他们先通过迂回、侧袭等方式，将"块铁"——敌人驱离原来的位置，与此同时马其顿步兵方阵如铁锤一般，向着敌阵的后部踏步前进，而骑兵队则将敌人一路朝己方步兵方阵逼去。这样敌人在后退中就只能将自己的背部送到马其顿步兵的长矛丛林上去，或为马其顿步兵方阵的气势所摄，转身迎敌，而背后被马其顿骑兵乘机捣个稀烂。在无敌于天下的罗马军团诞生前，这种战术几乎是无解的。

回头说说波斯那边。波斯王国对被征服地区采取的是总督管理制，小亚细亚各省的总督们唯恐亚历山大的军队践踏、破坏他们的辖区，决定给马其顿人一个迎头痛击。当时有个叛国的希腊籍将领迈农认为波斯步兵不是马其顿人的对手，劝他们坚壁清野，等待国王主力来援，然而他的建议却被自信满满的总督们一口回绝。

波斯总督们这么自信也是有资本的，他们将作战地点选在了格拉尼卡斯河。这条河流水流湍急，河面宽阔，不少地方深不见底。更可怕的是，河岸又高又陡，有些地方竟与悬崖无异。

为了有助于理解总督们的考量，这里先介绍一下波斯军队的装备和战法。

波斯军队分为三个部分：波斯步兵、波斯骑兵和仆从军。波斯人只有轻型步兵，没有重步兵。所有步兵队按军团——千人队——百人队——十人队予以编制。最小作战单位十人队由一名十夫长和九名弓箭手组成。十夫长手持一个50到70厘米的柳条编成的盾牌以及一支2米长的长矛。弓箭手则装备藤条制成的弓和短剑。所有人头戴软毡帽，身穿带袖子的鱼鳞甲。波斯骑兵则头戴球锥体的尖顶青铜质头盔，身披鱼鳞甲或皮甲，兵器有短矛、匕首、弓箭和标枪。仆从军的装备很杂，囊括了亚非欧各洲的数十个民族，还有一部分希腊雇佣军，难以几句话说清。

从上面可以看出，波斯军队的战术与注重突击和近身肉搏的希腊人恰好相反，他们的长处在于远程火力，作战时十夫长一齐将柳条盾连接在一起，组成一道长长的"盾牌工事"，而弓箭手们就依靠工事的掩护，朝敌军射出漫天箭雨，骑兵则绕到敌军侧翼，但多用弓箭和投枪在一定距离外袭扰敌人。马其顿军和波斯军的战斗，属于矛与箭——就像各自手中的主力兵器一样——的对决。

现在大家可以理解为什么波斯总督们那么坚持出战了，马其顿的步兵和骑兵攻击确实凶猛，但格拉尼卡斯河是一道天然的屏障，足以极大地限制他们的行军速度。而且河岸一畔的波斯人可谓是占据了火力制高点，只要马其顿人近不了他们的身，再优秀的军队也只能干挨自己的远程全面打击而无法还手。

马其顿一方也注意到了这一点，随同亚历山大一道出征的帕拉米奥指出河流和河岸都是他们的敌人，建议国王先在河边扎营，再另想办法。

但豪情万丈的亚历山大和那些波斯总督一样，对别人的良言不予考虑，他的理由是："赫勒斯滂海峡我都过来了，难道今天这么条小水沟就把我的去路挡了，那不是让全世界看我的笑话吗？"

说完亚历山大就排兵布阵去了，他让帕拉米奥指挥左翼的色萨利骑兵、希腊城邦骑兵和轻步兵，自己则率领伙友骑兵、前哨骑兵组成了右翼。格拉尼卡斯河战役就此爆发。

战斗刚拉开序幕之时，双方都按兵不动，波斯人在等待战机，而马其顿军也看出地形的不利,不敢随便冲锋。战场一时竟和考试时的教室一般安静。

这可大大出乎亚历山大的意料之外,他知道士兵们也和帕拉米奥想到一块去了。但子弹已经上膛,怎么可以就这么干耗着,或者一枪不发收起来呢?于是他做出了个无比大胆的决定。

"伙友骑兵的弟兄们,跟我上啊!"吼出了这一嗓子后,他就带着右翼部队冲进河里去了。这当儿除非自己率先做出个榜样来,否则没有人会朝着波斯人的枪口上撞的。当然亚历山大也不是盲目乱冲一气,而是指挥着部队,与水流方向成斜角前进,这样一来水流对他们的阻力大大减小,二来波斯人就无法在拉长的战线上向他一起出击了。而他的队伍却可以用尽可能密集的队形攻击敌人。

波斯军队立刻发动,步兵和骑兵一起涌到河边来,朝着河中的马其顿人射箭投枪,由于他们在高处,因而没有视野和火力死角。一时间,箭支和标枪如同滂沱大雨,一齐向亚历山大和他的部下头上打来。

这种情况下,马其顿军的伤亡自是不必说了,担任先锋的一个苏格拉底骑兵中队更是几乎死伤殆尽。虽然他们顶着箭雨,爬上了陡峭的河岸,然而还未来得及摆好菱形阵,波斯骑兵队就朝他们冲杀下来。尽管如此,这个中队还是展现出了不亚于底比斯圣军的勇气,大部英勇战死。

苏格拉底中队的牺牲为同伴们争取到了宝贵的时间,马其顿军的右翼主力抓紧机会,在河岸一边开拓了一片登陆点,这其中就有亚历山大的伙友骑兵团,等到他抵达登陆点的时候,苏格拉底中队只剩下少数人还在奋战着。

然而已经没有时间留给亚历山大来哀悼了,他的那身鲜亮的盔甲在渡河之前就出卖了他。波斯人特地在他渡河的地段上集结了重兵。见马其顿国王已经过河,以大流士三世的女婿米色瑞达提斯为首的骑兵队立刻朝这边压了过来。

此时战斗已经演变成了双方残酷而血腥的肉搏战,马其顿骑兵和波斯骑兵绞在一起,矛尖如万道金蛇一般左刺右扎。亚历山大不顾自身遭遇围攻,一边高呼一边亲自挥动长矛与敌人作战。

米色瑞达提斯和波斯大将罗萨西斯、斯皮色瑞达提斯此时已经冲破了伙友骑兵的阻拦，直取亚历山大。武艺高强的亚历山大一矛就刺穿了米色瑞达提斯的脸，而后将他甩到地上。然而罗萨西斯却乘机猛地一刀劈在马其顿国王的头上，好在后者的头盔还算坚固，虽被劈掉一大块，却不曾伤到头脸。

亚历山大回身一矛刺死罗萨西斯，用力之猛把矛尖也折断了。此时他突然觉得耳边起了一阵风声，还未等他反应过来，只听一声惨叫，一大摊血溅到了他的脸上。

亚历山大回过头，见斯皮色瑞达提斯捂着被砍断了的肩膀，在地上痛苦地乱滚着，而伙友骑兵队长克雷塔斯提着带血的科庇斯弯刀，在一旁大口喘着气。

"真的好险，王上，差一点您就没命了。"克雷塔斯擦着冷汗道。

"谢谢你，克雷塔斯，我会好好奖赏你的。现在，和我一起作战吧。"亚历山大轻松地一笑，又冲了上去。

此时马其顿军队的左翼也已一批批渡河而来，登陆点的力量对比发生了变化，形势也随之改变：波斯骑兵的近距离作战本来就不如伙友骑兵和色利萨骑兵，他们手中的矛枪又比马其顿骑兵要短得多，数量和地形上的优势不再后，他们就再也抵挡不住了。

国王险些遇难，这激起了马其顿军的无比愤怒，他们更加狠命地与波斯人格杀。波斯方阵面对亚历山大的中央地段先动摇了，紧接着两翼也被突破，接下来的就是溃败了。

波斯人乱纷纷地逃走，将希腊雇佣军丢下不顾。亚历山大对他们绝不留情，下令全歼。因而大部分波斯骑兵得以逃生，但即便如此他们的损失也极其惨重：2万多人战死。马其顿一方的损失按阿里安的记载有点小得出奇，只死了一百多人，但其中骑兵达六七十人，考虑到马其顿远征军中的步骑人员之比（5 000对32 000），可以说他们为全军担下了大部分的伤害。这也很好理解，连亚历山大本人都几度遇险，作为首批渡河主力的伙友骑兵的牺牲大一点也是非常自然的。可以说马其顿骑兵是此次胜仗中当之无愧的中流砥柱！

当亚历山大在格拉尼卡斯河击败了波斯地方部队时，大流士三世也调集了大批兵力严阵以待。然而亚历山大在攻取了几个波斯城市后突然改变了战略：他决定不深入波斯腹心地区，而是沿着巴勒斯坦的沿海地带推进。道理很简单，希腊海军主力已于1年前被解散，爱琴海的控制权此时掌握在波斯海军手中，如果不清除掉波斯的海军基地的话，那么即使亚历山大花费了极大的力气打垮了波斯军的主力，大流士仍能依靠源源不断的外界补给很快建立起新的军队，而远离本土作战的马其顿军队是经不起这样的消耗的。

亚历山大按计划沿着叙利亚海岸南进，大流士则在后面紧紧追赶，这种猫捉老鼠的游戏持续了将近半年，直到公元前333年秋伊苏斯之战爆发。

从大流士的行动来看，笔者可以得出结论，他是个根本不懂军事的人。他一直企图在山谷和隘口伏击亚历山大，但他根本没有意识到，此举无异于自废武功：他的兵力（据说有60万人）远远超过亚历山大，但在狭窄的山地里是无法充分布置的。而且以骑兵为主的波斯军队在崎岖的地形作战时，战斗力也会大打折扣。当时曾有一名马其顿叛将阿明塔斯劝说大流士据守亚述平原，然而这位国王并不比他那些总督高明多少，竟继续一路追了下去。等到亚历山大打听到大流士已经推进到伊苏斯并主动回身迎战时，大流士已经失去了对战场的选择权了。

相比之下，亚历山大的作法就高明得多，他派出先头部队，抢先占据了沿海的一块开阔地，随后他将部队的左翼部署在海岸地带，这样马其顿军的左翼侧翼就自动获得了一道天然屏障——大海，不至于被轻易包抄。而他将精锐的伙友骑兵和色利萨骑兵以及近卫步兵一股脑地放在右翼，由他亲自指挥，因为他所面对的波斯军左翼驻扎在一大片山地上，这无形中削弱了他们的作战能力，而对长期生活在多山的半岛的希腊人来说却影响不大，因而这一头的取胜希望无疑更大一些。

到了现在，大流士也认识到自己犯了一个大错，他开始竭力地试图通过排兵布阵手段来弥补：他将大部分骑兵调到右翼，因为海岸的地形较为平坦，面对的希军左翼实力也较弱。而队伍中的3万希腊籍雇佣军则布置在正前方，以抵挡马其顿中央步兵方阵的冲击，毕竟还是希腊人最擅长对付希腊人嘛。至于左翼前方他只马马虎虎设置了2万来人(后又调走大部),大概是希望他们能利用地形拖延下亚历山大吧。

亡羊补牢为时未晚,大流士的阵型也算是充分将己方的地利发挥到最大。可惜他面对的是一代将才亚历山大,后者探明他的阵地大致情况后,立刻临时做了番调整:将色萨利骑兵悄悄调往左翼,而从中央步兵方阵调出一部分部队补强右翼。

这样一来,马其顿一方的战术就又发生了新的变化:精锐兵力大多加强到左右两翼去了,而此战的胜负也将由两军的两翼对决结果而定。当然,决胜重点还是在亚历山大亲率的右翼。

对于亚历山大而言,最大的对手不是面前的波军(他们的数量并不多),而是高低不平的地形对自己的严峻考验。山路限制着波斯人,同样也限制着马其顿人,为了避免让己方方阵在翻山越岭时发生混乱,亚历山大起初一直不紧不慢地行进着。但一旦进入波军的弓箭射程,近卫骑兵立刻如同引擎发动一样猛冲过去,波斯军队的精神此时已被马其顿军的慢速消磨得有些松懈了下来,被这记猛袭一下打蒙了,加上他们力量不足,因此在伙友骑兵的冲杀下很快败下阵来。

乐极生悲,亚历山大发动的闪电突击不但把波斯军队打了个猝不及防,也把己方部队弄了个猝不及防:两条腿是无论如何也赶不上4条腿的,因而马其顿军右翼的步兵部队和骑兵队之间一下子出现了大空当。波斯一方的希腊佣兵最擅长捕捉这类战机,他们飞快地冲进空隙里,从背后袭击亚历山大部。但近卫骑兵岂是吃素的,加上保护君主重任在身,因而他们迅速转身拼死迎战,双方的战斗异常激烈,仅马其顿一方就有120名伙友骑兵倒下,大大超过了格拉尼卡斯河一战的阵亡数,连亚历山大本人也负了伤!

尽管伙友骑兵损失惨重,但靠着勇猛的精神,他们还是稳住了阵脚。很快,身后的步兵部队也赶到了,步骑合一威力大增,希腊雇佣军转眼就倒下一大片。

虽然击溃了波军左翼骑兵和希腊雇佣军,但他们的中央兵力并未受损,左翼的骑兵主力也和马其顿右翼杀得难解难分,因此胜负尚未可知。可惜的是,由于伙友骑兵在右翼的出色表现把大流士三世吓破了胆,他怕亚历山大亲军接下来就朝着自己来了,竟然掉转自己的战车车头——逃跑了。

国王一跑,波军中央阵线可坚持不下去了,也跟着逃了,左翼的波军也只好撤退。这时,地形因素再度绊住了波军的脚步,由于人数太多,山路又不平、狭窄,很快撤退就变成无序的相互践踏。正如阿里安所说的:"被自己人踩死的和被敌军踩死的几乎一样多。"

这场战役让十万波斯人付出了生命(阿里安的说法依然有夸大),大获全胜的马其顿人所获甚丰,大流士储存在大马士革的大批黄金、随身物品全部被缴获,大流士逃得太过狼狈了点,连自己的战车、盾牌、弓箭,甚至母亲和妻子都丢给了亚历山大。

一气跑到巴比伦城的大流士三世总算停下来喘了口气,这回他算是充分领教到亚历山大和他的马其顿兵团的厉害了。他知道自己远不是后者的对手,于是向马其顿人求和,开出的条件是:用大笔金钱赎回自己的妻儿,将自己的女儿嫁给亚历山大为妻,把幼发拉底河以西到爱琴海一带的土地割让给亚历山大。自阿契美尼德波斯建国以来,还从未对外提出过如此屈辱的条件。

不少马其顿官兵动了心,连帕米尼奥也劝亚历山大接受和议,他甚至说:"如果我是亚历山大,我一定毫不犹豫地接受。"

亚历山大是怎么回答的呢?他报之轻蔑一笑:"如果我是帕米尼奥,我也会毫不犹豫地接受的,可我是亚历山大。"一下子把帕米尼奥噎的说不出话来。

波斯的土地、公主,现在只要亚历山大想要,随时可以到手,用得着你大流士来送?

求和不成,那只有继续打了。绝望的大流士三世征集了所有能征集到手的军队,这次的规模比伊苏斯之战更大。据阿里安记载有骑兵4万,步兵100万。这当然是太夸张了,但波斯军队实际兵力应该是远远超过马其顿远征军的。

大流士忙着整军备战的时候,亚历山大却不慌不忙地继续执行着原计划,把波斯所有的海军基地全部推平,又占领了波斯的埃及行省后,他才朝着高加米拉进发,大流士的大军早就在那里等了。

大流士军事水平不高,但也不是一个蠢人,经历上次的失败后他在战场的挑选上吸取了教训:高加米拉是一片宽阔的平原,十分适合波斯优势兵力和骑兵的施展。

由于波斯人在伊苏斯战役中死伤很大,因而这一次大流士的军队是以被征服民族为主力的,其中有大批印度骑兵、巴克特里亚骑兵、西徐亚和亚美尼亚的骑兵等,此外他还特意准备了几样秘密武器:一是把不死军团(波斯的近卫骑兵,为波斯军的头号精锐,因为损失了可以随时补充,所以号称不死军团)调了上来;二是带来了200辆镰刀战车(一种车轮装有锋利的镰刀,可以在行进中轻松切断敌人的手足的战车)和一些大象。由此可以看出,大流士已经把所有的血本都投在了高加米拉,这场战役的结局将直接决定希腊和波斯两大民族的命运。

尽管大战在即,亚历山大却丝毫不感到紧张,他让队伍充分休整后才拔营前进。抵达高加米拉的当夜,帕米尼奥建议夜袭敌军,他却笑笑答道:"这样未免太不光彩了。"

一方吓到不敢睡觉,一方却轻松应战,在心态方面,亚历山大已经胜了一筹。

当第二天会战开始的时候,马其顿一方摆出的依旧是老阵型:重步兵在中,色萨利骑兵和伙友骑兵分别组成左右两翼,轻步兵担任中央和两翼的枢纽。但这次亚历山大见敌军众多,做了一次调整,他在方阵背后又设置了由希腊盟军、雇佣军步、骑兵、弓箭手组成的第二道防线。为的是一旦侧翼遭到波军包抄,可以有个支援。这个决定起了不小的作用,下文会提到。

战斗一打响,波斯军队就绷紧了神经,随时准备厮杀,但出乎他们意料的是,马其顿那边却并不像往常那样先由骑兵发动冲锋。相反,整个马其顿方阵开始朝战场右侧平行移动起来。

马其顿人在搞什么鬼?大流士一时大惑不解,但对方既然右移了,那他也只好跟着指挥波斯方阵左移。

亚历山大却没有停下,只是指挥士兵们不断向右走。渐渐地,他们开始接近高加米拉平原的边缘地带了。

大流士猛然醒悟:"敢情你丫的是要把我引诱到山地去,让我的战车和骑兵没法作战啊,我才不上你的当呢。左翼,给我上!"

波斯左翼的巴克特里亚和西徐亚骑兵朝亚历山大所在的右翼扑去,希波骑兵的相互交锋又开始了。虽然伙友骑兵依旧英勇,但毕竟人数有限,而且西徐亚人重骑兵多,素质也较强,马其顿骑兵渐渐不支,好在身后的部队马上顶了上来,稳住了局面。

"放战车!"见精锐重骑兵不能取胜,大流士急了,提前使用了秘密武器。

马其顿人早有准备,他们一面用弓箭和标枪阻击,一面放开条口子,让战车冲进去,然后围起来一一击毁,甚至把车夫拉下来斩杀。战车部队很快被全歼,但并没有给马其顿人造成什么损失。

两波攻击都不顶事,大流士真坐不住了,他干脆指挥整个波斯方阵一齐压了上来,企图用人海战术冲垮对方。

大流士三世的脑子实在不够灵活,他可以从自己所犯错误中吸取教训,却不擅长从别人犯下的错误中吸取教训。在发动总攻之前,他没意识到由于自己太心急,左翼的骑兵部队早已大部分压了上去,这样波斯军阵左翼和中央之间就出现了一个空隙——和伊苏斯之战时一样,只是那时大意的是亚历山大。所以这一次,记忆犹新的马其顿国王是绝不会放过这个机会的。

"近卫骑兵们,冲进那道口子里去!"亚历山大吼道,喀罗尼亚的那一幕又浮现在他眼前,该是使用铁砧战术的时候了!

伙友骑兵像一道洪流,撞开了波斯军左翼的突破口,一直撞到了大流士所在的中央方阵。亚历山大亲冒矢石,挥舞长矛刺向波斯骑兵们的脸。在如此凶猛的打击下,就算是强悍的"不死军"也抵挡不住了,毕竟他们并非真正的不死之身,承受不住悍不畏死的马其顿国王所率领的这群悍不畏死的近卫骑兵的猛扑。中央方阵开始乱哄哄地朝后退去。

骑兵"铁锤"已经挥下,步兵"铁砧"立刻迎上,无数排山茱萸木长矛组成的长矛阵像一头须发皆张的豪猪冲了过来,无数不死军骑兵还没反应过来就成了烤串。

此时左翼的色利萨骑兵的菱形阵也杀了进来,如同一道铁钳,令波军中央方阵无处可逃。

四面八方都遭到了打击,四面八方传来的波斯人的惨叫声刺激着大流士的耳膜,伊苏斯之战的阴影再度笼罩了上来。大流士,这个脓包的神经崩溃了,他又一次身先士卒地跑了。

唉,同为一国之君,一个像战士一样奋勇杀敌,一个一再扮演范跑跑的角色,人与人之间的差距为什么这么大呢?

大流士逃了,波斯军的右翼和中央自是再度崩溃,骑兵们掉转马头,拼命地驱使坐骑朝战场外冲去。据说因为逃跑的敌军太多了,掀起的尘土在战场上形成了一道巨大的沙尘暴,对面什么也看不清,以至于马其顿骑兵无法有效追击,所以让大流士逃掉了。

当然这只是夸大之词,亚历山大没能擒获大流士的原因是后方出了问题。

波斯大军里也不全都是大流士这样的胆小鬼,右翼的印度和波斯骑兵无论是阵型还是意志都保持完整。由于马其顿军的右翼和中央配合实施铁砧战术,左翼的步兵部队和他们脱节了,滞留在后方。波斯军右翼立即朝他们猛冲过去,要知道那里不仅囤积着马其顿军队的全部辎重,伊苏斯之战的波斯俘虏包括大流士的家属也都留在那里。

在波斯铁骑的凶猛冲击下,以轻步兵为主的马其顿左翼出现动摇,波斯俘虏见状,也挣脱绳索加入战斗,眼看这部分马其顿人就要遭大难。这时亚历山大先前留的一手派上了用场。左翼后方由希腊联军和雇佣军骑兵组成的第二阵线拍马赶来增援,像无数根针刺一样刺向波斯人的后背。

这些非马其顿人的忠勇为左翼争取到了一定时间,帕米尼奥的通信兵很快将消息传达给了亚历山大。马其顿国王为了保住弟兄们的生命,只好放弃了追击大流士的想法,回师救援左翼。但波斯军右翼的力量依旧不弱,且战意凶猛,高加米拉会战这才进行到最惨烈的部分——又是一场骑兵与骑兵之间的无情对决,无论是希腊人还是波斯人,都不再顾及什么阵型不整了,彼此之间绞在一起,砍杀在一起,力图冲破对方的阻挠。整个平原上此时鲜血横流,杀声震天,触目惊心。

最终还是马其顿人取得了胜利,波斯人的营地也被帕米尼奥攻占,追击大流士的工作终于展开,然而这位国王打仗不咋样,逃跑却是一绝,早就溜得远远的了,马其顿骑兵只捡到了他丢下的战车、弓箭和长矛。

这场战役参与人数太多,统计非常困难,阿里安继续其信口开河的作风,声称 30 万波斯人被杀,被俘更多,而马其顿军只战死一百多人,但就他这种可信度很低的版本而言,伙友骑兵的伤亡数字也占了极大比例:至少战死 60 多人。马其顿近卫骑兵再次捍卫了他们战场中流砥柱的荣誉!

大流士三世虽然在高加米拉会战中逃得一命,但他已经失掉了他所有主力,以及包括首都苏萨在内的几乎所有大城市,还有财政收入。同时失掉的还有他的最后一点威信——没等亚历山大追上他,这位断送了阿契美尼德王朝国运的国王就死在了自己手下手里。

这时亚历山大展现了几乎与他军事才华一样出色的政治远见,他不仅给波斯国王发丧厚葬,还处死了弑君的凶手,从而赢得了波斯人的支持。紧接着他挺进伊朗东部,与西徐亚和巴克特里亚人结了盟,至此波斯帝国几乎全部版图都已落入亚历山大手里。

敌国已然征服,父王的遗愿也已实现,亚历山大该停下来休息下了吧?不,他还要继续东进,他要征服印度,他要达到前人都未达到的高度,不仅要征服亚洲,还要征服整个世界。

然而这时,危机悄然降临到亚历山大身上,危机来源不是波斯人,也不是埃及人或者斯巴达人,恰恰是远征军和亚历山大最信赖的支柱——伙友骑兵们!

在征服埃及后,亚历山大曾参拜了太阳神阿蒙的神庙,在那里,一个祭司对他说了一句影响他一生的话:"欢迎你,宙斯的孩子。"

尽管后世的史学家们解释说这只是那个祭司发音错误而已,他本意可能是说"欢迎你,我的孩子"。但从此亚历山大的心态就起了巨大的变化,他真的认为自己是神王宙斯之子,征服是神的父亲交给他的重任。因此他决定太阳能照得到的地方,他都要加以征服,这让远离故土多年的马其顿贵族们怨声载道。

更严重的是,亚历山大自视为神,认为他的任务不又是征服,更是创造一个没有种族之分、没有彼此仇恨的大同世界。为此,他先从波斯人做起,他任命了许多波斯人为总督,和波斯女人结婚,学习波斯人的礼仪,还打算招募波斯人为伙友骑兵。

封神,用波斯人为官,和波斯人通婚,用波斯礼仪,这些措施令马其顿贵族们不满,但还能接受,最后一条可让他们忍无可忍了。老兄弟们和你累死累活,为你流血卖命,凭什么到头来只能和那些敌人同分一杯羹?

骚乱和阴谋在伙友骑兵队伍中蔓延,甚至连伙友骑兵军官都参与进来了。他们不但拒绝前进,还打算暗杀亚历山大。亚历山大的处理方式就像他对待底比斯人一样毫不留情,许多伙友官兵被处决,这里面就包括帕米尼奥和亚历山大的救命恩人克雷塔斯。

铁腕镇压了老兄弟,加强了自己的权力后,亚历山大继续他的东进计划,公元前327年,他翻越兴都库什山脉,进入了印度境内。他沿途击败了一些当地部族的抵抗,一路到达了吉达斯浦河,印度保拉瓦国王波拉斯将军队布置在河对岸,想阻止亚历山大过河,又一场大会战就此爆发。

亚历山大先让骑兵队整天在河对岸鼓噪,装着要渡河的样子,却又不渡河,等印度军厌烦了这一套,松懈下来的时候,他乘着黑夜和暴雨的掩护带领一部分军队突然渡河。等马其顿人过来了,印度人才发现,波拉斯的一个儿子带着60辆战车想阻击,被亚历山大击溃,本人战死。亚历山大的办法可以说是三十六计中的"瞒天过海"的翻版,当然亚帝本人不可能看过三十六计,只能说兵法在东西方都是相通的。

马其顿人过了河,还杀了自己的儿子,波拉斯吃惊不小,立刻率领大军前来复仇,印度军队总计有3万步兵、300辆战车和4 000骑兵。

印度士兵和马其顿军一样是职业兵,他们不穿盔甲,武器有标枪、长矛、铁剑、藤和皮革制成的盾牌,以及藤编的弓箭等。印度人所用的箭只很长,弓的拉力也很强,据说必须用脚踏的方式才能张开,可想而知这样的弓箭有多可怕的穿透力。但印度军队最值得一提的还是他们的200头战象。

大象估计是亚洲和北非战场的特种兵器了,亚洲象身高3.5米,象牙上装着铁套,披有象衣。象背上除了象夫,还运载着3名手持标枪和弓箭的战士。但最可怕的打击并不来自他们,而是大象本身。它们的象牙和踩踏对于任何一群步兵来说都是无比恐怖的碾压,当一群大象同时攻击的时候,即便是无往不利的马其顿方阵也根本无法维持了。

骑兵同样不是象军的对手,大象那可怕的吼叫声足以把马匹吓得乱跑乱窜,骑手们很容易就会被甩下来,还怎么组成楔形阵和菱形阵?

看来马其顿军队这回遇上克星了,所有惯用的战术在战象面前都无从使唤,更何况象军背后还有数倍于他们的步兵、骑兵、战车兵。

亚历山大脸上依旧浮现着笑容,吉达斯浦河我已经过来了,你几百头大象还能把我难住? 我可是亚历山大,谁也阻挡不了的男人。

新的情况,新的应对,亚历山大方阵照摆,他自己照样统领伙友骑兵在右翼,只不过这次的战术又不一样了。亚历山大在征服之地招募的新军登场了。

前面不是说过了吗,亚历山大灭亡了波斯后,采用了种种怀柔措施安抚当地人,这使得他赢得了波斯帝国各民族的友谊。他乘机招募了一批西徐亚、巴克特里亚、波斯、印度人补充他的队伍,这其中还有一支新兵种,来自达契亚(今罗马尼亚)的1 000名马弓手。

马其顿人的经济以畜牧业为主,但却不是游牧民族,骑射技术一般,虽然马其顿轻骑兵会投掷标枪,但标枪的距离可不如弓箭远,因而弓骑兵的加入加大了马其顿骑兵的火力范围,现在用来对付不能近距离肉搏的大象,正好派上用场。

针对波拉斯把战象摆在阵地中央之前,步兵在后,骑兵、步兵、战车兵分布左右两翼混编的做法,亚历山大将马其顿军队分为三部分,第一部分是弓骑兵,他们负责去攻击印度军的左翼,但不求多杀伤,只求扰乱他们的阵型。

训练有素的达契亚人很快达到了目的,亚历山大的伙友骑兵团马上作为第二部分出击,冲进了有些混乱的印度军左翼。

印度军右翼和中央正欲救援自己的左翼,突然发现标枪从自己的背后射来了,马其顿军的第三梯队——将军科那斯所率领的另一部分伙友骑兵和轻骑兵已经绕到了印度军的后面。印度人只好把骑兵队一分为二,一部分面对亚历山大,一部分面对科那斯。

亚历山大的笑容更盛了,他等待的就是这一刻,印度人上当了!

两军交战最忌讳的是什么?阵前换将。临时换将,兵不知将,不熟悉风格,而且原来做好的部署全被打乱,很容易造成部队混乱被敌人乘虚而入。

而方阵作战也一样,最忌讳的就是临时变阵,要知道方阵的部署是要花费一定时间的,已排布好的阵型一旦突然变阵,士兵们没有心理准备,重新列阵的时间会更长,这时乱哄哄的阵型就变得很脆弱了。

亚历山大抓住的就是这一刻,随着指令的下达,一个个楔形和菱形骑兵方阵向不成队列的印度骑兵阵中狠狠砸了过去,印度骑兵大乱。

波拉斯想通过自己的勇气重新组织反击,但印度骑兵近距离格斗根本不是经验丰富的马其顿骑兵对手,慌乱中他们很自然而然地朝象军靠拢过去,大象那庞大的身躯是他们最好的保护伞。

问题是这样一来,大象身边挤满了人,它们的道路就被彻底堵死,这样它们就无法攻击紧随着骑兵队而来的马其顿步兵方阵了。而马其顿步兵靠近象阵后,并不直接冲上去和大象交手(那是找死),而是停下来一边抵御印度步兵,一边由方阵后的弓箭手和侧翼的轻步兵朝大象发射远程火力。虽然这些弓箭和标枪无法对皮糙肉厚的大象造成致命伤害,然而马其顿人的目标并不在它们,而是象背上的象夫和弓箭手。

随着象夫的一个个倒下,大象失去了驾驭,变得无法控制起来,而雨点般的远程打击也让它们全身刺痛不已,却又无法反击。终于,它们彻底失去了耐性,开始吼叫着夺路而走。这一下紧靠着大象的印度骑兵躲避不及,就成了牺牲品。象足不断地抬起,落下,留下的是一摊摊血泥。

大象"杀条血路",向后逃去,背后的印度步兵方阵又遭了殃,死伤无数,阵型也变得乱七八糟起来。现在亚历山大可以轻松地施展他的铁砧战术了,他和科那斯合兵一处,抄到了印度步兵军阵的后面,同时命令马其顿步兵组成密集的盾牌阵和长矛阵,朝印度人前面突击。

印度人这下已经不知所措了,而这还不够,由克拉特拉斯(帕米尼奥的继任者)所率领的另一部分马其顿军已经成功渡河,加入了对印度军的屠杀之中,也让波拉斯彻底丧失了希望。

结局是不消说了,包括波拉斯的另外两个儿子在内的 22 000 多印度官兵战死,战车全部被毁。波拉斯在绝望之下,朝亚历山大投降。马其顿国王钦佩他在战场上表现出来的勇猛(和大流士截然不同),不但释放了他,还让他继续当他的国王。

吉达斯浦会战是亚历山大远征的四大会战中的最后一个(其他三个分别是格拉尼卡斯会战、伊苏斯之战和高加米拉会战),四场会战亚历山大不拘泥于死板的经验教条,运用了灵活多变的战术,几乎次次以少胜多,征服了几乎整个小亚细亚,无怪他的将道千百年来为无数人所膜拜、研习。

不过将道再高明,亚历山大也毕竟不是神(虽然他自称神之子),所以他也不是全然无敌的,当他来到吉帕斯河畔(即今天的比亚斯河)还想继续前进的时候,最可怕的敌人来临了,而且这次他无力抵御——以伙友骑兵为首的马其顿远征军。

征服者的欲望无止境,波斯诸王是如此,亚历山大也是如此,但他的部下并不和他一样想,而且已经忍无可忍了:大家跟着你出来打仗,为的是行家富贵,博取功名,现在已经快十年了,漫长而艰苦的远征还没停止,马其顿军人再能吃苦,身体也已经到达了极限,而且印度的气候恶劣,炎热多雨,来自欧洲的战士们水土不服,纷纷病倒,谁也不想走下去了!

"王上,听听士兵们的声音吧,你不体谅下自己也体谅下共患难的老兄弟们!"马其顿士兵在御营面前集体情愿。

"要打你和你爹阿蒙还有那帮波斯人去打好了,老子们不干了!"伙友骑兵们个个怒不可遏。

这一次亚历山大知道他必须妥协了,他不能再来第二次流血镇压,那样所有马其顿人都会因为心寒而造反的,征服波斯不容易,但要维护征服的成果更不容易,而要维护它,最可靠的还是这些马其顿同胞啊。

亚历山大同意中止远征,带队返回了印度河,不过他并没有停止征伐,作为一个真正的战士,战斗对他来说是不死不休的宿命。南返途中，他仍一路与土著人血战，甚至差点丧命。在这一系列大大小小的战斗中，每次都活跃着马其顿骑兵们的矫健身影。

公元前324年，远征军终于回到了苏萨（亚历山大将这里作为马其顿帝国的新首都）。在这里，他自己带头，让大批士兵娶了波斯妇女，加强了他的大同社会融合计划。第二年他回到巴比伦，不顾部下们的反对，又准备研究新的远征，这次他打算把波斯轻装远程战术和马其顿重装战术结合，征服生活在沙漠里的阿拉伯部落，一旦这一改革得以实施，马其顿骑兵团将上升到一个新的高度。

可惜这一切都没能实现，另一个可怕的敌人，也是所有伟大人物都无法抗拒的敌人——病魔打倒了他。公元前323年6月13日，亚历山大去世，有传说，是恨透了他的马其顿贵族下的毒手。

亚历山大病逝后，庞大的亚历山大帝国也随之解体，埃及、亚洲、马其顿和印度分别为他的四个部将所统治，变成了四个独立的王国。亚历山大那前无古人的霸业只是昙花一现而已。

亚历山大不在了，马其顿铁骑也就此失去了昔日的光辉。在四大独立王国彼此间绵延不绝的战争中，对步兵方阵的依赖程度越来越大，骑兵的地位却在逐步下降。而就在希腊半岛的毗邻，强大的罗马正在一天天崛起。在与罗马人的冲突中，希腊军在平原地带尚能取得一定优势，但一旦战场转移到山地，重步兵方阵那笨拙不灵便的缺点立刻暴露无遗。三次马其顿战争中，更为机动灵活的罗马方阵一次次成功完成对马其顿方阵的迂回，或突入后者不时暴露的空隙之中，而失去骑兵掩护的马其顿人此时只能眼睁睁地看着己方的纵队被罗马士兵一点一点无情地撕碎……

当塞琉古王国（亚历山大部将塞琉古在小亚细亚建立的希腊政权）为罗马和帕提亚人所瓜分时，亚历山大大帝留下的遗产全部宣告易手，旧帝国的版图成了罗马和帕提亚争霸的角斗场，而昔日纵横欧亚的马其顿骑兵，也已永远随风而逝了。

两汉骑兵

灭 亡 匈 奴

"有块巨大的石碑上刻着骄傲的文字竖立在高山之上,向后世子孙昭示,中国军队进兵七百哩,攻入敌人的心脏地区。鲜卑人是东方鞑靼种族的一个部落,要报复过去所忍受的伤害和耻辱。经过一千三百年的统治以后,公元1世纪末叶,单于的权力完全遭到摧毁。"

当史学家爱德华·吉本用充满赞叹的笔调在其名著《罗马帝国兴衰史》中写下这句话的时候,距其所描述的历史事件所发生的时代已经过去了近十七个世纪,吉本笔下提到的历史事件是公元91年,东汉王朝一位名叫窦宪的名将率领一支大军出征居延塞(今阿尔泰山),在一个叫金微山的地方大破匈奴军队,匈奴单于率余众远遁大漠深处,后不知所终,盛极一时的游牧帝国匈奴就此灭亡。

冰冻三尺,非一日之寒,匈奴在遭遇窦宪的致命打击之前,已经与它的死对头汉王朝对掐了300多年,期间爆发大小战争无数,匈奴帝国在一系列的战争中败多胜少,并就此被逐渐削弱,最终以"公元1世纪末叶,单于的权力完全遭到摧毁"而告终。吉本对这个草原霸主兴衰史探究的兴趣远不如对罗马帝国的兴衰史来得浓烈,况且这也并非他的《罗马帝国兴衰史》的主旨,因而对前3个世纪的汉匈战争的描写极为简略,只怕读者看完后仍是一头雾水:大汉王朝固然是当时的亚洲第一强大帝国,但匈奴帝国好歹也称雄于漠北,制霸于西域,况且吉本随后也提到,1世纪之后,匈奴残部西迁欧洲,大败哥特人,重创罗马帝国,足见匈奴骑兵战斗力之强悍。那汉朝究竟靠的什么秘密武器,得以在对这一凶悍的草原帝国的对决中不断占据上风并最终战而胜之的呢?

答案很简单:一是强大的国力,二是汉王朝拥有比匈奴骑兵更强悍的骑兵——大汉铁骑。

骑兵是一个古老的兵种,早在公元前14世纪人类就驯服了第一批马匹并加以骑乘,一般认为公元前9世纪出现的亚述骑兵是世界上第一批正规骑兵,在中国,游牧的民族也很早就学会了骑马作战,公元前664年,齐桓公"破屠何(当时辽西一小方国)而骑寇服"(《管子·小匡篇》),这是中国最早的关于骑兵的记载。然而由于种种条件所限,直至战国前期,中原王朝在战争中对马匹的使用一直限制在驾驭战车作战上。到了公元前302年,赵国名君赵武灵王深感笨重的战车在崎岖的地形条件下作战不便,对付快速灵活的游牧民族骑兵时劣势更为明显,于是推行"胡服骑射"政策,各国纷纷加以效仿。从此骑兵开始逐渐取代战车兵在军中的地位,战国末年骑兵已逐渐成为各国军队的主力,秦灭六国的一系列关键战役中都活跃着骑兵的影子。而秦亡后,汉王朝的创立者刘邦在与对手楚霸王项羽的争斗中也意识到了骑兵在战争中的可怕威力,于是利用秦军降军为主,建立起了第一支汉军骑兵队。在随后的击败项羽、一统天下的过程中,这支生力军起到了重要作用,从此骑兵一直牢牢占据着汉朝军队的主力位置。

看到这里,读者心中只怕又会生出新的疑虑:汉军骑兵是建立起来了,但他们又是如何在实战中压倒狼群一般的匈奴骑兵的呢?

由于史料的匮乏,这似乎是一个很难解答的问题,但早在公元前2世纪,智者晁错就在自己给皇帝的奏疏中进行了阐述:"匈奴人的优势有三个;1. 在山坡、溪流这类险峻的地形作战的时候、匈奴人的马力比我们来得强;2. 在险要地形作战的时候,如果选择骑在马上对射,匈奴骑兵的箭法要强于我们;3. 一旦后援不济,他们的战士更能忍饥挨饿。不过陛下不必为此担忧,咱们的小伙子也有自己的长处:1. 虽然我们的马不如他们的马更能翻山越岭,但如果把战场从山地搬到平原地带来,那我们的骑兵和车兵就可以很轻易地冲乱他们的阵脚;2. 虽然在射术上匈奴人强一头,但他们的弓箭射程不如我们的强弩,近距离作战时我们手里的长戟也更占便宜;3. 我们在长短兵器、弓弩和铠甲性能上都更胜一筹,如果我们各个兵种配合密切,一起发动冲锋,那他们就更抵挡不了了;4. 就算我军不冲击他们的阵型,只要我们的骑射手集中火力朝他们不停地放箭,他们的革笥和木盾也完全保护不了他们的身体。最后一点最重要,一旦战事演变成骑兵下马肉搏,剑戟相交,那么匈奴人就会被我们冲得七零八落,溃不成军!"

区区不到 400 字,清晰地点明了取胜的不二法门:以近身肉搏为主的汉军骑兵想要压倒以骑射为主的匈奴骑兵,就得扬长避短,充分发挥自己的两大优势:装备和阵型。

汉军骑兵的装备

汉军在装备和阵型上的长处何在?不妨先来一一解析下汉匈双方的装备:

汉代的兵器总称为"五兵",对五兵的解释,史家众说纷纭,但按现代史学界的一般说法,分为"长"、"短"、"远射"三大类。长兵器有长矛、长戟等,短兵器则以刀和剑为主,远射兵器有弓、弩和矢。

长兵器:

戟:戟是先秦战车兵常用的一种青铜长兵器,汉代开始为骑兵所使用,质地也改为钢质,长戟顶端尖锐,戟旁横生有开刃的铁枝,枝头为弯曲下垂状,使得整个戟头看起来活像一个"卜"字,因而有"卜形戟"之称。戟不仅适用于骑兵突击冲刺,同时具备刺、钩、啄、割等作战方式,是一种多功能型兵器。

矛:从出土的《尹湾武库兵簿》来看,长矛在汉军中使用率更高于戟,秦汉时在矛头两面开刃,演变出新式兵器"稍"(又称"铍"),这种大型长矛茎体扁平,宽为六面,外形与短剑酷似。

匈奴骑兵的长兵器叫"鋋",是一种铁柄短矛,近可用来击刺,远可投掷。长度远不如戟和矛,长兵相接时相当吃亏。

短兵器：

剑：剑由剑身和剑把两部分构成，剑身中线部位叫"剑脊"，剑身前段开刃，即为常说的"剑锋"，形状窄而薄，经过淬火工艺后变得更加坚硬而锋利，但剑脊则并未淬火，以保持原有韧性，这样剑体刚柔结合，变得更加坚固耐用。汉代长剑长 1 米左右，以横劈为主，以避免冲锋时带来的冲力把骑士从没有马镫和马鞍的马背上掀下来。

刀：汉代长剑有两个弊端：1. 由于剑是两面开刃的，这样剑身不可避免会比较薄，劈砍时容易折断；2. 挥剑时只能用一面劈向敌人，剑锋的另一刃岂不成了多余？因而随着骑兵战的兴起，更适宜用于劈斩的刀就应运而生，取代剑成为汉军骑兵短兵器的主力。根据出土文物显示：汉代马刀刀身平直，以优质高碳钢制成，长约 80~120 厘米，仅一侧开刃，另一侧则为加厚的刀脊，以保证不易发生折断。由于刀柄末端嵌有一扁圆环状物，因此后人将汉代马刀称为"环首刀"。

匈奴骑兵的短兵器同样只有一种：刀。根据苏联考古学家对匈奴古墓的发掘报告称：匈奴人所用刀仍是青铜制成。

最后对比下远射兵器：

弓：西汉时的弓主要为复合弓类，长度为 130 厘米左右，材料为竹子或木头，弓体表面用丝绢缠绕。配有专门盛放的容器。

弩：弩是对弓的改良，确切地说，是一种有臂的弓，汉代的强弩上装有铜郭，不仅使弩臂强度增加，弹射力和射程也一并提高。汉代弩箭的另一大特色是拥有了"望山"：有喜欢看《兵临城下》（2001）之类狙击手题材电影的读者一定对各种狙击步枪的瞄准镜印象深刻，如果把弩弓比作先秦时的狙击步枪，那望山就是步枪上的瞄准镜。望山上刻有刻度，弩骑兵不必像弓骑兵那样随拉随发，可以将弓弦挂上弩机，从容瞄准后再发射，大大提升了弩弓的精准度。

弩的射程和强度是按"石"来算的，汉代最常见的为六石弩，据考证张力为 184.1 千克，射程 260 米，而弓的最远射程仅为 138.6 米，差距明显。无怪乎唐人感慨道：这简直是一种无坚不摧的利器。

靠着精度高、射程远、威力大这几个优点，弩很快成为汉军远程武器乃至所有兵器中的绝对主力，也是对匈作战的一大杀器。

矢：汉代箭镞以青铜质为主，箭锋为三棱圆锥体，因形状类似羊头而被称为"羊头镞"。箭矢按长短分为67厘米左右的短箭和80厘米左右的长箭。一名弩手一般配有50支长箭。

匈奴骑兵显然不会用弩，但可惜的是他们所用的弓也于史无载，当是太简陋的缘故。

另外，汉代骑兵所用的长短装备还有匕首、短戟、长斧等，因比较少见，这里不再赘述。

说完了进攻用的装备，再来看看防御用的装备，汉代防御用装备有甲、胄和盾牌三种。

甲：先秦铠甲多为皮质。汉代冶铁技术有了质的飞跃，为优质铁甲的大量装备提供了必备的技术支持。汉代铁甲外表涂有黑色防锈漆，所以又叫"玄甲"。玄甲经脱碳处理，韧性十足，在胸、腹、腰、背、臂、颈乃至下体要害部位都有严密的防护措施。西汉时期铁甲以麻绳层叠活动编缀而成，兼顾了防护性和灵活性。铠甲内部垫上外革内绢的衬里，既照顾到了穿戴的舒适性，又避免了在骑乘的颠簸中产生的甲片摩擦对骑士皮肤造成的伤害。

胄：胄也就是我们常说的头盔，由长方形或鱼鳞形甲片叠压编缀而成，看上去有些像一个倒扣的碗。胄和铠甲一样内有衬里，有的胄带有护耳和护颈。

盾：汉代骑兵所用盾外表为正圆形（东汉为椭圆形），中部向外凸出，由于骑兵冲锋时一只手要照顾缰绳，所以骑兵用盾牌背部设有两根带子，可以将盾牌系在骑兵的左边胳膊上。盾牌制作材料有木材、皮革和钢铁。

值得一提的是，汉代盾牌并非单纯的防御类武器，例如一种叫作"钩镶"的盾牌：这种盾牌的表面的上下两端安有两根长长的钩刺，使用者既可用于阻挡敌人进攻，又可将盾牌横推而出，用钩刺杀伤敌人，或者干脆用钩刺钩住对方兵器再用另一只手持的短兵器杀伤敌人。在汉代的壁画中时常可以见到一手持环首刀、一手持钩镶的武士。

匈奴骑兵的防具，从晁错的奏章中就可以看出，只是简陋的皮甲和木制的盾牌而已，根本无法抵挡汉军的铁质兵器的攻击。

骑兵和其他兵种最大的不同在于骑兵是骑马的，战马是骑兵作战的重要保证，因而人需要装备兵器，马同样也需要马具，汉代的马具有辔头、马鞍、马镫等。

辔头：东周时候就出现了辔头，其中最主要的部件叫马衔，也就是俗称的"马嚼子"：夹在马的门齿牙龈上，骑士一拉缰绳，马感到牙龈一紧就会自动停下。其他部件就无须多言了。

马鞍：马鞍决定着骑手在马背上坐得是否稳当，是骑兵作战发挥的关键因素，先秦时骑兵尚未成型，自然也没有像样的马鞍，汉代的马鞍只是战马背部铺上一层丝织的毯式鞍鞯，坐毯下方系有肚带和鞦带（系于马屁股上），这种"鞍鞯"没有鞍桥，尚不能算真正意义上的马鞍。

马镫：目前公认中国最早出现的马镫为西晋时的产物，但汉代兵簿中曾出现过"上马鞊"一词，有人推测可能是系在马鞍一侧垂下来的皮质绳套，便于骑手上马一类的东西，由于没有实物出土，尚只是揣测。

最后，汉军骑兵在进行远征时一般会带上一匹副马，作为中途替换之用。

匈奴骑兵的马具和弓箭一样，于史无载，很可能根本没有。

考虑到汉匈之前鏖战上百年，匈奴人若拥有威力强大的兵器，汉史不会不加记载，因而很可能他们就只有这些了。现在读者们可以深刻理解晁错那番话的意味了吧：

长兵器对战时：匈奴人既没有远可刺、退可钩的长戟，也没有一发数百步的弩弓。汉军可以轻松地在安全距离刺杀或射杀匈奴兵，而后者却无能为力。

论装备防护：匈奴骑兵的皮甲木盾虽然也有一定防护性能，但比起汉军的层叠编成的札甲、鱼鳞甲以及皮盾、铁盾就差了一档次了，更何况汉军还拥有能攻能守的"钩镶"。

论步战：兵器上的差异就不说了，匈奴是马背上的民族。"士力能毌弓,尽为甲骑",马上对射他们的确占优,但当时没有马鞍和马镫,因而骑兵到达战场后下马步战是常有的事,这时汉军就能充分发挥他们接受过专业步兵训练的优势(按西汉军制,每个汉军士兵在入伍后的第2年中都得同时担任步兵和骑兵),相反从小到老只会骑马的匈奴人一下马就和鱼儿离水一样只能干瞪眼。

阵型与战术

到目前为止,相信读者已经能很好地理解汉军骑兵的装备优势,那么现在我们来看看汉军在阵型上的优势:

晁错先生的汉匈大战论文中关于汉军骑兵5大优点的第3点已经简述了汉军骑兵军阵的结构,说骑兵军阵其实并不准确,因为实际情况是它是由轻骑兵、重骑兵、步兵、战车兵组成的多兵种协同作战方阵。

汉代的协同作战军阵是建立在从夏商周时代起数百年漫长实战演化基础上的。"阵而后战,兵法之常",中国的军事家很早就意识到方阵对提高军队作战效率所起到的作用,古往今来的兵书中对于军阵的描述比比皆是。然而先秦时期骑兵还处于不受重视的境地,战国的著名兵书《六韬》中所列举的各种胜败因素中明确指出骑兵只能作为步兵的辅助兵种使用,只能承担斥候(侦察兵)、小规模奇袭任务而不可以正面攻击敌方步兵主力。既然骑兵地位如此之低,那骑兵方阵自然更无从谈起。到了秦汉时期,骑兵地位不断上升,汉朝政府干脆规定只有天水、陇西、上郡等民风强悍,专出强兵名将的边境地区的人民才有担任正式骑兵的资格,这代表着到了汉代,骑兵不但已经成为一支独立作战兵种,还在军阵中起着头号中坚的作用。

1965年在陕西咸阳的杨家湾出土了大批汉代兵马俑,为我们揭示了汉代军阵的真面目:

当时总共发掘出了11个俑坑,总体呈竖长形,分为前后两组:第一组为4个步兵俑坑和2个骑兵俑坑,后一组则为4个骑兵俑坑,两组之间为一个战车俑坑。估计为指挥用的阵胆。骑兵俑中又分为轻骑兵和重骑兵,重骑兵持矛着铠,乘坐高头大马,轻骑兵不着铠,手持弓弩。8个俑坑中轻重骑兵混编,以重骑兵为多。

著名兵法家孙膑,对军阵有过段简单而经典的评论,大意是把阵比作剑,需要有锋(前锋部队)和后(后卫部队),将士才能放心大胆地奋勇作战。如果汉军军阵是严格遵循孙膑的作战思维来排列的话,那么我们可以大胆推测:前后6个骑兵队无疑组成了杨家湾汉军军阵的锋和后。作为阵锋的2个骑兵队的重骑兵可以乘敌不备,率先发动攻击,利用厚甲长兵在匈奴骑兵队中撞出几个缺口来,而后身后的4个步兵方阵可以跟进巩固战果。而一旦遇上敌人先攻,阵锋中的轻骑兵和步兵可以先利用弓弩远距离打击冲击过来的匈奴骑兵,阻滞他们的攻势,阵后的4个骑兵队则可以乘机发动,迂回到敌军侧翼或后方进行前后夹攻。倘若遭遇敌人伏击,军阵四面受敌,则阵锋和阵后也能在阵胆战车队的指挥下同时守住队伍头尾,不至于混乱,近距离交战时骑兵的环首刀和步兵的长戟钩镶长短相配,互为支援,对只有短矛铜刀的匈奴骑兵足以形成压倒性优势。

先贤有句话说得好:兵无常势、水无常形,上面总结出的种种战法只是根据固定的兵器和军阵所做的猜想而已,即便实际情形确实如此,那也不过是某场战斗中的一般打法罢了,并不能上升到战术层面。而在介绍汉军战术之前,我们不妨来回顾一下汉匈战争的起源,也算是个过渡:

公元前2世纪的匈奴帝国正处于它的巅峰时期,匈奴的一代雄主冒顿单于东伐西讨,破东胡,击月氏,并楼烦,服丁零等国,匈奴赫然成为一个东至兴安岭,西达北海,南近燕、代的一个庞大的草原霸王。

当匈奴统治了漠北到西域的广大地区后,它就将目标瞄准了新兴的汉王朝。公元前200年,冒顿亲率40万大军,将汉高祖刘邦包围在白登山,以步兵为主的汉军无法对抗以骑兵为主的匈奴军队,被围困了7天7夜,贿赂了单于的阏氏方才得脱。这一仗让汉朝人意识到了这个马背上的帝国有多么可怕。此后汉朝一面赠送大量金银财物和美女以维持与匈奴那脆弱不堪的和平,一面采取种种措施——增收赋税,设立专门养马机构,鼓励民间养马等以加紧扩建自己的骑兵队伍。到了汉方的雄主汉武帝出场的时候,汉朝已经能够组建起一支十多万人的骑兵集团军。而与匈奴爆发全面战争之前,汉朝的军队也并没有闲着:匈奴动不动撕毁和平协议,入侵边郡,杀掠吏民;外部隐患重重,内部也不得安宁,汉朝分封的异姓、同姓诸侯王不断发动叛乱,在抵御匈奴的入侵,以及平定诸侯之乱的大大小小的实战中,汉军骑兵磨炼出了以下几种常用战术:1. 长途奔袭;2. 分进合击;3. 迂回作战;4. 环形防御。

单从字面意义上看,这几种战术未免显得枯燥,因此这里只是简述一下,具体的后面章节将结合实际战例予以阐述。

装备有了,阵型有了,战术也有了,实际应用中能发挥多大作用还是个问题。元光二年(公元前133年)汉朝在马邑伏击匈奴失败,汉匈正式撕破脸皮,汉军骑兵也迎来了一场场"大考"的机会。从元光6年(公元前129年)到元朔6年(公元前123年)这7年时间内,汉匈之间恶战5场,虽说是互有胜负,但汉朝一方有两大收获:一是大大磨砺了己方骑兵,使他们熟悉了与匈奴作战的环境、匈奴人的作战风格,增加了经验;二是发掘出了一员优秀的骑兵将领:卫青。

名将:卫青与霍去病

西汉时期并不像后世的东汉到唐代那样门阀横行,从文官到武将都讲究门第的高低,这就为牧羊人出身的卫青提供了登上历史舞台的通道。一次次大战证明,这个年轻人在指挥骑兵作战方面堪称大师级:前面所述的长途奔袭、分进合击、迂回作战等骑兵战术在他的手中被运用得出神入化,匈奴人一对上卫青,就意味着他们要倒霉了:卫青从龙城一路打到塞北,次次告捷,很快他就从一名车骑将军一跃荣升为汉军骑兵集团军的总司令。

元朔6年,汉朝再度大规模出击了:大将军卫青为总指挥,统辖中将军公孙敖、左将军公孙贺、前将军赵信、右将军苏建、后将军李广、强弩将军李沮,兵分6路从定襄出发。

看官说教，上面寥寥数行中，已经清楚交代了汉军骑兵的上述常用战术中的两种。哪两种？长途奔袭和分进合击。

1. 长途奔袭：骑兵最大的强项在于其出众的机动性，因此骑兵的作战范围远远超出步兵、弓弩兵等其他兵种，如果能将骑兵集中使用，并保证军队随时能得到充分的补给和休息的话，那么就可以长驱直入，深入敌境腹地，对敌军军事要点进行出其不意的打击。

2. 分进合击：撑开五指打人，哪根手指造成的伤害都不如一记握紧的重拳造成的伤害大。但这种打法照样有特别的长处：首先巴掌的打击面要比拳头来得宽，几路出击可以同时扫荡多个地域，敌军难以隐藏；其次部队分为几支，也不容易被敌人聚而歼之；三来各支部队之间可以彼此协作，相互间有个照应，也可以从多个角度共同打击敌人，令敌军首尾无法兼顾。汉高祖刘邦彻底击败项羽的垓下之战中，就从别的方向召集了张良和彭越两支援军，三路进击，合围了项羽的楚军。两汉 300 年对游牧民族的主动进攻中，多采取此法。

西汉铁骑的这两种战术在卫青的统辖下从未失手过，这次也不例外，他取得了俘斩匈奴军一万多人的战果。然而他所得的还不止这些：他在清点部队的时候发现，有两个将军和一个骠姚校尉不见了，两个将军是右将军苏建和前将军赵信。骠姚校尉名叫霍去病，是卫青的侄儿。

霍去病去哪里了？这个 18 岁的毛头小伙仗着一股初生牛犊不怕虎的狠劲，把长途奔袭战术玩到了让他叔叔都吓出一身冷汗的地步：他居然带着 800 个和他一样胆大包天的轻骑兵，独自寻找匈奴军队主力决战去了。等卫青发觉的时候，他已经被自己侄儿抛在数百里开外了。

无论是司马迁还是班固都没有告诉我们霍去病到底干了些什么，但我们可以从事后的战报推测出大体过程：这支小队伍一路狂奔，直到在沙漠深处看到了匈奴人的炊烟才停下，之后他们把马匹通通藏了起来，偷偷摸进了敌军大营。匈奴人想必认为自己窝在这么个沙漠里的旮旯是很安全的，因此全无防备。霍去病和他的伙伴们得以充分发挥汉军骑兵步战和近战的优势，在匈奴人营帐里杀了个痛快，最后他们砍下来的匈奴人的脑袋远远超过了他们自己的脑袋的总和；其中最有价值的一颗是藉若侯栾提产的，论辈分他还是现任单于祖父一辈的老人了,没想到今天死在一个乳臭未干的小家伙手上。

老侯爷都被宰掉了,剩下的匈奴人彻底失去了意志,纷纷跪地投降,霍去病等人也杀累了,就把他们绑成一串,带回了汉军大营。估计卫青在那里已经等得两眼冒火,打算亲自去搜了。但他看到侄儿拎回来的一长串脑袋和一大堆垂头丧气的匈奴战俘——里面有匈奴的相国、当户(匈奴官职之一),最有身份的一个俘虏是伊稚斜单于的姑父栾提罗姑,他的满腔怒火瞬间转化为了满腔喜悦。自然,事后的论功行赏是少不了霍去病一份的,他被汉武帝封为冠军侯。这孩子可以算是汉朝方面的第三个大收获,在以后的日子里,他将成长为与他的叔叔一样耀眼的汉代将星,也将和他叔叔一样,成为历史上罕见的骑兵战大师。

当然,这一战汉军并非只有收获,损失一样很惨:战马死亡十多万匹不说,那两个将军和属下的3 000骑兵中也只有苏建一个人逃回来,前将军赵信本来就是匈奴降将,这次和苏建一起被包围,见势不妙,干脆再度投降匈奴。这还不算,他给匈奴时任单于伊稚斜出了个相当毒辣的主意:将匈奴王庭连同本部内迁到漠北,并在阗颜山盖起了军事基地——这是匈奴人遏制汉军长途奔袭的杀招,以逸待劳。汉骑实力确实强悍,但再强他们也是凡夫俗子,骑的也是人界的凡马,而不是天马,是凡人凡马,赶的路长了,总会疲劳的。更何况大漠以北环境恶劣,极度缺水,风沙漫天,匈奴人生长在沙漠,早习惯了,而从中原来的汉军骑兵只会因水土不服而战斗力大减,再加上人困马乏,匈奴骑兵就可以很轻松地击败他们。

不过就又发掘出了霍去病而言,汉朝的得失比还是相当划得来的。元朔6年以后的大战霍去病一场也没落下,而且和卫青一样,一场未输。匈奴王庭搬走了,但汉军并不上当,而是频频出击匈奴他部。匈奴折兰王、卢侯王、单桓、酋涂王等一大批高级贵族连同匈奴的祭天金人都成了霍去病的战利品。被汉军彻底打怕了的匈奴浑邪王、休屠王投降了汉朝。连同他们一起投降的除了麾下的十万部众外,还有浑邪王和休屠王负责镇守的匈奴西部广大地区。汉武帝旋即从关东内地迁移大批百姓填补了这些地区,设置了武威、酒泉、张掖、敦煌四郡,从此汉朝在水草丰美、地理位置极其重要的河西站稳了脚跟，又打开了通向西域的门户，等于是无情斩断了匈奴的左臂。再加上卫青之前的战果，匈奴的势力已是日渐衰微。这种情况下，直接进攻匈奴王庭的时机已经成熟。

决 战 大 漠

元狩 4 年（公元前 119 年）春，汉军吹响了总攻的号角：卫青、霍去病各自统领精骑 5 万，所征调的战马中，光用精粮喂养的就有 10 万匹，从民间搜罗来的私家马匹又有 4 万匹，随同出征的步卒和军夫也有数十万之多。可以说汉朝自开国以来，从未征调过如此庞大的战马、粮草和骑兵，这也彰显了汉武帝彻底根除匈奴这一心腹大祸的决心。

汉武帝是下定了决心的，但运气似乎并不站在他们一边，先是将军李广迷了路，直到战斗结束也没能赶到战场，削弱了汉军兵力。接着是卫青，他从定襄出发后，过了几天几夜才发现了敌军。不幸的是，此时他的骑兵队已经奔行长达千余里，疲累不已，而他面对的却是伊稚斜单于统帅的养精蓄锐已久的匈奴军主力。

这种情况下只有"长途"，奔袭不起来了，敌人准备充分，想来个硬碰硬的主动出击或乘其不备也不现实。而友军要么迷路（比如李广），要么另有任务（比如霍去病），合击同样办不到。一切似乎都在赵信的预料之中，现在就看卫青的临场发挥了。

而单于似乎已经嗅到了胜利的味道，他下令匈奴大军率先发动攻击，他要用一场大胜来洗刷这些年的耻辱。

但卫青毕竟是卫青，他眉头一皱，很快想到了应对之策：先以 5 000 人马应战，但并不和匈奴军发生正面冲突，而是让 5 000 骑兵全体下马，玩起了汉军的另一种常用战术：环形防御。

环形防御：匈奴人对汉人的战术很简单，几百年来不外乎利用马力优势，进入汉境骚扰一把就跑或在草原主场打伏击。前一种让边郡军民受害深重，后一种则让深入匈奴境内进剿匈奴匪徒的汉军吃尽苦头，但吃了几次苦头后，汉军也总结出了应对之策：环形阵。

环形阵并不复杂，不外乎在主将的指挥下，所有兵士环成一圈，中央收缩，四面向敌，这样所有人全身的要害和破绽都可以得到战友的掩护，阵锋和阵后化为一体，就不容易被敌军骑兵抓住弱点了。虽然这一战法多用于步兵应对骑兵时，但汉军骑兵经常下马作战，所以他们一旦在一望无际的平原上中了游牧骑兵优势兵力的埋伏的时候，他们也可以利用这一战法来自保。汉军时常还利用随军携带的筑营工具制造出种种障碍以阻遏敌军骑兵的冲击，当他们的目的达到了以后，他们就可以乘机寻找敌军的薄弱部位以突围而出。

除了大摆环形阵外，卫青还拿出了一项利器，一种绝对的秘密武器：武钢车。

环形阵的要诀是限制匈奴骑兵的机动力，为此除了要发挥弩箭在火力和射程上的优点外，还必须利用手头的工具制造障碍，让匈奴骑兵无法正面冲击己方军阵，而武钢车就是最好的选择。

武钢车为何人所发明，不得而知，但孙子兵法和吴子兵法中都提到过这种有巾有盖的战车，可见它春秋战国时就投入应用了。至于武钢车本身的特点，顾名思义，车身用钢铁铸就，坚固无比，再加上有幔巾和车盖的防护，可以说是绝佳的防御屏障，匈奴骑兵不但冲不进汉军阵地，他们所发射的弓箭再密集也很难伤到躲在车后面的汉军士兵，而汉兵却可以利用车身为掩护，朝暴露在旷野中的匈奴骑兵尽情放箭。更绝的是，武钢车本身也装备有强弓硬弩（读者不妨把它想象成古代的装甲车），配合汉军骑兵所携带的强弓硬弩，钢铁长城后时不时就进射出阵阵密集的箭雨，令掠阵的匈奴骑兵死伤惨重。

汉军摆起了装甲车攻击阵，匈奴军却缺乏破阵用的火箭筒或榴弹炮这样的重火力。伊稚斜单于束手无策，也只能让匈奴军轮番上阵攻击汉军前锋，他现在只剩一张牌可打：把战斗拖进夜里。届时，就算汉军的"狙击步枪"再多，毕竟没有红外线夜视镜，也会失去准头，而狼一样的匈奴骑兵则可以尽情发挥对本地地理环境熟悉的优势,迂回突袭汉军。

战斗已经持续了一天,眼看红日就要西沉,伊稚斜单于在等候着,数万尚未出击的匈奴骑兵也在等候着。

战场即将坠入黑暗之中,上天却另作了一番安排刹那间,天昏地暗,日月无光,旋即狂风大作,飞沙走石,伸手间不见五指。

卫青知道,他的机会来了,唯一扭转劣势的机会,他立刻下达了总攻令,或者说,打出了汉军骑兵在接战时最经常打出的一场战术牌:迂回作战。

在战争中,我们常常遇到这种情形:敌方的阵锋十分坚固,以至于正面强攻会给部队带来巨大伤亡。这时的明智做法就是再度利用骑兵在机动力上的优势,迅速绕道而行,从侧后方攻击敌军军阵的阵后。由于敌方为加强阵锋,势必削弱阵后的力量,因而这种战术往往能收到奇效,汉军军阵中骑兵部队是布置在阵型最前方的左右两翼的,估计就有方便迂回的考量。

当下匈奴骑兵与风沙缠缠绵绵纠结不清,正是绕道侧袭的大好时机。

靠着大自然的掩护和顽强的斗志。在车阵背后休整了一天的汉军骑兵如狼似虎般地扑到了匈奴军队的近前,或者说,完成了对匈奴军队的合围。匈奴骑兵不可能没有发觉,但他们现在既辨不清撤退方向,也无法射中那些越来越近的模糊身影。

弓箭对射战变成了近身肉搏战,而这正是汉军所擅长的。因一场沙漠里常见的沙尘暴,汉军牢牢抓住了战场主动权。

而伊稚斜单于虽然主力尚存,但他明白这场战斗的胜利已不再属于己方所有。三十六计走为上,趁着风沙未停,单于乘坐六匹健骡,在数百名精锐铁骑的护卫下从西北方向成功突围。

主将已去,匈奴群狼们却毫不知情,依旧和汉军奋勇厮杀,直到风沙渐渐平息,他们才知道已经被自己的单于抛弃,大乱之下四散逃走。漠北之战遂以汉军全胜而告终,擒斩匈奴军 19 000 余人,赵信辛辛苦苦盖起的,作为防御汉军进攻之用的军事基地和里面储存的粮食全被汉军烧个精光。

卫青追出200多里,并未抓到单于,这胆小鬼跑得挺快,甚至连匈奴贵族也追不上他,以至于以为他已死。右谷蠡王自立为单于,直到多日后伊稚斜活着回来,右谷蠡王才自去单于尊号。

卫青在漠北血战的同时,霍去病从代郡出塞,绝大漠二千余里,大破匈奴左贤王部,擒获匈奴贵族80余人,男女7万多人。志得意满的霍去病为纪念胜利,登上狼居胥山祭拜天地。从此"封狼居胥"成为众多军人一生苦苦追寻的最高荣誉。

经过漠北大战的沉重打击,伊稚斜再也无力与汉廷全面对抗了,他听从了赵信的建议,主动向汉武帝写信求和。汉军损失也不小,士卒战死病死者即有数万,战马死亡更达十余万之多,出关时汉军公私马匹共计14万,入关后一清点只有3万多了。

不过这样的代价也是值得的,汉武帝对匈奴用兵10年,最终导致匈奴势力遭到严重削弱。单于远遁漠北,漠南无王庭。在今后的数十年时间里,虽然汉匈仍不断交手且互有胜负,但匈奴帝国再也没有恢复冒顿时代的盛况。

漠北大战后13年,卫青病逝,卒年不详,但应不超过40来岁,而在11年前,也就是公元前116年,霍去病已经去世,年仅23岁,这两个人是西汉军事长河乃至中国军事历史长河中最壮观的两朵浪花,可惜浪花起得快去得也快。

窦宪的远征

卫青、霍去病死后,汉武帝再无出色将才,加之马匹损耗严重,也再未大规模进击匈奴。流窜到远方的匈奴人养好了伤,又重新操起了在汉朝边郡烧杀抢掠的勾当。汉军一旦反击,他们就又撒丫子跑回沙漠深处去。双方打打停停,一晃一个多世纪就这么过去了。草原上的牧民还是过着天苍苍野茫茫的生活,中原却起了巨大的变故:外戚王莽称帝,建立了大新朝,西汉王朝寿终正寝了。

新朝上位，新政不断：复古改制、革新货币、禁止田地买卖……每一项改革都令天下人苦不堪言，全国性的倒莽运动不可避免地爆发，中原大地一时间烽火连天，扰攘不已，无暇再顾及漠北那头了。相比之下匈奴利用这段时间休生养息，实力迅速恢复。到了王莽被推翻，东汉王朝建立之时，匈奴骑兵再度成为北方边境的梦魇，频频入寇，甚至出兵支持东汉军阀作乱。而东汉初立，国力残破不堪，加之也缺乏卫、霍这样的骑兵战大师，因此只能采取消极防守的对策，甚至将防线后撤。自然，这样只能使得匈奴人的气焰更加嚣张，西北边区大部陷落。

好在这种严峻的状况并未持续多久，匈奴很快因为单于继承权之争而陷入无尽的内乱之中，最终分裂为南北二部，南匈奴害怕被北匈奴攻灭，竟主动派遣使者前往中原，表示愿意内附，东汉王朝自是求之不得，立刻予以接纳。南匈奴附汉令匈奴力量大为削弱，再加上天灾不断，势力更为衰微。东汉抓住时机，与南匈奴一起不断反击北匈奴：先是于永平15年（公元72年）派窦固、耿忠北伐，接着在永元元年（公元89年），在南匈奴单于屯屠何的怂恿下，又策划了一场规模更大的复仇之战：名将窦宪、耿秉出朔方，会合南匈奴单于、度辽将军邓鸿，三路出击。

东汉时期的骑兵作战，在特点上与西汉时期已经有很大的不同，最大的特色是骑兵军团的成分开始出现变化：由于在东汉初年，河西、晋北等边郡要地相继沦陷于匈奴之手，汉军丧失了许多骑兵兵源的补充地以及优良牧场，这使得东汉王朝要组建一支庞大的骑兵队变得极为困难。

巧妇也是难为无米之炊的，但锅内无米可以锅外找嘛。锅外是啥好米？异族骑兵。

使用异族骑兵是中原王朝的传统，战国时期就有招募胡骑作战的记载，西汉政府设有专门由投降的匈奴、西戎人组成的"属国骑兵"，东汉王朝骑士匮乏，干脆大规模征发南匈奴、鲜卑、乌桓等游牧民族的军队编入汉军作战。这些熟知草原地理环境和草原民族作战方式的胡骑的加入，大大扭转了东汉军队毫无对匈作战经验，只会到处瞎打转的现状。

除了有了"少民兄弟"的协助外,东汉骑兵还拥有一项优势:马种的改良。

匈奴人对汉军的最大优势就在于马匹的性能上,前头晁错老先生也把这一点列为匈奴骑兵长处部分的首位。根据地理位置判断,匈奴骑兵的坐骑当为蒙古马种。蒙古马身材矮小,但在耐力和耐寒方面是中原马匹远远不及的。

匈奴马对汉马的碾压结束于汉武帝朝晚期。为了改良汉马马种,汉武帝不惜花费4年时间,两度远征西域王国大宛,付出的代价是高昂的,但也是值得的,大宛马的极品——汗血宝马最终流入汉朝,这一传说中的"天马"和来自乌孙、康居等国的良马一起与中原马匹杂交,繁殖下的混血马种无论从耐力还是速度而言,都已不亚于匈奴军马。

拥有以上两种秘密武器的汉军已经能更为巧妙地深入匈奴腹地进行打击。说得白话一点,就是西汉骑兵打的是"长途奔袭"战,而东汉骑兵打的就是"国际长途奔袭"战了。

这一次,窦宪一路推进到了今外蒙古西南部的涿邪山。歇定下来的窦宪没有直接下达全面攻击的命令,而是精心挑选了匈奴精锐骑兵万余,由副校尉阎盘、司马耿夔、耿谭率领,率先朝稽落山进攻。这样做的目的除了先试探一番北匈奴军的实力外,还可以起到消耗南匈奴力量的作用。

曾西控西域、北破鲜卑的匈奴铁骑在一连串内外因素的打击下,战斗力已削弱到出乎窦宪意料之外的程度。稽落山一战,单于率领的匈奴本部竟然不敌一万多人的汉军前锋,单于本人效仿伊稚斜前辈的榜样率先开溜了。窦宪大军主力四处出击,一路追砍到了私渠海以北,俘斩无数,单单前来归降的北匈奴部落就有81个,20多万人。

窦宪也没想到自己的战果竟然如此之大,意气风发之余,他学着霍去病的样子,登上燕然山,让中护军班固(大名鼎鼎的《汉书》的作者)在山上刻石立碑,作为这场大胜的纪念。而垂头丧气到极点的北匈奴单于只好向汉朝求和,还把自己的弟弟派出去当人质。

北匈奴单于的霉运并未到此为止,他的求和态度的确挺诚恳,可有两个人不认为有放过他的必要:一个是南匈奴单于屯屠何,另一个就是窦宪。

南北匈奴分裂后,彼此混战数十年,相互之间仇恨早已到了不可化解的地步,加之屯屠何也有乘机消灭北匈奴取而代之的野心,因而他再度上表,怂恿汉朝继续攻伐北匈奴。

窦宪战功是大大的,但人品却是坏坏的,他仗着是当朝太后的亲戚,在京师横行不法,对他的弹劾可以说是堆积如山。这次远征北匈奴,也是他极力促成的结果:他想借此洗刷自己的罪名。现在彻底解决百年来边郡心腹大患的盖世功绩近在眼前,他自然不打算让它白白溜走。

汉军的两大首脑一拍即合,北匈奴单于的悲惨命运也就注定了。第二年十月,还在睡梦中的他被震天的喊杀声惊醒了,南匈奴左谷蠡王师子率领8 000南匈奴骑兵,又来了次长途奔袭,乘着夜色的掩护把他的营帐给围了。毫无准备的单于无力抵挡,带伤突围而走,妻子部众数千人成了汉军的战利品。

南匈奴骑兵刚来,东汉骑兵又至,永元3年(公元91年),窦宪派遣的左校尉耿夔、司马任尚又从居延塞出击,在金微山(今阿尔泰山附近)给旧创未复的单于添上一道深深的新伤:可怜的单于这次连老妈都丢给了汉人,名王以下5 000人被杀。充分贯彻窦宪心狠手辣搞人就要搞死精神的东汉骑兵循着单于的号哭声,骑着中原新型战马,出塞追击达5 000余里之多。此战为期三个多世纪的汉匈战争画上了句号,昔日横行无忌的匈奴帝国就此覆亡,余部全部成了汉王朝治下的少数民族。

1600多年后,吉本先生写下本篇开头的那句话的时候,想必他的脑海中也回荡着大汉骑兵驰骋塞外、耀武扬威时的场景吧。

草原帝国退出历史的大舞台了,并不意味着汉骑也一并退出。大汉的历史还在继续,汉家男儿还将在国内外的战场不断上演一幕幕好戏。

东汉末年：袁曹争雄

公元 2 世纪末爆发的十常侍之乱把东汉王朝推进了万劫不复的深渊。各地的军阀们借着诛杀把持朝政、祸乱天下的宦官之名，纷纷朝首都洛阳进军。最后以董卓为首的西凉军阀控制了洛阳，皇权的威信就此彻底崩坏，朝廷名存实亡。太守、刺史、州牧们纷纷拚命扩充自己的军力，地方政权之间为扩充地盘而互相攻伐的火拼频频发生，混乱程度较新莽末年有过之而无不及。历史车轮就此开进精彩纷呈的三国时代。

三国时代是个不折不扣的乱世，乱世的主题永远是战争。有了战争，军队就有了用武之地。军队有了用武之地，作为军队特别兵种的骑兵在乱世中所起到的作用自是不言而喻。

三国时代的骑兵战比起两汉骑兵战又有了自己的特色：装备和战术均有革新。

从防具上看，骑兵防护能力大大增强了，首先是铠甲的形制更复杂，也更坚固了，西汉前期骑兵装备的札甲到了东汉已为甲片多呈鱼鳞形或树叶形的鱼鳞甲所取代，鱼鳞甲甲片型号较小，但穿戴者活动起来更为自如，编缀也更细密，汉代古墓出土的鱼鳞甲所用甲片竟达 2 800 余片。当时还出现了黑光铠、筒袖铠、明光铠等新型铠甲。

盾牌也有所改进，盾牌表面蒙上了牛皮，抗弓箭穿透性能更强。

兵器上的变化主要体现在长兵器的应用更为普及，东汉末年，长矛、长戟、长刀开始更多地出现在骑士们的手中，三国名将关羽、吕布、马超等都是此道的高手。

至于马具，成形马鞍和马镫都在三国时代出现，马鞍的鞍桥前高后低，骑士既不易从马上摔下，又便于下马。而铁制马铠的成形，使得真正意义上的重骑兵部队的编制成为可能。

长兵器的广泛应用、防护能力的增加、马具的变化均意味着三国骑兵的战术开始从穿插迂回朝冲锋陷阵转化,典型的例证就是当时长戟旁边的铁枝由横生变为上翘,显然是为了方便突刺而设计的。著名战例有公孙瓒持矛突鲜卑骑兵阵、吕布常山大破张燕之战等。

三国时期但凡拥有一定实力的军阀都相当重视己方骑兵的建设,而在这方面又以名人曹操的成就最为斐然。

三国头号枭雄曹操从29岁起,生活就一直是在战场上度过的,对骑兵在战争中所起到的重要作用有着深刻的认识,因而对曹家骑兵队的建设极为重视。看过日本漫画《龙狼传》的读者一定对曹操麾下的"虎豹骑"有着深刻印象,历史上曹操也确实拥有这么一支精锐骑兵队,尽管限于史料,这支部队的具体情况不得而知,但担任虎豹骑领军大将的曹纯、曹真、曹休等均为曹氏族人,这支骑兵队在曹军中的不二地位可见一斑。

自初平元年(公元190年)曹操以反董卓为名起兵以来,先后扫平了黄巾军众多余部及吕布、袁术、刘备等割据势力,渐渐成为纵横山东、河南的大军阀。

曹操势力的不断扩张,引起了另一个大军阀——河北霸主袁绍的不安,袁绍也是以反董卓为名起兵的,在山东、河北、辽东一带罕逢敌手,野心越来越大的他决不能容忍自己身旁出现一个与自己相抗衡的对手。建安5年(公元200年),袁绍不顾手下谋士劝阻,派大将颜良为先锋进兵白马(今河南安阳滑县),袁曹战争正式爆发。

论地盘和兵力,袁绍明显在曹操之上,由于得到北方少数民族乌桓等部的支持,袁家军骑兵规模同样强于曹操。但在战略层面,袁绍就远不是曹操的对手了。

袁绍准备进攻曹操之前,曹操正忙于攻打占领徐州的刘备,谋士田丰曾劝袁绍乘曹军主力出击的机会,攻击曹操守备空虚的主基地许都(今河南许昌),袁绍没有听从,致使曹操轻松打跑了刘备,巩固了后方。这次正式开战,他又中了曹操的声东击西之策,误以为曹军要渡过黄河,于是亲率主力西向,这一下留守白马的颜良就孤立了。

曹操见袁绍中计,立刻派大将张辽、关羽为先锋,对白马实施了一次突袭。

无论是三国志的作者陈寿，还是为三国志作注的裴松之都没有告诉我们这场战斗的双方具体兵力比。但考虑到曹操的军力本就远在颜良之下，而要执行长途战术只能用轻骑兵，因此此役曹军兵力远在袁军之下无疑。

战前，提起袁绍军骑兵，曹操曾感慨地说："他（袁绍）单马甲就有300具，我拼了老命只能凑出十具来。"马甲在三国时期仍是稀有的奢侈品，从这方面可以看出，曹军骑兵不仅在兵力上处于下风，装备上也远不如袁军骑兵。

因此虽然曹军在战术上胜了一筹，形势依旧严峻。

当然，曹操一方也并非全无优势。第一他们毕竟是进攻的一方，在战役开始阶段就争取到了主动权，转化为具体成果就是抢占了袁军大营对面的山头，也就是战场的制高点。这样他们就可以尽情俯瞰到敌军军阵的详细情况，而颜良却对曹军情况一无所知。

第二点更重要，从史料记载来看，虽然曹军轻骑是由关羽和张辽共同带队，但曹操出于对关羽的信任，给了他便宜处置的权利，因而曹军骑兵的主将实际上是关羽。再看袁绍一方，虽然颜良也是袁绍军中数一数二的猛将，但比起三国战神关羽来说还是差了一截。差距不仅仅是武功上的，还包括对战场地形、己方优势、战斗时机的把握上。

关羽深知这样一场实力不对等的战斗，拖得越久对自己越不利，最好的选择就是乘曹军刚刚抵达、斗志正旺的时候发动战斗。当颜良还在咆哮着，逼着因临时遇敌而乱成一团的袁军士兵排好阵势的时候，关羽早利用己方在高处的优势，迅速探明了袁军军阵的薄弱之处，与袁军主将所处的中军位置，二话不说带着一帮凶猛的骁骑从山上直冲下来。

关羽本就武艺非凡，居高临下的地势对曹军骑兵也起到了冲击加成的作用，再加上突破点选择得当，袁军无力抵挡，阵型竟硬生生地被曹军骑兵撕裂。张辽的后军飞速跟进，将关羽打出的缺口继续扩大，令袁军各军阵之间彼此无法支援，更无法侧击关羽。后者得以长驱直入，在万军之中一下就刺死了颜良，把他的头颅砍了下来，袁军被这个不要命的猛男吓得两股战战，一哄而散。

关羽本是刘备的结义兄弟，徐州之战中刘备败走，关羽和刘备的妻小一起被俘，曹操对关羽和刘备家属极尽厚待，关羽感动之下遂暂时为曹操效力。袁绍当初要是听从了田丰的计策，何至于葬送了颜良的命？

值得一提的是，由于《三国演义》影响力巨大，关羽手持青龙偃月刀的形象已经深入人心，但从白马一战他"刺"倒颜良再斩首的记录来看，他真实使用的兵器很可能是一支铁戟和一把短刀。

另一个值得一提的是，关羽在袁军正面撞开一个大口子，而后由张辽率领后军跟进扩大战果的做法正是前面提到的冲锋陷阵战术的又一个典型战例。

袁绍损失了一员爱将，一怒之下亲自前来报仇。曹操不慌不忙，将白马运来的辎重运到延津（今河南新乡）作为诱饵，自己则与600骑兵在延津以南解鞍以待。袁军先锋骑将文丑果然上当，派兵抢劫曹军辎重。乘着袁绍军骑兵乱作一团之际，休整充足的曹军骑兵突然出击，大破袁军，文丑在乱军中被杀。

点评：不惜牺牲辎重，扰乱敌军阵型，而后乘机逆袭，以少胜多，曹操在骑兵战术和节奏的把握上都堪称精妙。

白马和延津连胜两阵，斩杀的又都是袁军名将。袁绍一方大受打击，垂头丧气不已，相比之下曹操那方凯歌不断，士气暴涨。曹操抓住这一良机，与袁军主力决战于官渡。官渡之战中，袁绍谋士许攸投降曹操，说出了袁军军粮的囤积地点——乌巢。曹操亲率虎豹骑乘夜衔枚偷袭乌巢，烧毁袁军全部粮草，乘势挥师大败袁军。袁绍只率领800轻骑逃去。7万多士兵命丧曹军之手。

官渡一战击溃了袁绍军主力，奠定了袁曹之战的胜局，也决定了中国北方格局的走向。袁绍官渡大败后，又羞又怒，吐血而死。曹操逐一扫清袁绍剩下的势力，统一了北中国大部。

平胡录：乌桓和羌

袁绍是被消灭了，但位于辽西的游牧民族乌桓部落却乘河北一时无主之机,大肆入寇,成为北方边郡新的威胁。袁绍活着的时候,和乌桓酋长蹋顿有交清,他的儿子袁尚、袁熙投奔了蹋顿,可想而知,在这两位的煽动下,乌桓对河北、辽东一带的骚扰只会变本加厉。

强如袁绍都被我灭了,还怕你一个小小蹋顿?建安12年(公元207年),曹操点起大军出卢龙要塞,远征蹋顿,打算顺带连袁绍余党一起灭了。

西汉时期,汉军北征匈奴的时候,最有效的战术无非是骑兵长途奔袭,迂回作战。这次曹操一点不落地用上了,只是鉴于情况有别——右北平到卢龙的道路在暴雨的侵袭下泥泞难行,而乌桓为防止被奔袭,又派兵守住要道——做了些许调整,他在必经之路上留下告示:宣称现在路没法走,俺秋冬季节再来。一面却暗地悄悄出塞,爬上了徐无山(今河北唐山玉田县附近),让军士硬生生在山谷中开出一条长达五百里的道路来,经过白檀、平冈,向东直指乌桓老巢柳城(今辽宁省朝阳县)。

这,也可以算是声东击西战术和迂回战术的结合吧。

头脑简单的乌桓人被曹操的告示所迷惑,以为还可以安歇到秋天呢。蹋顿正和袁家兄弟推杯换盏,狂饮大笑不止,突然探马来报:曹军已经挺进柳城200里以外。

三个人手里的酒杯同时掉到了地上:曹操这个老骗子!

骂骂咧咧的蹋顿与辽西单于楼班、右北平单于能臣抵之、袁家兄弟一起匆匆出战。当年8月,两军在白狼山(今辽宁喀左县大阳山)相遇。

尽管曹操出的是奇兵,但他的劣势还是很明显的,为了让骑兵队能轻装上阵,他听从谋士郭嘉的策略,把辎重都丢在后方,这就意味着曹军骑兵不可能打持久战。

粮草没了还是次要的,最要命的是曹军骑兵一昧追求速度,把笨重家伙——铠甲全和辎重一起留在了后头。中原骑兵的最大优势——良好的防护性能不复存在!

长途奔袭对后勤压力极大,强如西汉武帝时期,维持一次十余万骑的远征也闹到国库破产。何况曹操手里只有北方几个饱受战火蹂躏、残破不堪的地盘。因而这次曹家远征军骑兵的数量不可能很多,很可能只有 1 万人左右。但可以肯定的是，曹操亲征，虎豹骑精锐定在其中。

补给接济不上，披甲者很少，兵力远在乌桓之下（乌桓骑兵有数万人），加之突然遭遇，曹军困乏之余根本来不及休整。更要命的是，袁尚、袁熙率领的袁家军残部正在乌桓军阵营中，这意味着蹋顿对曹军惯用的作战方式与弱点可以说是了如指掌。此时曹操一方的局面，比起元狩 4 年卫青所处的状况何止凶险十倍！连曹操左右骁骑都开始动摇了。

曹操本人呢？如果他也和手下一样心慌慌的话，那他还是盖世枭雄曹操吗？只见他亲自登上白狼山高处，朝下眺望了一圈，一抹自信的微笑浮现在曹操的嘴角：这一战，我们赢定了。

曹操何来的自信？很简单，乌桓军队虽然凶悍，但比起匈奴来还是差了老远。晁错说过：在平原摆好阵型，匈奴已不是汉军的对手。乌桓更糟，蹋顿大概来得太匆忙，只见乌桓骑兵乱哄哄地挤在一起，根本连个阵型都没有。再有一点，蹋顿对地利的把握显然并不在行，虽然是主场作战，但他并未抢占白狼山山头，而是任由曹军在此布好阵势，游牧骑兵在险峻地形作战的优势也不复存在了。

回头再粗略看看战场形势：曹军长途奔袭、抢占战场制高点，乌桓军阵势不整……读者是不是有这么个感觉？这简直就是白马之战的重现嘛。既然蹋顿犯了这么多和颜良一样的错误，那曹操只要模仿关羽的做法，一鼓作气，乘高下击就是了。

但情况还是略有不同的，主动权掌握在乌桓军手里，所以曹操要比关羽更快，否则等蹋顿整理好队伍，曹军所有优势将不复存在！

曹操当即拔剑大呼：孩子们，别再等了，乘现在出击！

伴随着惊天动地的呐喊，曹军骑兵宛如水银泻地，从白狼山上冲杀下来。死中求生的意念，加上自上而下冲击加成，令曹军攻势猛不可当。乌桓的乌合之众瞬间如塔罗牌一般一齐崩塌。虎豹骑骑兵在猛将张辽的率领下，东挑西杀，锐不可当，蹋顿无力指挥，竟被当场斩于马下！

曹军大获全胜，蹋顿以下名王全被斩首，俘获乌桓及袁军不下 20

万！壮哉,名将张辽！壮哉,曹军！壮哉,虎豹骑勇士！

袁尚袁熙希望彻底破灭,他们投奔辽东太守公孙康。没多久,公孙康砍了他们的头,献给曹操,袁绍残余势力彻底肃清。北方边民再度得到了安宁。

自此以后,除了西北边境的羌族外,北方再无能威胁到曹操的割据势力存在。志得意满的曹操决定乘势南下,南方大震,荆州归降。曹操兴奋之余,大造车船,打算饮马长江——接下来的事大家都知道了,三国一号主角刘备和江南孙家联手,在赤壁送给曹操平生最耻辱一败,终结了曹操统一全国野心的同时,也确定了三国鼎立的局势。

南方暂时吃不下了,曹操把大败的一股子气全撒回到北方,他要清除后方唯一一个不安定因素:占据天水、安定等十郡的羌人势力。

自东汉安帝时期第一次举起反抗朝廷的大旗以来,西北一带的羌人部落始终是汉王朝边境的一个心腹大患,大小起义不断。东汉末年中原陷入混战,西北当地的汉族豪强开始借助羌人势力壮大自己,将汉族先进的步骑战术教授给羌人,更令羌军战斗力大增。可以说十郡以马超、韩遂等地方豪强为首的武装力量,是一块硬骨头。

但再硬的骨头,为了自己的宏图大业,也是要啃上一啃的,建安16年(公元211年)7月,曹操率众西征。

如果要分析双方各自的形势的话。那对于曹军最不利的地方有二:1. 西凉军本土作战,熟悉各地地形,因而率先扼住了各处战略要道,包括潼关、渭水等地。2. 西凉羌军从汉人那学来了一手出色的长矛战法,长矛兵是骑兵的克星。因而面对西凉军,曹军的所有骑兵战术似乎都玩不转了,连虎豹骑似乎也施展不开来。

但这些都难不倒身经百战的曹操。他利用分进合击的战术,成功在马超眼皮底下强渡渭水。

马超不断派出轻骑骚扰曹军,让曹操无法安心安营扎寨。此时已进入9月,气温骤降,天寒地冻,曹操让军士担水泼在地上,迅速结起了一层冰。几万人一齐担水、泼水,一夜之间,一座壮观的冰城拔地而起。

在这座临时要塞面前,西凉军骑兵接连碰壁,曹军在渭水很快站稳了脚跟。

马超陷入困境,本来他的计划就是利用主场优势,层层设卡,用游牧民族擅长的游击战术让曹军疲于奔命,最后支撑不住败退。现在曹军连"城池"都盖起来了,他还怎么游击?

马超多次想引曹操出来决战,曹操说没门,虽然形势已经逐渐缓和,但羌人依旧凶悍,打法又克曹军。贸然应战即使能得胜,损失也很大,他要磨下去,把羌人的气焰给磨平,磨空。

曹操既不和也不战,马超对冰城的夜袭又均以失利告终。日子一天天过去,羌人的战意渐渐松懈下去。曹操还利用各种计策,挑拨马超和韩遂之间的关系,西凉军内部越发不稳起来。

眼看一个月就要过去了,曹操知道,是该出击的时候了。于是他答应了马超的挑战,憋闷了许久的曹军和西凉军终于得以交手。我们从残存的记载中无法推导出西凉军的阵型,但可以得知曹军仍沿用汉军骑兵数百年来惯用的重骑兵、步兵在前,轻骑兵在后的军阵。

与以往不同的是,曹操并未使用"重骑正面突击——打开缺口——后军骑兵和步兵跟进巩固"的打法,西凉军善使长矛,重骑兵强突等于送死。因而甫一开打,曹军率先出击的虽然还是骑兵队,但却不是阵锋的那两支,而是担任阵后的4队轻骑兵。他们手里拿的不是突阵用的长戟或马矟,而是弩机和长弓。

弩的威力,读者在前文中已有了相当了解。而历经与游牧民族数百年的交锋,中原骑兵的骑射术已大为精进,甚至发展出了双手交互射击的技术。即便骑在马上对射,汉军骑兵手中的长弓也再不逊于游牧骑兵。

羌军手中的长矛固然威力无穷,但毕竟不是投枪,打击不到离得远远的敌人。而他们又是山地作战民族,并不擅长骑射,因而在远距离对射方面,羌军无论是弓术还是弓弩性能都明显处于下风。

曹军骑兵箭雨如飞蝗而下,羌军只能被动挨打,一时死伤无数,阵势浮动了起来。马超恨得咬牙切齿,但即使咬碎了牙,也毫无办法。

见羌军渐渐不支,曹操令旗一挥,阵锋的重骑兵队出击了——有人要问了,轻骑兵还在射杀西凉军,重骑兵这时出战,不怕被误伤吗?这样问的读者,可以回头看看本篇的汉军骑兵战术介绍:汉军骑兵不但可以正面突击,还能迂回侧袭!此时羌军士兵正极力抵御着正面汉军的远程火力,无暇顾及己方侧翼,正是迂回作战的最好机会!

曹军重骑兵轻松突入羌军军阵之中,这下羌军再也支持不住了,环首刀、钩镶、长戟、马矟四下飞舞,羌军大乱,四散奔逃。马超再骁勇,也弹压不住,只能跟随着一道溃退。曹军大破西凉军,西凉大将成宜、李堪等被斩,杨遂、马超逃奔凉州。

潼关之战全歼西凉军主力,自东汉中期起降伏无定的西北各郡彻底被制伏,曹操南征再无后顾之忧。从此以北方为势力范围的曹魏政权与以南方为势力范围的刘备—孙权政权连年交锋,成为后三国时代的主旋律。

潼关一战也是汉朝骑兵对游牧骑兵最后一次酣畅淋漓的大胜了。9年后,曹操病逝,曹操长子曹丕废掉东汉末代君王汉献帝,改国号为魏。400多年的汉朝历史走到了尽头。

曹丕篡位称帝后,中原战场上虽时不时出现几场精彩的骑兵战,但与汉朝已然无关。公元310年,匈奴人刘聪率胡人大军灭掉西晋王朝,建立了个与汉人完全无关的"汉朝",中国历史从此进入了五胡乱华的时代:胡族骑兵横行天下,而失去了骑兵来源地北方的汉人政权只能用步兵勉强抵挡着胡骑南下的铁蹄。

当我们看到汉人政权对入主中原的游牧政权的优势不再,反被后者死死压制的时候,相信大家都会格外怀念昔日大汉铁骑横扫漠北的英姿吧。

波斯骑兵

居功至伟

"她连接起一群家人,一个国家,一个民族。她的每一滴水都是永恒花园的一个约定。"

在自己的作品《国籍证明》中,伊拉克诗人萨迪·优素福用深情的笔调描述了自己祖国的母亲河——幼发拉底河。

奔腾的幼发拉底河从安纳托利亚山区倾泻而出,一路折向东南,最终与自己的姐妹底格里斯河在阿拉伯河交汇。两条河流不断滋润着流域沿岸的土地,造就了一片冲积地带——美索不达米亚平原。

千百年来,这片土地不仅孕育了许多发达的人类文明,也一直是兵家必争的所在。苏美尔、亚述、巴比伦……一个又一个强大的王国先后统治了这里,又一个接一个地在新的强敌的攻击下崩塌下去。公元前6世纪,一支来自中亚地区的游牧民族闯进了两河流域,经过无数场血腥的征战,成了她的新主人。这群人被称为波斯人,他们创立的帝国也被后世命名为"波斯帝国"。

拜两条母亲河的恩赐,美索不达米亚平原的土地肥沃异常,到处都是丰美的草场。这为这里的人们大规模养育马匹并进而用于作战提供了便利条件。根据考古资料显示,早在公元前2500年,苏美尔人就组建了有史以来第一支战车兵。在接下来的数百年征战史中,骑兵一直是战争中的主力兵种。波斯民族虽然并非诞生自美索不达米亚,但他们征服这里同样靠的是己方强悍的骑兵力量。

波斯人是雅利安人的一支,根据伊朗史诗《阿维斯塔》等记载,雅利安人很早就学会了驯养马匹及使用金属。在从中亚故地朝伊朗高原迁徙的过程中,他们不断与当地土著发生冲突。无疑的,在这一次次冲突与战斗中,波斯民族磨砺出了勇猛好斗的性格,而以骑兵和远射为主的作战方式也逐渐成型。

靠了这股勇猛好斗的拼劲和骁勇善战的骑兵队,波斯人不仅成功在伊朗高原西部建起了自己的家园,站稳了脚跟,随后更进一步向外扩展。公元前550年,波斯部落联盟首领居鲁士(史称居鲁士二世)利用其部民对宗主国米底(与波斯人同为雅利安人的一支,但较早建国,因而波斯被迫向其称臣)的不满,在安善城(今伊朗法尔斯省扎格罗斯)起兵。他先是联合巴比伦灭亡了米底,接着又征服了吕底亚、小亚细亚和巴比伦等地,从而一统了两河流域。

由于居鲁士战功显赫,因而他被后人誉为居鲁士大帝,又由于他本人出身波斯的阿契美尼德家族,因而他建立的波斯帝国又被称为阿契美尼德波斯。

古希腊史学家希罗多德在其著作《历史》中概述了居鲁士这一系列征伐过程,其中"奔袭""长驱直入"等用词随处可见,足见波斯骑兵在居鲁士所建立的赫赫战功中扮演了相当重要的角色,因而不妨对阿契美尼德波斯骑兵来个简要的介绍。

阿契美尼德波斯骑兵的装备和阵型

波斯骑兵分为重骑兵和轻骑兵两类,两者的装备各有不同。重骑兵的防护装备包括铠甲、头盔、长矛、剑、战斧等。轻骑兵不着铠甲,仅携带一面盾牌,身背弓箭。

重骑兵的铠甲是带袖子的,有多种材质,如亚麻、皮革、毛毡等,但最常见的是青铜质的,制作方式是在鱼鳞形或长方形的铠甲甲片上钻几个孔,而后用绳子固定在亚麻或皮革制的软底上。这其中又以鱼鳞形甲片最常见，因而又称为"鱼鳞甲"。贵族所穿鱼鳞甲表面是镀金的，以表其身份。

头盔的质地有铜、铁两种，按照外形又可以分为半球形圆顶头盔和球椎体头盔。它们均为开放式头盔，半球形圆顶头盔的前半部开口较高，与后半部开口形成直角，可以很好地保护佩戴者耳部。球椎体头盔没有这一防护措施，头盔顶部很尖，帽檐部位有盔带，便于将头盔固定于佩戴者头部。贵族所用头盔表面镀金。

长矛为波斯重骑兵主要武器，目前尚无出土文物，仅能从壁画上得知其矛头为菱形。波斯军精锐"不死军"骑兵所用木杆长矛底部嵌有一金苹果作为身份标志。剑与战斧相关资料极其稀缺，无法判断其外形。

波斯轻骑兵所用盾牌为椭圆形，为木质，表面包有皮革或青铜。尺寸很大，可以覆盖使用者从肩膀到大腿的部位，两侧各有一椭圆形开口。所用弓箭情况尚不清楚，仅从希腊人的记载中可以得知轻骑兵在行军时是将弓挂在左臂上、箭筒背在背后的。

关于装备的记录虽然不多，但可以肯定的是波斯人极其重视骑兵，帝国境内拥有不少大型养马场，其中仅巴比伦的养马场就拥有马匹1.6万余只。波斯所用军马为尼萨恩马，波斯人个个高大魁梧，所骑乘马匹也体形庞大。其肩部隆起时，高度可达60英寸（即152厘米）。尼萨恩马肌肉发达，耐力好，十分适合作战。后波斯军队入侵希腊半岛时曾在希腊的色萨利过冬，当地战马因而得以与尼萨恩马配种，培育出了新一代的色萨利良马。色萨利城邦因而拥有了一支傲视全希腊的骑兵队，这是后话。

阿契美尼德时期并无马镫和马鞍，波斯人的马具只有披胸和额甲。

波斯骑兵作战时的阵型同样缺少资料，从达斯基里昂之战的记录来看，仅能得知骑兵阵前排不超过12人，但纵深很厚。在与其他兵种协同作战时，他们一般被部署于方阵两翼和中央方阵的两侧（保护指挥官与国王）。

阿契美尼德波斯骑兵的
常用战术和战例

波斯轻骑兵由于防护很差，因而不能作为独立作战兵种使用，一般在战斗中是与步弓手配合作战的：步弓手以十人为一队，在手持藤盾的十夫长的掩护下远程射击敌人正面。而马弓手则射击敌军侧翼。重骑兵作战方式结合实际战例可知有以下两种：

公元前396年，斯巴达国王阿西格劳斯二世为反击波斯对希腊的入侵，先发制人，率领一支远征军侵入波斯境内的小亚细亚。波斯弗里吉亚省总督法那巴佐斯加以截击。波斯先锋骑兵队在达斯基里昂附近迎面撞上了斯巴达先锋骑兵队，双方在相距不到480米远的地方摆好阵势交起手来。斯巴达骑兵摆出了类似方阵的阵型，而波斯骑兵的阵型如上文所述。

希腊骑兵的装备有波奥蒂亚式头盔和胸甲、胫甲、盾牌，兵器有长枪、科庇斯弯刀或希腊剑。具体情况在马其顿一章已有介绍，这里不再赘述。

斯巴达军队是古希腊军事世界乃至古代军事世界中的一支著名强军，每个斯巴达公民都是己方城邦的士兵，从出生到死亡，他们的唯一任务就是参加各种体育锻炼，好练出强壮的体魄以成为合格的战士。因而他们的战斗力十分可怕，公元前480年，以斯巴达国王列奥尼达所率领的300名皇家卫队成员为核心的希腊军队，依仗温泉关的险要地形，以区区数千之众，抵抗数十万波斯大军达三天之久，在付出了自列奥尼达以下300人几乎全部战死，无一投降或逃跑的惨重代价的情况下，令波斯人蒙受了2万余人的损失。至此斯巴达勇士声名大噪，温泉关一战日后也被改编为各种艺术作品（如著名的好莱坞大片《斯巴达300勇士》）而广为流传，斯巴达军人从此成了英勇不屈的代名词。

然而，斯巴达军队的强项在于其重型步兵以及由重步兵所组成的无坚不摧的方阵。而他们的骑兵与古希腊大部分城邦的骑兵队一样，属于步兵的附属队，战斗力要逊色不少。而自15岁起就接受骑射训练的波斯人在乘马作战技巧与经验方面，无疑大大强于希腊人。因而尽管斯巴达骑兵也是以方阵接敌，但双方短兵相接之时，希腊人立刻处于下风。没过多久，斯巴达一方即有十多人战死，损失战马两匹，剩下的斯巴达人转身就逃，虽然阿西格劳斯二世所率领的重步兵方阵及时来援，稳定住了战局。但12比1的损失比令希波双方在骑兵对决上的实力差距暴露无遗。

阿契美尼德波斯骑兵战术之一：以厚重纵深正面接敌。

阿西格劳斯二世折了一阵，但凭借着强大的重步兵方阵他还是得以一路推进，并占领了包括法那巴佐斯官邸达斯基里昂所在地在内的弗里吉尼亚省多座城市。眼看冬季将至，长途远征的斯巴达军队粮草开始接济不上，阿西格劳斯本人留在法那巴佐斯旧居舒舒服服地过冬，却命令手下的兵士们外出征发粮草。

古代所谓的征发粮食，说白了其实就是就地抢劫。斯巴达军人转职成了强盗后，原来严明的军纪荡然无存，加上最近一年得胜不断，他们开始不把波斯人放在眼里。一支支斯巴达征粮小队，肆意横扫着达斯基里昂附近的村庄。

被赶出家门的法那巴佐斯总督一直在寻找反攻的机会。当他看到斯巴达人为了多弄粮食而化整为零到处游荡时，他立刻组织了一支骑兵杀了回来，四下分散的斯巴达人措手不及，匆忙间只集合了700人应对。

尽管斯巴达人未及整合己方主力，但他们的人数还是多于波斯人。法那巴佐斯手里的王牌除了重骑兵外，还有几辆镰刀战车。

镰刀战车可以说是小亚细亚人的一大发明，看过电影《角斗士》的读者应该对这种将锋利的旋转刀片安装在车轮上的玩意有着深刻印象。借助战车冲锋时的速度加成，刀片可以轻松地切断敌人的四肢，其速度之快甚至让受害者感觉不到痛苦。这一次面对铜墙铁壁一般的斯巴达步兵长矛方阵，法那巴佐斯知道光靠骑兵正面冲击肯定不行，因而他首先投入了镰刀战车。

广阔的弗里吉尼亚平原给了战车部队充分的施展空间，一路未受任何阻碍的镰刀战车挟着可怕的动能撞向了斯巴达方阵，虽然后者无论在攻防两端都有着良好的系数设定，但铜制的盾牌依旧挡不住寒冷的铁片的切割，而方阵一旦被突破，其不灵活的弱点就一下被放大了。彼此挤在一起的斯巴达士兵躲闪不及，纷纷倒在了翻飞的刀锋之下。在一片惨叫声中，镰刀战车左冲右突，所过之处只留下一地残肢断臂和殷红的鲜血，令人触目惊心。

斯巴达方阵已被彻底打乱，法那巴佐斯手下的骑兵迅速踩着血泥突入，侥幸未被镰刀所及的斯巴达军人没能躲过这接踵而至的第二波攻击，上百人瞬间丧生在波斯骑兵的长矛下。其余的人再也没有了温泉关300勇士的胆魄，丢下死伤同伴朝达斯基里昂逃去。此仗可以说是为数不多的波斯骑兵阵完胜斯巴达步兵方阵的战例。

阿契美尼德波斯骑兵战术之二：战车先冲锋，骑兵利用其掩护继而掩之。

尽管居鲁士死后，阿契美尼德王朝在冈比西斯和大流士等君主的统领下得以继续扩大着自己的版图；尽管波斯人利用自己骑兵的优势，在面对同样善战的希腊人的时候仍能取得如两次达斯基里昂之战那样的胜利，然而波斯军队整体而言缺乏训练，再加上其中夹杂了大量被征服民族的军队，这时常导致了部队间调度混乱、协作不力。因而持续半个多世纪的希波战争中，波斯一方往往是输家。当希腊西北部的城邦马其顿崛起并建立了名闻天下的马其顿骑兵后，波斯人最后的优势也被抵消了。公元前335年，马其顿雄主亚历山大亲率以马其顿骑兵为主力的希腊联军远征亚洲，波斯军队连战连败，尽管间或有斯皮塔米尼斯这样的微操高手利用骑兵在机动性上的优势为波斯扳回一两场，对大局却于事无补。也改变不了阿契美尼德王朝于公元前330年为马其顿所灭的结局。

波斯灭亡7年后，亚历山大在巴比伦去世了。他所建立起的庞大的马其顿帝国旋即为其部将所瓜分，亚洲部分几经争夺，最后落到了希腊将军塞琉古手里。然而内乱外患不断的塞琉古王朝也没能持续多久，只在历史的年轮上刻了25圈就在罗马和帕提亚两大强国的夹击下灭亡了。原阿契美尼德王国的领土为帕提亚王国所吞并，波斯至此进入帕提亚时代。

帕提亚骑兵的组织和装备

尽管帕提亚王室成员依旧以阿契美尼德家族后人自居，但后世的萨珊王朝始终不承认帕提亚王朝为波斯正朔。拒绝承认的理由是建立帕提亚王朝的阿尔沙克家族隶属来自土库曼斯坦的达赫人。与迁徙时代的波斯人一样,达赫人也是一个典型的游牧民族。希腊史学家说,他们的全部生活,包括战斗、聚会、宴饮等活动都是在马背上进行的,他们和匈奴人一样,一辈子也离不开马和兵器。可想而知,帕提亚波斯王国的立国之本同样是矫健敢战的骑兵。

帕提亚政权依旧残留着相当的游牧风格,国王的权力颇受元老议会和地方上的军事贵族制约。而后者原为达赫(即帕提亚)族中各个拥有一定实力的部落的首领,建国后他们就摇身一变,成了王国的各个显贵家族。可以想象,他们仍然各自拥有强大的军事实力,因而帕提亚军队,包括军队主力——骑兵均由国王亲军和贵族的私军组成。

与阿契美尼德王朝一样,帕提亚骑兵也分为轻骑兵(小贵族及其随从)和重骑兵(大贵族和国王亲军)两种,但有所不同的是,轻骑兵才是作战的中坚力量,在帕提亚骑兵军团中,轻骑兵(即骑弓手)与重骑兵的比例约为10比1。

既然是中坚,那就优先介绍下。其实帕提亚马弓手的装备并不复杂,为了保证机动性,他们也并不穿戴盔甲。他们的装束一般是一顶锥形的毡帽(后期改为圆形尖顶状)、一件皮质的开襟式外套和一条宽松的通常为蓝色或者红色的套裤、短靴。他们的兵器则包括两把弓(一把备用)和一柄短剑,或一把匕首、一柄战斧,有时甚至包括一柄长剑。

帕提亚人所用的弓为反曲复合弓,它是由动物的角、筋和木头制成的。弓体为木质,而水牛角的纤维则被贴在木头的里面,这样弓不容易变形。筋则被晒干,然后剥成一根根的纤维,再在胶水里长时间浸泡后则被贴在木弓体的外面提高弹力。这样弓就可以在放箭时释放巨大的能量。帕提亚复合弓两端的弭(就是复合弓两头附近的弯曲处)被拉长并用动物角强化了,这增加了弹力并使得放箭时更容易操控。据测试,帕提亚弓的有效穿透射程可达100米以外,而有效袭扰射程则可达到250米远。

帕提亚箭只长约30英寸,平时放于一种圆筒形的箭袋内,这种箭袋一般置于骑手的右臀处,便于战时抽取箭只。

值得一提的是,帕提亚骑射手习惯用大拇指来开弓,其他四指则用来夹箭,这种射法后来被蒙古军队采用,演变为弓箭爱好者耳熟能详的"蒙古式开弓法"。另外他们还有一手绝活,即假装逃跑,等对手紧追时突然在马上转身,朝后射出一箭。这种类似于三国演义中常见的"拖刀计""拖箭计"十分狠辣,敌人常因猝不及防而被射个正着。

帕提亚重骑兵可以说是真正意义上的重骑兵,全身被一体化的甲胄所包裹,他们的主要兵器为长矛,副武器有长剑(双刃长直剑)、战斧、匕首和狼牙棒等。

帕提亚长矛长 12 英尺,矛头为剑形,长矛底部也装有尖刺,当为模仿希腊人,在矛尖折断时备用。这种长矛既可以单手架在胳膊上下刺,也可以双手以类似拼刺刀的方式战斗。

帕提亚骑兵铠甲的形制较为复杂,一般有两层:内里为带头套的锁子甲,在躯干部位再套上一件由鱼鳞状或长方形甲片层叠而成,带有下摆的鱼鳞甲,而双臂和双腿则被环状铠甲所包裹。有时在鳞甲之外还要罩一件无袖的皮革外套。

重骑兵的头盔叫作"星形盔",实际上是一种尖顶的长形头盔,外表看上去如同寺庙里那些尖顶宝塔一般。与锁子甲制成的头套、护颈配合,可以护住骑手的大半个脑袋。有人可能要问那脸不是还裸露着吗?因而帕提亚骑兵有时会戴上按人体面部五官规格制作而成的金属面具,只留两只眼睛和鼻孔出气。

毫无疑问,这样一整套甲胄可以给骑兵提供最严密的全身保护,但它的缺点也很明显,太重了,而且透气性很差。因而罗马人给帕提亚重骑兵起了个形象的绰号:"烤箱人",可想而知,穿戴着这么一套厚重的铠甲在中亚那炎热的沙漠中作战是件何等痛苦的事。

帕提亚时代已有简单的木质马鞍,马甲则更加完善,除了马臀外,从马头到躯干部分都为马甲所笼罩。马甲为鳞片甲,质地有青铜和铁两种,但为了防止马匹出汗(不出汗才怪)而对甲片造成腐蚀,马甲一般采取青铜制成。人有面具,马甲同样设计有保护眼部的半球形"护眼"。

战马既要背负一个全身披挂的"烤箱人",又要披着如此沉重的马甲,对其耐力的要求是可想而知了。好在敏捷的帕提亚马完全可以胜任这一任务。为了磨炼坐骑的重心,帕提亚人时常在布满深沟的训练场上让马匹放蹄疾奔。多次摔倒后,帕提亚马学会了用一种小碎步奔跑,这样骑士即使身披重甲也会坐地很稳。

按照兵种组合比例,帕提亚骑兵的常用战术可以分为两种:1. 以轻骑兵为主的游击战术;2. 轻重骑兵比例相当时的协作战术。

第一种战术用比较通俗的语言形容就是"打了就跑"。玩过《中世纪全面战争》的玩家应该对突厥、波兰等国的弓骑兵都备感恼火(如果他们是敌人的话),每次开仗时他们从不和你正面交手,总是缩在远处用弓箭杀伤你,等你顶着剩下的半条命冲到他们跟前时,他们却一下撒起马蹄就逃。由于他们是轻装上阵,加上是骑马的,很少有人能追得上他们。等你被甩开一段距离后,他们又开始用箭招呼你。你一路气喘吁吁,却和与空气角斗一般,什么也打不到,只能一点点被折磨死⋯⋯当帕提亚军队里拥有大量轻骑兵的时候,他们玩的就是这种捉迷藏一般的战术。不过和游戏中不同的是,在轻骑兵和你兜圈子的时候,帕提亚重骑兵可不会闲着,他们会从正面奔来,阻止你追击轻骑兵。虽然他们的人数并不多,但严密的防护足以让你陷入苦苦缠斗的境地,而这段时间内,逃到安全距离的轻骑兵则可以气定神闲地绕到你的侧面和背后,用远程火力尽情杀伤你的人马。

第二种战术则是以重骑兵为刀、轻骑兵为叉进行的。轻骑兵聚集在敌阵正面,用密集的箭雨迫使敌军彼此四散,躲在盾牌后面动弹不得。然后帕提亚重骑兵就可以结阵,踏着整齐的小碎步,从侧翼迂回包抄敌人。此时敌阵遭遇火力压制,既无法组成密集阵型,也无法转向迎敌,从而令波斯骑兵的杀伤效果达到最大化。

公元前53年的卡莱之战的过程与第一种战术更为接近,之所以说"更为接近",那是因为实际情况与理论描述还是略有不同的。

前文提到,塞琉古王朝在各种因素作用下迅速走向衰落,阿尔沙克家族乘机领导帕提亚人在帕尔苏维(帕提亚王国的核心)建起了自己的政权。短短数十年间,这个王国在东西两面同时出击,米底、巴克特里亚、巴比伦等地相继落入帕提亚人手中。美索不达米亚平原的金融中心塞琉西亚(塞琉古王朝故都)也为帕提亚所控制。帕提亚人倚着塞琉西亚建起了一座新城,取名泰西封,从此塞琉西亚—泰西封成为帕提亚王国的首都之一(帕提亚王国保留着深厚的游牧民族传统,有多个国都,一年之中按季节变换进行轮换,这种情况在我国的辽朝和金朝同样存在)。

两河流域的新主人——帕提亚王国胃口越来越大,竟想染指亚美尼亚王国,这就与罗马共和国产生了矛盾。作为地中海地区的新兴霸主,罗马此时已将旧亚历山大帝国的欧洲及中东部分大部攫入囊中,旋即走上这个帝国的创立者的老路,开始进军亚洲。这样一来,罗马和帕提亚的扩张方向就发生了冲突,而亚美尼亚恰好位于中东的交汇点,于是在随后的数百年时光里,围绕这片土地的控制权,两大军事强国爆发了数不清的战争。而卡莱战役就是百年战争的序曲。

卡 莱 血 战

公元前54年冬,一支由7个军团和数千名骑兵组成的大军,行进在美索不达米亚平原的道路上。

统领这支军队的是罗马共和国叙利亚行省总督克拉苏,当时罗马最具财富和名望的人物,读过名著《斯巴达克思》的看官对他应该不会感到陌生。事实上确实是他凭借一己之力把声势浩大的奴隶起义镇压下去的,这也给他日后当选执政官乃至跻身"共和国"三巨头行列加分不小。

尽管因亚美尼亚问题,罗马和帕提亚已经有过不少间接冲突,但彼时两国之间关系尚好,因而远征波斯可以说是克拉苏一个人的决定。他这样做的目的有二:1. 罗马显贵阶层最值得炫耀的就是军功,但比起另两巨头庞培和凯撒,克拉苏的战功簿上除了剿灭斯巴达克思外一无所有,这让他和前两人一起出现在元老院时未免显得底气不足,而征服波斯无疑可以大大增加他的个人威望；2. 波斯帝国盛产黄金，这让爱财如命的克拉苏垂涎三尺，尽管他此时已是罗马首富，但有些人是愈有钱愈贪婪的，克拉苏正是这种人。

基于以上种种考量，虽然无数罗马人反对甚至对远征军诅咒不已，克拉苏还是坚定地上路了。当帕提亚国王欧罗德警告说波斯人将与入侵者拼个鱼死网破时，克拉苏傲慢地回答道："我们还是到赛琉西亚谈这个问题吧。"

靠着强大的国家军事机器和训练有素的公民战士，罗马人数十年来纵横亚非欧，几乎无人能敌。克拉苏的自信正源于此，他深信帕提亚人和那些日耳曼人、高卢人、迦太基人一样，在罗马军团面前根本不堪一击。他似乎已经看到了自己躺在泰西封王宫内，沐浴在黄金的海洋之中。

骄傲轻敌，罗马远征军从一开头就埋下了失败的隐患。

大概是自我感觉过于良好，克拉苏在行进路上不断犯错：攻占了美索不达米亚一些城市后，没有乘胜轻取巴比伦和赛琉西亚等要点，而是回师过冬，这让欧罗德有了充分的备战时间；亚美尼亚国王率军来会合，表示可以提供包括一万名重骑兵在内的援军，并开放国内的山道供罗马军队通过，这对以骑兵为主的帕提亚军队来说都是不小的限制，但克拉苏急于与留在美索不达米亚的驻军会合，予以拒绝；在新占领的地区，克拉苏只顾着一味搜刮，人心尽失。

只顾着埋头计算个人金库又有多少进账的克拉苏连基本的情报工作都给忽略了，他无视其他军官加强侦察的忠告，却听信一个前来投降的阿拉伯酋长（这人很可能是欧罗德派来的间谍）的恭维和蛊惑，后者对他说：罗马皇军大大的厉害，帕提亚土匪一看到他们就吓得跑路，咱们应该赶紧追击，别让他们溜了才是。

这些话让克拉苏听来很是受用，于是他完全信任了那个酋长，任由他将罗马军队引到了卡莱。这是一片广阔无边的沙漠，不但地形空旷，且水源稀少，罗马士兵完全适应不了，而对波斯骑兵而言，却是个可以尽情大展拳脚的所在。

一路上走下来，罗马军中凶兆不断：军营数次被雷电击中，行军时鹰旗(罗马军团的旗帜)突然转身向后,甚至连战前所作的牺牲也显示出不祥之兆。但财迷心窍的克拉苏对此一概无视。甚至连亚美尼亚国王提出的前来回合的请求也不予批准,只是一个劲催促部下快朝前走。

相比克拉苏的骄傲轻敌,帕提亚国王欧罗德的准备就充分得多,他一面派出间谍将罗马军队引进沙漠,一面兵分两路:他自己率领步兵攻入亚美尼亚,阻止他们援助罗马人;主力骑兵则交给著名统帅苏里纳,由他带往卡莱。

前面说过,帕提亚国内由部落首领演变而来的贵族在行政、军事上的权力很大,苏里纳就来自著名的苏林家族,这个家族把持着帕提亚军队的军事指挥权。因而家族成员大多年纪轻轻就饱经战火的历练。苏里纳虽然不到30岁,但也已积累了丰富的战场经验。面对冒进的克拉苏,他采取了持重以对的策略,所有部队隐伏于卡莱沙漠之中,决不贸然出击,等待着敌人自己找上门来。

等到克拉苏听说自己前方突然出现波斯人的大部队的时候,他这才意识到有些不安。此时在沙漠里折腾了多日的罗马士兵口渴难耐,已全然没有了刚出征时的锐气。但在罗马人那盲目的自大心理的驱使下,克拉苏根本不让部队休整一下,就赶着去迎战敌人。

当帕提亚军队出现在视野范围内的时候,克拉苏兴奋不已:一切似乎都在证明自己的预见是对的。敌军的数量并不多,而且个个蓬头垢面,装备不整。这样一群山野蛮族对上训练有素的罗马士兵,还不是被轻松碾压的结果?得,自己这次捡了个大便宜。

克拉苏眼前已经浮现起了大获全胜的远征军凯旋的场景,自己在无数夹道迎接的罗马人民崇拜的目光下,载着从蛮族之国掠来的大批金银珠宝,神气活现地走在队伍前列。而先前极力反对自己出征的那些愚蠢政敌,只能羞愧地躲到没人看得见的角落之中……

一阵震耳欲聋的金鼓齐鸣,打断了罗马总督的意淫。帕提亚人携有一种巨大的铜制战鼓,开战之际就奋力敲打起来,在这种山崩地裂的巨响之中,还夹杂有阵阵如同群兽咆哮般可怕的吼叫声,那是帕提亚武士们一齐发出的呼啸,啸声中夹杂着沙漠武士才有的狂野战意。

伴随着雷霆一样的战鼓轰鸣和粗野无比的咆哮,帕提亚骑兵们齐刷刷地脱去了披在外面的肮脏罩袍,刹那间,无数套由精钢制成的铠甲呈现在罗马人面前。在阳光的照耀下,铠甲表面耀眼夺目,晃得罗马士兵们连眼睛也睁不开。

与此同时,大批波斯骑兵好像从地下钻出来一样,从己方的第一道战线后面蜂拥而出。显然苏里纳早已让他们埋伏在后方,只是等着罗马人心理松懈下来的时候才让他们一齐亮相,等于猛地给了敌人当头一棍。

克拉苏这才醒悟过来,他太小看自己的对手了。他不是在对阵斯巴达克斯的亚平宁半岛上,而是在完全陌生的异国沙漠里作战。所面对的不是由一群角斗士和奴隶组成的乌合之众,而是英勇善战、组织充分的波斯铁骑。他对阵的不是一个有勇无谋的蛮族首领,而是一位足智多谋的帝国大将。这场战斗不要说取胜,连打成平手的可能性都很小了。

事已至此,克拉苏也已无法回头。在他的指挥下,罗马军队排成了一个大型方阵,方阵的4边分别由12个中队组成。不到4 000人的骑兵也分为12个分队,每个步兵支队都配给一支骑兵支队。这样不论哪个步兵支队遭到波斯人的打击,都可以很快获得己方骑兵的支援。克拉苏知道在平坦的沙漠地区,步兵很难与以骑兵为主的敌人周旋,因而只能摆出这样一个以防御为主的阵型,依靠机动灵活的步兵纵列相互支持,来抵消波斯铁骑在机动上的优势。

克拉苏的安排在一开始还起到了点效果,波斯军队先采用的是"协作战术",由重骑兵先发动攻击,但很快他们发现罗马军团的各个步兵中队之间保持有相当距离,这样第一道战线之后由11个中队组成的战略纵深十分可观,一时难以将其打散。于是,苏里纳采取了新的策略:所有波斯骑兵在交锋了一阵后,就都调转马头,乱纷纷地退了回去。

如果克拉苏仔细观察的话,就会发现波斯人的退却并非漫无目的地败逃,而是组建成较为松散的骑兵方阵,这显然是发动迂回包抄作战的前奏。然而克拉苏那罗马人的自大心理再一次占了上风,他以为波斯骑兵原来都是群衣甲鲜亮的绣花枕头,立刻命令军团的轻步兵发动追击。

轻步兵没跑出去多远就退了回来，不是他们觉得自己追不上，而是迎头遇上阵阵排箭，把他们射了回来。好在他们没追出太远，还得以退回重步兵方阵行列中，脸上挂着庆幸的笑容。但接下来，所有的罗马人都笑不出来了，因为帕提亚骑兵的恐怖，这时候才真正展现出来。

　　"千万不要轻视了这些帕提亚人，他们手中的箭矢很可怕，我们所有的盾牌和铠甲都抵挡不住。因此他们要杀伤我们是很容易的事，而我们要反击很难，因为我们根本追不上他们。即使追上了……"在克拉苏进军沙漠之前，一些负责据守美索不达米亚城市，对帕提亚人多少有些了解的罗马人就对他们提出了忠告。只是当时克拉苏根本没放在心上，现在这些可怕的警示无一例外地应验了。

　　铺天盖地的"暴雨"砸向罗马人，不论东南西北，不分前后左右，谁都无法逃脱它的袭击，只是"雨点"并非真正的雨滴，而是无比密集的飞箭。一个小时又一个小时过去了，数万名罗马人组成的方阵无法前行一步；每一个罗马士兵都被冰雹般的箭雨所笼罩，被牢牢钉死在了盾牌之下。经过动物角、筋、骨强化过的弓矢力道强筋无比，罗马人的全部防护设备——无论是由环片叠成的铠甲还是蒙着皮革的椭圆形大盾，都无力抵挡它的侵袭。一根根飞箭穿透了甲胄、盾牌，贯入罗马士兵的躯干之中，至于环片甲防护不到的四肢，所受伤害就更加严重。

　　时间在流逝，罗马人的伤亡在不断增加，却始终无法做出有力的还击。一队队帕提亚轻骑兵仿佛精力永不衰竭一般，一面环绕着罗马方阵飞奔，一面不断射出那些致人死命的远程兵器。蒙古式射法的一大优势在于只需一指开弓，其他多个手指均可夹有箭只，这样帕提亚人可以间不容发地射出三四箭。想象一下，数万帕提亚轻骑兵轮流施放这种连珠箭，对方还有一点舒缓的余地吗？

　　即便已经处在如此被动的境地下，克拉苏仍未后退。罗马人心里还留存着一个希望：帕提亚人的攻击过于注重火力的凶猛，连放箭的准确度都无视掉了，这样他们的箭只消耗量必定极快。帕提亚骑兵的弓术再可怕，弹药总有消耗完的时候，那时就是罗马方阵开始反击的良机了。

　　然而，克拉苏又错了，直到日渐西斜，帕提亚骑兵的箭雨仍未停息。

难道他们都是魔术师,能自动变出箭来?克拉苏忍不住爬上高处眺望。

这一望,他心理的疑窦就解开了,与此同时,留存的最后一丝希望也破灭了。

罗马人想到的事情,惯用弓箭作战的帕提亚人怎么会想不到?苏里纳早已做好了准备,在帕提亚军队阵地后方,成群的骆驼负载着备用箭只等候在那里。一队帕提亚骑射手的箭用完了,就由另一队顶上,而前一队迅速前往后方补充。史学家没有告诉我们这队驼队规模如何,但从克拉苏"心情极其沮丧"(普鲁塔克语)的记载来看,只怕帕提亚人的"移动弹药库"的储量丰富到可怕的地步。

不能再这样下去了,否则罗马军会被波斯人一点一点地耗死的,克拉苏想。

更可怕的是,在克拉苏目之所及的远处,大批波斯重骑兵正乘着罗马人全力抵御箭雨之机,悄悄运动到了军团的侧后方,一旦合围完成,那一个罗马士兵也逃不了了。

克拉苏立刻召来了自己的儿子巴布留斯·克拉苏,命令他负责击退包抄过来的波斯骑兵。克拉苏交给他1 500名骑兵,值得一提的是,其中有1 000名高卢骑兵。

高卢人,又叫作凯尔特人,是活动在欧洲中部及西北部的蛮族。他们身材不高,但个个勇敢好战,凶狠残忍,一度是罗马人的劲敌。公元前370年,高卢人在酋长高林的率领下,竟攻占罗马城长达7个月之久。从而引发了罗马军事史上的第一次大改革。在罗马人不断发动的复仇战中,高卢人逐渐处于下风,并最终为罗马的盖世名将凯撒所彻底击败。尽管如此,高卢人在作战中表现出来的骁勇作风让罗马人很是欣赏,许多高卢人被征入罗马军队。由于罗马不产优良骑兵,因而擅长骑乘作战的高卢人正好弥补了这一不足。小克拉苏曾追随凯撒在高卢作战,这1 000名骑兵就是从那里带来的。作为凯撒的奖赏,这些人个个都是百里挑一的老兵,可以说是克拉苏手中的一张王牌。当下情况危急,也只能提前打出来了。

"上阵父子兵,孩子,大伙的命运就看你的了。"望着儿子远去的背影,克拉苏喃喃念道,而后大手一挥,500多名弓箭手及8个中队的步兵立刻跟进支援。

"狗崽子终于要龇牙了吗?"苏里纳轻蔑地笑道,"老狗尚且不是对手,何况你个小崽子,看我怎么收拾掉你。"

奇怪得很,刚才还来势汹汹的波斯重骑兵,一碰上小克拉苏的骑兵队就和耗子见了猫一样,没抵抗两下就拨马逃走。

"敌人已经败了,追!"一上来就打了个胜仗,年轻的巴布留斯兴奋不已,没怎么想就追了上去,他的部下纷纷效仿,很快罗马骑兵和跟进的步兵之间就拉开了很长一段距离。

苏里纳要的就是这个结果,小克拉苏很快就发现帕提亚人不逃了,开始回身反击。他这才明白,自己中计了,然而为时已晚,埋伏在四处帕提亚骑兵都冲了出来,小克拉苏的孤军被包围了起来。

包围了小克拉苏的帕提亚军队再度祭出了他们的协作战术,重骑兵布置于正面钳制罗马骑兵,弓骑兵围着罗马人远远射击。不幸的是,高卢人作战时没有披甲的习惯,因而遭受箭雨袭击时所受的伤害比步兵要重得多。不少人被射下马去,倒在地上痛苦地抽搐着。坚持在马上的骑手一面用骑兵盾抵御,一面试图把箭只从身体里拔出来。然而帕提亚人的弓箭箭头是带着倒钩的,一旦强行拔出往往导致中箭者体内的筋脉和血管一起被扯出,许多人因此当场毙命。

"弟兄们,和我一起冲啊。"周围一片片目不忍睹的惨状令小克拉苏怒不可遏。

"少将军,您看看,这还能和敌人打吗?"骑兵们强忍着痛楚,指着自己被弓矢贯穿的胳膊和腿——不是和盾牌连成一串,就是被钉在地上了。"我们连走都走不了啦,等死吧!"

"要死也是战死,你们不上,我上。"小克拉苏怒火中烧,单枪匹马朝敌阵冲去。骑兵队被青年统领的勇毅打动,也奋不顾身地拔出身上的箭矢,跟着冲杀了上去。

小克拉苏的奋不顾身并没有改变罗马人悲惨的命运,等到他和迎接上来的帕提亚重骑兵交上手的时候,他悲哀地发现,即使自己的人马完好无损,也根本不是对方的对手。

还记得前面提到过在帕提亚境内服役的罗马人对克拉苏的警告吗？不过前文只写出了一半，笔者特地将后半部分放到这里来讲，做个应景。

后半部分警示是这样的："……即使追上了我们也不是对手，因为他们的防护装备太坚硬了，我们的武器伤不了他们，"

小克拉苏和他的战友们现在正在用自己的鲜血和生命领略着这几句被老克拉苏忽视的话！他们不顾拔出身上的箭，忍着伤痛终于冲到了帕提亚人面前时，手中的矛枪却根本无法对"烤箱人"造成任何伤害，只是把自己的双手震得隐隐作痛。

相比之下，帕提亚人要刺杀对方就轻松多了。他们的长矛比敌人长得多（11英尺对8英尺），在近距离对刺时大占便宜。更何况来自西北欧的高卢人因难以忍受沙漠的酷热，干脆光着上身作战，所以根本无法抵御对方的攻击！

尽管已经落于下风，但小克拉苏的部下还是没有辜负高卢勇士的威名：长兵器对决不是个，他们就抓住对方的长矛，顺势欺身而上，用随身携带的罗马短剑向帕提亚骑兵没有防护的面部刺去。有的力大的高卢人干脆把对手拉得摔下马来再刺杀。另外，高卢人惯常使用的下马作战方式现在也起到了作用，许多人灵活地钻到帕提亚人马下，将短剑刺入马腹中，疼痛难忍的帕提亚战马横冲直撞，将己方队伍整得大乱。

然而这些局部的小胜利无助于扭转整个战局。装备上的悬殊差距令罗马骑兵最终不支，巴布留斯也受了重伤。由于己方马匹在交战中已损失大半，高卢人只得将他放在盾牌上，徒步撤离。波斯骑兵不紧不慢地追赶着，渐渐将他们逼到了一座小山之上。这是一座光秃秃的小山丘，帕提亚弓骑兵四面围定，毫无掩蔽的罗马人只能顶着圆盾，在漫天箭雨中一个接一个地倒下。

事已不可为了，巴布留斯不愿当俘虏，掀起铠甲让部下刺杀了自己。其余的罗马官兵除了400多人投降外，全部自杀或战死。

帕提亚重骑兵

帕提亚人将巴布留斯的头颅砍下，插在长矛上，得意洋洋地送到罗马军阵地前炫耀,还嘲讽地问这是谁家孩子的脑袋。克拉苏见状眼前一黑,几乎当场晕倒。

"少将军战死啦……""那,骑兵队也全都完了吧。""废话啊,你没见没一个弟兄回来报信的吗?""这下完啦,没了骑兵,我们咋和那些蛮族打啊?"帕提亚人的恐吓战术起到很大的效果,罗马士兵们一个接一个两股战战起来。

这时,克拉苏却站了起来,这个六旬老人仿佛已然把丧子之痛抛却到脑后,他大步流星地走向方阵,发表了一通慷慨激昂的演说,他提到了巴布留斯的死,提到了罗马人过去所遭遇过的种种惨败,最后他总结道,只要军团士兵能平安回去,他失去一个儿子不算什么。

尽管克拉苏声嘶力竭地想重新鼓舞大家的勇气,收效却甚微,恐惧像瘟疫一样在罗马方阵中蔓延。已经没有几个士兵敢再战下去,一些人甚至开始低声咒骂克拉苏,是他害得他们沦落到了这个地步。

罗马人的军心动摇被苏里纳尽收眼底,他抓住时机,发动了一次新的强攻,仍是协作战术,轻骑兵仍绕到罗马人的侧面和背面,向他们射出死亡的利箭。只是这次重骑兵不再畏惧罗马方阵的威力,肆无忌惮地从正面发动攻击,将害怕极了的罗马士兵驱赶到一处。罗马人的反击已经变得疲软无力,相反帕提亚人的冲击却一浪猛过一浪,长矛每一次落下,都要带走一个罗马人的生命,有时甚至一次捅穿了两个罗马兵。

战斗持续到了天黑,过足了杀人瘾的帕提亚人得意地离去,临走前丢下一句话:"克拉苏,我们赏给你一晚时间给你儿子吊丧,同时做好投降的准备吧。"

夜幕降临,罗马人的士气随着阳光一并彻底消逝了。罗马军的大营里的气氛极其凄惨,伤者无人照顾,死者无人掩埋,每个人都在绝望地悲号。连克拉苏也放弃了用演讲鼓动士气的打算,躲在自己的营帐里悼念巴布留斯。当所有官兵都放弃了希望的时候,这支军队的灭亡也就注定了。

在卡修斯等少数还保持勇气的军官的劝慰下,克拉苏终于决定乘夜撤离。罗马军队一向以秩序严整而闻名,然而这次撤军却乱成一团,每个人都如同没头苍蝇一般到处乱走，白白耽误了无数整理队列的时间。最后终于各自散走，克拉苏带着残兵败将撤入了卡里城。

大概是昨天的大胜来得太爽了点，帕提亚人竟没发觉罗马人已经逃走，天亮时他们才攻入罗马军旧营地，屠杀了被抛弃的4 000多名伤兵后，苏里纳很快就得到消息，克拉苏可能已经逃进卡里。

为了证实这则情报，苏里纳一边兵围卡里，一边派人入城，宣称要和谈，愚蠢的克拉苏再度上了当，答应和谈。确认了敌军司令正在城中后，苏里纳的口气骤然强硬了起来，他要求罗马人把克拉苏和卡修斯绑出来，才饶他们的命。

克拉苏气愤万分，但他也不敢再战，只得再度乘着夜色的掩护逃命，这时他又犯了一个错误。这一路上他都在不断地犯错，但这一次是致命的——他挑选的当地向导是一个波斯奸细，他把克拉苏引到了一片沼泽地区。克拉苏发觉后，花了很大力气才回到正路上，此时大批帕提亚骑兵已经追了上来。

逃命已经变得很困难了，好在附近有一座小山，这座山和巴布留斯战死之地不同，道路较为崎岖而险峻，罗马官兵抢上山，用紧密的盾牌阵翼护住克拉苏，表示要战斗到最后一个人。

无路可走的困兽的最后一搏是非常可怕的，更何况山地根本不适合帕提亚骑兵作战。硬来的话，即使最终能全歼罗马军，帕提亚人也要付出惨重的伤亡。苏里纳很清楚这一点，于是他使出了又一个诡计，邀请克拉苏和罗马军高级军官去商谈和解事宜。

照理来说，已经上过一次"和谈"的当的罗马人是不应该再相信苏里纳的。但大多数罗马官兵求生心切，一个劲催促克拉苏前去谈判，克拉苏实在拗不过，只得照办，临行前他悲愤地说："克拉苏不是死在波斯人的诡计之下，而是死在他那些不守纪律和抗命的同胞手上！"

果然不出克拉苏所料，罗马谈判团一进入会场就遭到伏击。包括克拉苏在内的大多数人当场战死。随后苏里纳将克拉苏的死讯告诉剩下的罗马士兵，劝他们还是投降了好。然而当罗马人一放下武器就立遭和克拉苏一样的厄运，只有少数人在夜色掩护下逃了回去。

7个军团的罗马人就这样几乎全军覆没，1万多人成了波斯人的俘虏，2万多名罗马官兵做了异乡的鬼，这一切的最大责任人——克拉苏死的也是最惨的，被帕提亚人无情分尸。他的头颅被砍下，送到塞琉西亚城，在那里，已经降服的亚美尼亚国王正一边和帕提亚王欧罗德宴饮，一边欣赏歌剧。而克拉苏的脑袋则作为歌剧的道具，展现在亚美尼亚王的面前。

克拉苏的惨死并不意味着罗马人对东方的野心就此消失。转型为帝国的罗马多次发动对帕提亚的战争，图拉真、赛维鲁、奥略留等皇帝均深入过帕提亚领土，有时甚至攻入泰西封，但最后都在帕提亚人的游击战术打击下不支败回。而帕提亚人也始终无法真正将亚美尼亚收入囊中，双方的拉锯战持续了近两个世纪，直到公元224年，来自法尔斯的萨珊家族在阿尔达希尔的带领下，乘帕提亚朝廷内乱不断之机将其推翻。波斯帝国从此进入萨珊时代。

萨珊骑兵的编制和装备

由于受到地理环境（波斯境内多为平原和沙漠）等因素的影响，萨珊帝国继承了阿契美尼德和帕提亚时代的骑兵传统，机动灵活的骑兵仍是萨珊军队的主要力量。但不换药也换汤，萨珊时代的波斯骑兵比起前朝又很有些全方位的不同。

首先是在军队的构成方面，萨珊王朝废除了帕提亚时代的贵族政治，解散了元老议会，加强了中央集权。这就意味着骑兵军团中的贵族私兵的比例大大下降，而常备军和宫廷禁卫军的规模则大为扩大，最值得一提的是萨珊的君主们恢复了阿契美尼德时代的精锐皇家卫队——不死军。不过阿契美尼德波斯的不死军以步兵为主，而萨珊波斯的一万名不死军为清一色的重骑兵。他们的素质和装备是帝国骑兵中最强的，往往在关键时刻才被投入战场。

其次是兵种结构的变化，来自中亚草原的游牧民族发明了真正意义上的马鞍和马镫，并将其传入两河流域和欧洲，这使得骑兵战术开始从骑射流转向以肉搏流为主。重骑兵成了萨珊波斯骑兵兵团的主力。

萨珊骑兵的基本装备仍是全身甲、头盔、骑枪、长剑、弓、匕首、钉头锤（或战斧）和马甲，但在形制上也做了些调整。

萨珊骑兵的头盔为铁制，早期为单体盔，又称为脊盔，高25～26厘米，宽16厘米，盔帽是用两根铁条将前后两片金属片铆接在一起的，下半部则以锁子甲相连，构成护颈。中后期则多为星形盔，传统样式的星形盔高约22到24厘米，是将4片金属片用青铜铆钉钉在框架上的。星形盔的盔帽有尖锥形或圆锥形，表面附有金银。最有特色的是萨珊皇族成员所佩戴的，盔帽为王冠形，这种头盔往往带有锁子甲护面，可以将佩戴者整个脸部到颈部遮盖起来，只在眼部开有一长条形开口，顶部装有一个红色绒球。

完整的铠甲和帕提亚一样是多重样式的，有鳞甲、锁子甲、扎甲和环片甲。鳞甲前头已经介绍过，由于公元3到4世纪制箭工艺的提升，鳞甲在防箭方面效果越来越差，故更多被扎甲所取代。

扎甲是用牛皮细绳将长条形的皮革或金属片连在一起形成甲片，再将甲片固定在厚厚的织物制成的衬里上。这种铠甲防穿透性能十分良好，但也有其缺点：一是极为笨重，二是不易散热，因而又不如轻便灵活、透气性佳的锁子甲受萨珊骑士们的欢迎了。

锁子甲是用无数个金属小环铆接而成的，相当坚固耐用，为萨珊骑兵的主要防护用具，萨珊时代流传下来的壁画上经常可以见到穿着上有套头下有甲裙的骑手。锁子甲的缺陷在于防箭不力，因而往往要和扎甲、环甲配合使用。

环片甲是用金属条制成圆形护板后，再绑到皮革上，环甲一般没有全身甲，而是护臂或护腿覆盖于锁子甲之上。

全套萨珊甲胄极为沉重，因而萨珊重骑兵往往是被几个人一起抬上马背的。但对使用者提供的防护也是顶呱呱的，古罗马史学家阿米安记载道："射向这些全身披甲战士的箭支只有穿过他们瞳孔或鼻孔处的小口才能对他们造成伤害。"恐怕只有超人级的弓箭手才能做到这点吧。

骑盾中等大小,表面有凸起,并绣有带状花纹作为装饰。盾牌边缘系有带子,这样骑手就能将盾牌挂在脖子上。

萨珊重骑兵的第一兵器仍旧是沉重的铁头长矛,平时用一根金属环与马脖子相连,另一端挂在战马的臀侧。使用时需双手持握,并从马头的右侧向下刺出。

一旦矛尖在近战中折断,骑兵将拔出他们的第二兵器作战。第二兵器中最常见的是剑。萨珊骑剑长而大,铁质,有1米多长、5到8厘米宽。两面开刃,比起帕提亚时代更长、更薄。由于剑身过长,使用方式更多是突刺而非劈砍。为此剑柄上带有很宽的护手。后期甚至设计有方便握紧的凹槽。

长剑不方便拔出,为了克服这一缺点,萨珊骑兵用剑鞘滑竿或两条皮带将骑剑悬挂在腰带上。每个骑兵一般会携带一长一短两把剑,分别紧贴于自己的左右臀部,有时还会在裤腿上绑上一把单刃切削用匕首。

短兵器有钉头锤或战斧,钉头锤为铁制,长度为40到53厘米,主要用于对付身披重甲的敌人。战斧则为青铜质地,斧头插于木柄上,再用生牛皮细绳加固。

萨珊轻骑兵的装束比起前朝而言没有太大的变化:帽顶前曲的弗里吉尼亚高帽、长袖的及膝长袍和宽松的长裤。后期受中亚风格影响,装备有半球形的铁盔和裹腿。他们所用的兵器有弓、短剑和椭圆形的盾牌。

萨珊马弓手继续使用帕提亚时期的反曲复合弓,弓身用木材、牛角、牛筋制成,上长下短。每人带有两根备用弓弦。箭矢是木头做的,长80到85厘米,尾部绑有三根羽毛,箭头呈鹰翅状。一名骑射手的箭袋内装有30到60根箭支。后期萨珊人设计出新型弓箭——那瓦克弓,弓身带有导箭槽,可以发射40厘米的短飞镖,无论射程还是杀伤力都相当可观。

萨珊时代射手们不再使用蒙古式射法，改用"波斯式射法"：左手握弓，右手中指和无名指勾开弓弦，大拇指锁弦，食指则和大拇指配合，固定箭矢。为了减少箭矢对手指的磨损，射手手上套有扳指。

马具有马鞍、嚼子、马甲和马镫。早期的马鞍为四角形，前端鞍角较圆，有助于骑手坐稳在马背上。后期则使用高桥马鞍，马鞍下方垫有一层布，用几根带子固定。嚼子为铁质，带有鼻勒。马甲分为头甲、胸甲和颈甲三部分，胸甲和颈甲都是扎甲，头甲一般为皮质。

除了波斯的贵族和农民外，萨珊军队中还有来自阿拉伯、匈奴、亚美尼亚、突厥等国的盟军或雇佣军，这些游牧民族组成的军队大多以骑兵为主，其装备各有特色。

每支萨瓦兰部队（即萨珊骑兵队）都拥有自己的队旗，由一名标杆手高举着走在行伍之前，这点倒很像在鹰旗后面行进的罗马军团。波斯的战旗有狭长的带状旗和挂于横梁上的矩形彩旗，旗帜上绘有野猪、虎、狼等动物。最著名的为卡维之旗，相传为雅利安人的民族英雄卡维织成。这面战旗足有 15 英尺长、23 英尺宽，为萨珊王权的象征，战时由五名拜火教教士扛着走在全军最前方。

萨珊时代的骑兵阵型和战术、战法

尽管骑兵是帝国军的绝对核心，但绝大多数时候是不会出现全骑兵出战的情况的。标准的萨珊军阵一般按步骑混编，分为 5 个部分：由萨瓦兰骑兵组成中央的主战线，主战线后方是装备两分脊盔、锁甲和蒙有皮革的柳条盾的重型步兵组成的加强战线。加强战线往后是指挥官和预备队，由皇家卫队和不死军担任。军阵的左右两翼则由其余的萨瓦兰骑兵组成，左翼骑兵背后另列一队步弓手。战斗开始后主要由主战线、加强战线和右翼组织进攻，左翼的骑兵和步弓手则负责保护设在高地上的指挥部，只有在战局危急时才会加入进攻。

有时萨珊军队也会排出一种另类军阵：所有人马只分为前后两个

部分,骑兵组成前排,当他们接近敌人时突然撤向两翼。此时原本预备对付波斯骑兵的敌军骑兵将遭到波斯步兵和弓箭手的突袭。

如果出征的萨珊军队基本是骑兵的话,那他们将使用特殊的三波式战法:第一波为重骑兵,他们要设法将敌人赶到一起后撤回,之后弓骑兵组成的第二波便可以轻松射杀大量敌人,再往后的第三波便又是重骑兵,他们负责用最后的冲锋击垮已连遭削弱的敌人。

萨珊帝国享国427年,是古波斯最长寿的王朝。4个多世纪以来,这个政权西与罗马鏖战于小亚细亚,东与匈奴、突厥相持。在无数次战火的考验中,以骑兵为主力的萨珊帝国军总结出了多种实用的战术,现结合战例,简单列举几种:

1. 集中力量,各个击破

萨珊太祖阿尔达希尔是个有远大志向的人,这导致了他立国之初就在边境线上与罗马冲突不断。但志得意满的他并未把强大的罗马帝国放在眼里,公元231年他甚至派了个外交团前往安条克,要求罗马归还过去占领的帕提亚领土。罗马皇帝亚历山大·赛维鲁大怒,于次年率领一支庞大的队伍亲征萨珊。按照军事顾问的建议,赛维鲁采取分进合击的办法,将罗马军队分为三队:第一路通过米底前往亚美尼亚;第二路进军萨珊东部地区,越过两河流域交汇处,目的是前阿契美尼德首都苏萨;第三路也就是最强的一路,由皇帝亲领,剑指萨珊首都泰西封。赛维鲁希望多点出击能打乱波斯人的应对措施。

面对汹汹而来的罗马大军,阿尔达希尔并未分兵迎击(那正中赛维鲁下怀)而是充分发挥了己方军队骑兵多及熟悉地形的特长,采用集中兵力、快速穿梭、逐次击破的方法。第一路罗马军有亚美尼亚重骑兵的支援,且亚美尼亚多山区,不利波斯骑兵作战,所以阿尔达希尔放过了他们,他也没有贸然袭击强悍的第三路军,而是将步兵留下应对北边的第一路军,自己亲率骑兵大队远程奔袭实力最弱的第二路军。

　　罗马第二路军进入的是萨珊不设防地区,沿途一直未遇抵抗,他们以为波斯人全都赶回去防御泰西封去了,遂谨慎小心全部收起,在波斯境内一边抢劫一边游览湖光山色。当萨珊骑兵队鬼魅一般地出现在他们面前的时候,所有的罗马人一下慌了手脚,根本想不到组织有力的防御。卡莱之战的那一幕再度上演,成群的罗马士兵像落入网中的鱼一样,被萨珊重骑兵驱赶到一起,而后遭到劈头盖脸的远程火力扫射。虽然罗马人在生命的最后时刻还是展现出了军人的勇气,他们举起盾牌,组成密集的盾墙,并尽可能地抵抗到底,但最后还是惨遭全歼,无人幸存。

　　消息很快传到御营,赛维鲁吓得目瞪口呆,这个家伙色厉内荏,虽然是他亲自下令进犯波斯的,但心里对波斯骑兵却惧怕得很,因此他那一路是最后出发的,现在二路军全军覆没,一下把他最后一点底气也打光了。

　　与此同时,深入波斯领土的第三路军也因水土不服大批病亡,士气低落,友军的战败更加重了他们的厌战情绪,他们纷纷开始谴责赛维鲁擅自发动战争,把他们害得这么惨。赛维鲁怕引发兵变,于是借口帝国西北部正遭遇日耳曼人的威胁,迅速撤军回本土了。回程路上罗马人不断遭到波斯骑兵的偷袭,回到安条克时已是损失惨重。尽管罗马文献大肆鼓吹赛维鲁的战绩,然而不光彩的结局以及随后重镇哈特拉被乘胜追击的阿尔达希尔拿下的事实却是谁也掩盖不了的。

2. 抄袭后路,断敌粮道

　　阿尔达希尔击败赛维鲁后不久,便觉得精力不济,于是让位给儿子沙普尔,史称沙普尔一世,这是一位勇武雄健的帝王,登基以来不断对外作战,曾先后击败罗马皇帝戈尔迪安三世和伽卢斯。并乘胜占领、洗劫了包括罗马重镇安条克在内的37座城市。

　　波斯人如此放肆,年逾六旬的老皇帝瓦勒良也不得不御驾亲征了,公元 260 年,瓦勒良征集一支 7 万多人的军队,他吸取了赛维鲁的教训,只一路前进。就这样靠着优势兵力夺回了安条克,随即攻入波斯境内。

沙普尔大帝

此时萨珊初立国,可征调的军队不是很多,加之连年用兵损耗不小,因而沙普尔的力量要大大弱于瓦勒良,他对罗马大军采用了避实击虚的战术。瓦勒良一路推进,基本没遇到强力抵抗,但后勤线却频频遭到沙普尔组织的轻骑部队的袭击。罗马人越深入波斯,后勤线就拉得越长,沙普尔机会就越多,加之波斯骑兵来去如风,以步兵为主的罗马军队无法追击,只能望着一辆辆被烧毁的粮车哀叹不已。

当瓦勒良大军行进到埃德萨的时候,实力还算完整,然而粮道却几乎已完全被沙普尔所切断,这支人数众多的军队立刻闹起了饥荒,加之罗马人不适应两河流域的气候,成批成批地病死。无人掩埋的尸体又导致了瘟疫的暴发,罗马人士气跌落到了极点。8 万人反而被只有 23 000 人的波斯军队包围了。

罗马士兵一天天忍受饥饿加疾病的威胁,却看不到一丝希望,不满的情绪越来越重,很快爆发了兵变。瓦勒良吓得要命(要知道他的前任有好几位都是死于兵变的),加上他自己也饿得两眼翻白了,于是他把身边所能弄到的钱全搜集了起来,向沙普尔纳贡求和。

沙普尔冷笑一声,他知道瓦勒良此时已经没有别的路可走,于是他给了不容置疑的答复:讲和可以,瓦勒良必须亲身到来。这简直就是让瓦勒良走克拉苏的老路嘛,但吓慌了的瓦勒良已经顾不得这些了,赶紧连滚带爬地来到了波斯军营,跟着他的还有一大群罗马将军、议员等,没办法,大家都饿坏了。

皇帝投降了,罗马大军顿时一哄而散,沙普尔乘胜追击,两条腿的罗马步兵本来就跑不过四条腿的波斯骑兵,何况他们已经饿得两腿发软,结果 7 万人除了少数被杀外,几乎全和瓦勒良一样做了波斯人的俘虏。生性残忍的沙普尔将罗马士兵和工匠迁往波斯各省,强迫他们像奴隶一样干活,而老瓦勒良皇帝则受尽沙普尔的羞辱后被残忍地杀害。

连败三位罗马皇帝,这在古波斯历代君王中是前所未有的,沙普尔一世以其辉煌的军事成果被后世的史学家尊称为"沙普尔大帝"。

3. 诱敌深入,坚壁清野

尽管罗马多次败给波斯,但罗马士兵的整体素质仍旧在波斯人之上,正常情况下罗马人只要自己不犯傻,波斯军还是很难取胜的,因此数百年来的罗马—波斯战争大多是在波斯境内进行的。波斯人对付罗马人的利器除了精良的骑兵外,只有那广袤的国土了,公元363年的战争就是个典型的例子。

此时的波斯王是沙普尔二世,他也是一位英武的国王。但罗马皇帝朱利安同样不是省油的灯,他还是皇子的时候就长期在西欧前线与日耳曼人作战,积累了丰富的作战经验,麾下又有一支同样经验丰富且忠心耿耿的军队,远非昏庸的老瓦勒良可比,因而进入波斯后势如破竹,连战连捷。

面对这么一个可怕的对手,沙普尔二世知道他不能硬拼,于是他有意示弱,放任朱利安一步步深入波斯境内,同时他烧掉沿途的村庄,藏起粮食,填掉水井,弄得罗马6万大军无法征集到任何补给,缺吃少喝。加之朱利安为了进入波斯内陆地区,烧掉了用于运送给养的船只,这就使得他们的供应愈发紧张。

成功诱敌深入后,沙普尔二世开始派出重步兵部队沿途阻击罗军,并使用部分轻骑兵配合己方盟友——阿拉伯贝都因骑兵袭扰罗军后方。尽管朱利安拼尽全力,又取得了纳马拉卡河大捷等几场胜利,但这纯属皮洛斯式的胜利,他的军队不断被削弱而无法补充,他的粮食储备也已经越来越稀少了,而萨珊人的精华——重骑兵队仍然完整。朱利安终于知道他中了沙普尔二世的计,决定撤军,波斯军队紧随,在托马拉追上了罗军后卫,一场历史性的大战就此爆发。

"吼!"成千上万名波斯人伴随着战鼓声,发出了惊天动地的咆哮。

"吼!"随同波斯军出战的大批战象跟着嘶吼起来。

罗马人的耳膜都快被震破了，连日以来的恶战和补给不济让他们疲惫不已，今天终于撞上了气势汹汹的波斯军主力，他们觉得手中的剑都握不稳了。

罗军的动摇被站在高处的沙普尔二世捕捉到了，他立刻下令全军出击。阵线前沿的超重骑兵首先向罗马方阵压去。

超重骑兵队是沙普尔二世时代的发明，现在大多数史学家认为说白了就是让军马从全身到马蹄子都包裹上青铜马甲，再在骑手的脸上套个按人体面部尺寸设计的面具而已，尽管这一创意早已为帕提亚军队所用过，但仍是行之有效的。至少在托马拉之战中，对罗军射出的弓箭只当挠痒痒的超重骑兵队竟创纪录地从正面突破了罗马方阵的右翼！

罗马士兵慌乱起来，眼看方阵就要被波斯人从中撕裂，朱利安皇帝赶紧亲自赶往右翼督战，总算稳定住了战线。他擦去额头的冷汗，却全然忘了自己为了加速赶到右翼，竟忘了披上铠甲。更糟糕的是，波斯骑兵的"长江三叠浪"式的轮回冲锋并未停息，一名波斯骑兵发现一个一身白袍、气度不凡的年轻人正在罗马军阵最前沿一边疾驰一边大声呼喝，立刻判断出这是个大人物，拔出身上的标枪就朝对方狠狠掷过去。

这一枪扔得极准，正中朱利安胸口，皇帝陛下当即翻身落马，一群随从赶紧抢出去，把他抬回了营帐，然而由于伤及要害，当夜朱利安即告不治。

皇帝的死令罗马人悲愤不已，他们用盾牌连接成"龟甲阵"，拼死作战，最终击退了波斯人的进攻。即便如此，他们也付出了惨重代价，而且失去了总指挥的罗马军队也无力再来第二场恶战了，被临时推选接任帝位的御前侍卫长桌维安只得匆匆向波斯人求和。沙普尔乘机大敲竹杠，包括军事要塞尼西比斯在内的大片罗马领土和亚美尼亚王国大部分割让给了萨珊以换取罗马人的安全撤退。从战略角度而言，波斯人可以说是大获全胜。

此后罗马帝国直到分裂，再也未能深入波斯领土，由于这次意义非凡的胜利，沙普尔二世也获得了大帝称号。

4. 明修栈道，暗度陈仓

前面提到过，除了西方的罗马帝国外，东边的匈奴人和后来的突厥人也对波斯造成了不小的威胁，公元5世纪，这种威胁变得格外严重，来自东亚的嚈哒人大举入侵，占领了巴克特里亚。

嚈哒人为匈奴人的一支，由于皮肤白皙被西方史学家称为"白匈奴"，他们逐水草而居，不盖城市，以放牧为生。嚈哒骑兵同样以轻骑兵为主，身穿轻便的皮甲，主要武器是复合弓（比波斯人的要大）、标枪、小圆盾、环首剑和匕首。从装备可以看出，他们玩的主要是骑射流。已经以重骑兵为主的萨珊军队，对上这样的敌人，无异于用重锤砸蚊子，效果不大。

当时的波斯国君为巴赫拉姆五世，这是位典型的中亚武士，武艺高强且爱好狩猎，尤其喜欢打野驴（为此他还获得了一个"野驴巴赫拉姆"的绰号），正是从他最大的爱好中，巴赫拉姆摸索出了对付嚈哒人的办法。

怎么个办法？巴赫拉姆从皇家卫队"不死军"中精心挑选了数千人，连同一批马弓手，组成了一支7000人的别动队，很明显他是把匈奴人当野驴来打了——对付跑得快、耐力好的野驴，只能用迂回悄悄接近，然后一次性突袭搞定的办法。

为了迷惑嚈哒人，巴赫拉姆一面让自己的弟弟纳西尔假装因为惧怕嚈哒人而朝他们纳贡，一面偷偷准备了7000匹一岁口的马和同样多的牛皮。这还不算，他还把别动队带往阿塞拜疆，又转向亚美尼亚，随行带了一大群猎鹰和猎犬，这样在别人看来，这位野驴国王不过是又搞他的老爱好去了。

几天后，巴赫拉姆五世突然掉转马头，全力进发，7000轻重骑兵以闪电般的速度出现在帝国东部的木鹿（今土库曼斯坦境内），嚈哒可汗正在那里等着纳西尔乖乖奉上答应好的贡品呢，根本没发觉波斯国王亲身到来了。

巴赫拉姆五世在子夜时分发动袭击,他先将7 000张牛皮缝合成口袋,再在里面装满了石块,挂在7 000匹一岁马的脖子上,然后把这批马赶进了嚈哒人大营。沉重的石块压得马匹低下了头,7 000个牛皮口袋底部同时在地面上拖动,顿时发出一阵轰雷般的鸣响,匈奴人不明就里,以为地震或者山崩了,大营里顿时大乱起来。

当嚈哒军营大乱的时候,7 000名萨珊精锐骑兵杀了进来,许多匈奴人睡眼惺忪,还来不及爬起身来就成了不死军长矛下的亡魂,有些反应比较快的立刻翻身上马,却无一例外地被眼疾手快的波斯马弓手射杀。在一片屠杀声中,巴赫拉姆亲率一小队不死军,直直冲进了嚈哒大汗的牙帐,大汗刚拔出环首剑就丧命在巴赫拉姆的波斯大剑之下。其余的嚈哒人除了被杀的外全做了俘虏。

木鹿大胜后,巴赫拉姆不仅把嚈哒人清理出了波斯,还一气攻入嚈哒境内,迫使他们求和。嚈哒大汗的王冠被巴赫拉姆带回国内做了纪念品。

卡利奈孔,贝利撒留的耻辱

遭受沉重打击的嚈哒人从此很长一段时间都不敢再骚扰波斯。但不到半个世纪后他们又故态复萌了,时任波斯国君的卑路斯一世没祖父巴赫拉姆的本事,2次被嚈哒人打得大败,最后命丧嚈哒大汗阿赫什努瓦兹之手,儿子喀瓦德也被嚈哒人俘获。国内贵族乘机夺权,出于私心,阿赫什努瓦兹出兵将喀瓦德扶上了王位。

嚈哒人不是活雷锋,他们的支持是要巨额金钱回报的,为了凑齐给嚈哒人的上贡,喀瓦德想从罗马人那里捞一把,波斯和罗马于是战端再起。

此时的罗马已经分裂为东西两部,与波斯交战的是东罗马帝国(拜占庭),拜占庭皇帝查士丁尼是位很有作为的皇帝,他的手下拥有贝利撒留等多位得力战将,因而喀瓦德从拜占庭找补的计划实施得并不很顺利。公元530年,波斯军队在达拉和亚美尼亚同时战败,令老喀瓦德郁闷不已。

喀瓦德正愁眉不展之际,一位萨拉森(即阿拉伯人)酋长的鼓励让他重新振作起来,这位酋长名叫阿拉芒达拉斯,曾多次指挥萨拉森人偷袭拜占庭得手,是一位骑兵战的高手。喀瓦德委派名将阿扎里赛斯协同阿拉芒达拉斯,率领 15 000 精骑从奇道而出,利用阿拉芒达拉斯轻车熟路的游击骚扰战术,再次蹂躏了拜占庭边境。

贝利撒留闻讯,带领 2 万人反击,阿拉芒达拉斯偷袭有本事,硬碰硬没谱,和阿扎里赛斯收兵回波斯,贝利撒留一直追击到幼发拉底河畔的卡利奈孔城附近,双方隔河相望。

时值复活节,信奉基督教的罗马士兵必须终日禁食,波斯人却可以想吃就吃。贝利撒留本不想立刻出战,但架不住部下的一再撺掇,渡河攻击。

拜占庭军队以步兵居多,也有一部分萨拉森和伊苏利亚(今小亚细亚南部)的骑兵,但为数不多,因而贝利撒留没有摆出常用的骑兵——步兵——骑兵阵型,而是将所有步兵布置于左翼的平地上,骑兵由萨拉森酋长阿里萨斯率领,部署于右侧的一座小山上。他希望左右翼能互为犄角。

作为应对,阿扎里赛斯也没有摆出五分阵,而同样将阵型简化为左右两翼,他自己统率波斯骑兵在右迎击贝利撒留,阿拉芒达拉斯则负责对付他的萨拉森同胞。

具体的战役过程已不得而知,但按常理推断,应该是阿扎里赛斯和阿拉芒达拉斯同时带领左右翼对贝利撒留的步兵发动夹击,将他们赶在一处后,派出弓骑兵迂回射击。罗马人不甘示弱,一面排出盾墙抵御,一面让自己的弓箭手回击。拜占庭军队的盾牌和铠甲比起罗马帝国时代来说更为精良,波斯人的箭雨虽然依然凶猛,但效果却相当一般。相比之下,拜占庭的弓箭(此时拜占庭军队已经引进了反曲复合弓并加以改进)杀伤力就大得多了,加之山坡上的萨拉森和伊苏利亚骑兵不断冲下配合,因而双方混战半日,仍未分胜负。

不知各位看官从上面的段落中读出些什么不对劲没有?没错,最不对劲的地方就是波斯军队不断处于拜占庭军队步骑协同的左右夹击下,但他们的阵型仍未发生混乱。这说明什么?说明拜占庭步兵、骑兵中至少有一部分战斗力是相当不给力的,对敌人无法造成沉重打击。考虑到步兵是贝利撒留亲自指挥,因而不称职的只怕更可能是阿里萨斯指挥的萨拉森骑兵以及以新兵居多的伊苏利亚骑兵。

随着战斗的进行,拜占庭军队右翼的虚弱逐渐暴露出来,无疑的,阿扎里赛斯也发现了这点,他立刻命令阿拉芒达拉斯的萨拉森军队继续牵制贝利撒留,自己指挥波斯骑兵西转,对山丘上的罗马骑兵发动了攻击。

阿扎里赛斯的计划十分冒险,要知道拜占庭骑兵不强归不强,仍占有居高临下的优势,如果他们就势冲锋下来的话,阿扎里赛斯的军队很可能遭受重创,但阿里萨斯却是个无能的懦夫,看到一排排全身闪闪发亮、如同移动的铁像一般的波斯重骑兵朝着自己来了,吓得撒腿就跑,自此阿里萨斯背上了叛徒的恶名。

萨拉森人一撤,毫无经验的伊苏利亚人就撑不住了,随着萨拉森一起败了下去。占领了山丘的阿扎里赛斯立刻绕到拜占庭步兵的后面,发动了强袭。

腹背受敌,加上整整一天光体力消耗而毫无能量补充,饶是主将是贝利撒留也弹压不住部下的崩溃了,罗马士兵四散奔逃,许多人把铠甲一脱就跳进了幼发拉底河,泅水逃生。

此时,少数拜占庭战士的表现还是没有辱没罗马勇士的荣光的,至少 800 多人没有后退,勇将阿斯坎浴血奋战,连杀数员波斯将领后被斩为肉酱,贝利撒留救援不及,只得命令手下已为数不多的骑兵下马继续作战。他们的行为令一部分逃兵也为之羞愧并回身支援。但罗马人大势已去,贝利撒留能做到的就是带领剩下的士兵再次组成一个小得多的盾墙,背水一战,掩护其他人撤退。拜占庭士兵用盾牌彼此撞击来吓阻波斯人的战马,就这么坚持到了夜晚,波斯人掠夺罗马人遗尸后,大快而去,留给一代名将贝利撒留的,只是一生的耻辱。

卡利奈孔之战后不久,喀瓦德一世就病逝了,他死后,他的继承人继续与拜占庭不断发生战争,在雄主库斯老一世的改革下,波斯骑兵逐渐占了上风,库斯老二世时甚至占领了包括安条克、大马士革、耶路撒冷在内的大片拜占庭领土,夺取了圣十字架。然而就在双方彼此掐得你死我活之际,长期被波斯人忽视的阿拉伯人却在悄悄崛起。公元7世纪中期,已经建立起政教合一政权的阿拉伯帝国在"圣战"旗帜的激励下,同时对拜占庭和萨珊帝国发动进攻,昔日的两大军事强国皆不敌头顶狂热信仰光环的阿拉伯军队,泰西封等城市相继陷落。公元651年,末代波斯王伊嗣俟三世在出逃途中被杀,持续了4个多世纪的萨珊帝国就此灭亡,两河流域至此进入了伊斯兰教统治时代,而波斯骑兵的形象只能从残存壁画上得以再现了。

日耳曼骑兵

罗 马 之 敌

谁是古罗马人最可怕的敌人？

在很多人看来，这估计是个很难回答的问题，即使撇去拜占庭帝国的历史，古罗马时代也长达1300多年。一个多世纪以来，这个帝国的敌人太多太多了：迦太基人、波斯人、达契亚人、不列颠人、希腊人、匈奴人……不少都给罗马共和国和后来的罗马帝国造成过惨重的损失，骤然间要挑出一个最可怕的，委实不是件容易的事。那就让我们看看罗马人自己是怎么说的吧。

"无论萨姆尼特人、迦太基人、西班牙人、高卢人乃至帕提亚人，谁也不曾使我们受到这样经常的警戒……"

"他们使罗马丧失了5个执政官的军队，他们曾经从一位凯撒手中掳去了瓦鲁斯所率领的3个军团……"

"……近年以来，只见我们在报捷奏凯，而不见我们真正战胜他们。"

以上段落均摘自古罗马著名史学家塔西佗的《日耳曼尼亚志》，日耳曼尼亚为古高卢语"邻居"之意，是指莱茵河以东、多瑙河以北的地区，大致相当于今天的德国、荷兰、比利时大部及波兰、法国、丹麦一部。那里的居民也因此被命名为"日耳曼人"。塔西佗在字里行间透露着敬畏的对象——"他们"无疑指的就是日耳曼人。

被征服半个世界的罗马人视为最可怕敌人的族群,战斗力应该是很可怕的吧。事实的确如此,日耳曼人可以说是自古以来最好战的民族,没有之一。他们不擅长耕作,生存环境也比较恶劣,除了通过掠夺来养活自己外别无出路。他们个个身材高大,金发碧眼,每个日耳曼男子打出生起就有为本民族服兵役的义务。日耳曼人的成人礼是由亲友授予一张盾和一支矛或者干脆杀死一名敌人,这才表明你正式成为部落的一员了。他们甚至连结婚礼物也是矛或盔甲,平日里的生活内容除了狩猎和战斗外没有别的。用一句流行的网络名词来说,就是不折不扣的"战斗种族"。

那战斗种族的主要作战力量又是什么呢? 不少人认为日耳曼人基本靠步兵,这一看法其实是对古罗马史料的片面解读。无论是《日耳曼尼亚志》还是凯撒的《高卢战记》都明确指出:日耳曼人在作战时确实将步兵排在骑兵前面,但之后就由骑兵发动攻击,步兵只是配合作战,或者在骑兵败退或被击落时给予支援。可见日耳曼军队的主心骨无疑是骑兵。

日耳曼骑兵的装备、战术

日耳曼骑兵的装备相对于别的民族的骑兵来说是很简单的了,塔西佗说他们只有一把"夫拉矛"和一面盾牌,没有剑和长枪,也没有护胸甲,只有很少的头盔。这却有些片面了,从出土文物上来看,在公元前7世纪起日耳曼人在装备方面就比塔西佗描述的要丰富:不但有剑、矛、胸甲,还有匕首和战斧、飞斧等。

剑:这种兵器在未开化的日耳曼部落不多见,但确实存在。日耳曼剑为青铜质或铁质,形制受凯尔特(即高卢)影响很大。罗马时代的日耳曼剑士使用的是一种叫"拉登剑"的双刃长剑,剑刃长度为60~90厘米,经过碳处理。拉登剑分为击刺类的有剑尖长剑和劈砍类的钝头剑2种,击刺类长剑没有护手,剑身上半部和尾部各有两个泡钉用于固定剑身,剑柄为青铜质或骨质,很短。钝头剑剑柄则有触角形和人形两种。1世纪早期,日耳曼人大量使用"花纹锻接"(即用打磨、抛光、酸蚀将两根铁坯锻接并加工成花纹形状的剑刃)工艺铸造的剑。这种剑一般用于骑兵劈砍。

罗马帝国晚期,由于大批日耳曼人在罗马军队中服役,再加上他们不断袭击帝国各地的军械库,因而使用罗马长剑的日耳曼人越来越多,剑士的比例在日耳曼军队中也越来越大(由早期的1/10逐渐提升到1/4)。

矛:塔西佗所说的夫拉矛,大抵是公元1世纪时期日耳曼人的主要兵器,塔西佗形容它拥有"一个狭而尖的矛头,非常轻便"。因而同时适用于短兵相接和长兵器作战。但根据出土文物显示,许多夫拉矛矛头为骨质(大概是日耳曼人缺铁的缘故)。矛头有菱形、长叶片形、镖形等多种,长度一般在12到26厘米之间,如果装上木柄后长度可达81到300多厘米。有些表面镶有金银。

标枪:日耳曼骑兵其实是装备有标枪的,凯撒在《高卢战记》里提到过日耳曼骑兵向罗马人"投射矢石",考虑到日耳曼弓长达2米,不适用于骑兵,所以这里投射的应该是标枪或飞斧。出土标枪全长达210厘米,枪头就有75厘米长,带有倒钩,这表明标枪既可用于投掷也可用于肉搏。标枪枪柄有木制和铁质两种,铁质枪柄的标枪应该是模仿罗马人的,这样标枪的重量就会明显增加,当嵌入敌人盾牌时,可以迫使他因无力负担而被迫丢弃盾牌。

此外日耳曼骑兵的单兵装备还有匕首、战斧和一种叫萨克斯的腰刀。匕首很短,单面开刃。战斧为铁头木柄,长度为59~85厘米,既可用于肉搏也能远程投掷。早期的萨克斯腰刀是青铜制的,长度为46厘米。

日耳曼人不懂得开矿,因而铁器贫乏,所以早期的日耳曼军队防护装备较少,大多数日耳曼骑兵身穿黑棕色羊毛织成的罩衫,带有护腿和裤脚处用生牛皮带捆绑的皮裤以及5英尺长、用搭扣固定在胸前的带流苏毛皮斗篷。

少数日耳曼骑兵拥有甲胄和盾牌,铠甲有用青铜甲片制成的链甲和偶有带镀金的锁子甲。头盔为铁制或皮制,有些盔顶装有两根牛角,日后的维京海盗就是这一形象。

日耳曼人的盾牌也是凯尔特式的,有六角形和方形等各种形状,但骑兵一般用圆形或椭圆形盾,材质为木头,边缘包有青铜或铁,有些盾牌表面有尖形的盾帽并蒙有皮革,内侧有铁中轴连接的握把。别看它样式简陋,日耳曼人却把它视为命根子,谁要是在战斗中丢失了盾牌,回来就会被毫不留情地处死。

日耳曼人虽然是半游牧民族,但日耳曼尼亚地区并无良马,他们也不懂得输入牲口改良马种,因而所骑乘的马匹又瘦小又丑陋,也不善于奔驰,但却很容易驯服。在没有马鞍又没有铁的时代,日耳曼骑手的全部骑具就是一根缰绳和一根用肚带固定的毛毯做成的"马鞍"。

日耳曼骑兵的常用战术也很简单:一般由步兵在前,骑兵在后组成一个楔形阵,而后朝敌军发动极其迅捷的冲锋,速度快到让敌人来不及使用自己的弓箭或标枪。一般由骑兵先与敌军发动交锋,交锋时往往先退却一下,在敌人以为自己轻易取胜的时候,他们便再度冷不丁杀回。骑兵一旦无法取胜,步兵就上去接应或撤回,撤退时步兵抓着骑兵战马的马鬃与其共进退,因而后撤速度也非常快。如果出战的日耳曼人都是骑兵,他们往往下马步战。冲锋时他们将盾牌提到唇边,发出一种尖利的呼啸声,听起来十分粗野,因而许多人称他们为"狂战士"。

尽管整体而言,罗马早期时代的日耳曼战士的装备可以用简陋来形容,但凭着彪悍尚武的精神和绝不屈服的勇气,他们和强大的罗马帝国进行了上千年的不懈斗争。是他们在罗纳河让罗马人蒙受了比迦太基战争更为惨重的损失;是他们在条顿堡森林歼灭三个罗马军团,让屋大维气得以头撞墙;最后,也是他们亲手灭亡了罗马帝国(西罗马)。现在就让我们见识一下他们的风采吧。

高 卢 战 争

公元前 2 世纪的辛布里战争是罗马和日耳曼人最早爆发的大规模冲突。因气候变异对生存环境造成严重影响,辛布里人——居住在北欧的斯堪的纳维亚半岛南部一带的日耳曼人开始向东南方向迁徙,沿途的日耳曼部落不断加入他们的队伍,很快他们抵达了多瑙河的诺克利姆,这里是高卢部落陶里斯克人的地盘,陶里斯克人无力击退已经变得异常庞大的日耳曼队伍,只得向同盟罗马人求助。

罗马执政官卡波带着一支大军前往"武力调解",要求辛布里人及其盟军条顿人、安布昂人立刻离开诺克利姆。日耳曼人并非罗马史学家所描述的那样都是些野蛮无礼的家伙,他们很痛快地答应了卡波的要求并准备执行。

哪知卡波不知天高地厚,以为日耳曼人软弱可欺,便计划在日耳曼人的迁徙路线上设伏偷袭,打算用日耳曼人的血来染红自己的军功章。然而,日耳曼斥候提前发现了罗马人的伏兵,辛布里人和条顿人大怒,立刻组织反击。在今卡林西亚附近的诺里亚,罗马—高卢联军第一次领教到了日耳曼步—骑联合方阵的威力,如果不是一场突如其来的风暴将罗马军队吹散,他们一定全军覆没。卡波好不容易逃得一命,羞愧自杀。

此后辛布里人再不对罗马人客气,干脆直接进入了高卢地区,罗马军队多次堵截,但在骁勇的日耳曼人及其高卢盟军面前三战三败,其中以公元前 107 年的布迪加拉之战最为耻辱,不但带队的执政官卡修斯战死,被俘的罗马士兵还被迫钻了轭门(用三支长矛组成的低矮架子,类似于钻狗洞的惩罚)。

罗马人终于意识到这是个劲敌,于是动员了全部主力迎战,执政官马克西姆斯和凯皮奥率领 12 万多人前去迎战。这是迄今为止罗马一次性动员的最大兵力,可惜的是,两名指挥官彼此不和,竟将矛盾带到了战场上。10 余万罗马大军被分为两支,分别布置于战场罗纳河的两侧,彼此遥遥相望,根本无法相互呼应(估计根本没考虑过这个问题)。

凯皮奥对马克西姆斯的恨意看来已经深到一定程度了,他竟异想天开地用自己的孤军去进攻已有数十万人之众的日耳曼人联军,想独揽功劳,结果偷鸡不成蚀把米,反被打得大败而逃。辛布里人击溃凯皮奥后,乘马克西姆斯还没反应过来就攻进了他的大营,马克西姆斯也步了卡波和凯皮奥的后尘,只带着少数残兵狼狈逃走。从日耳曼军队所用的闪电战术来看,骑兵力量应该在罗纳河之战中起到了至关重要的作用。

罗纳河之战是罗马人自坎尼会战以来遭遇的最惨痛的失败,12万人大部被歼,幸存者也被日耳曼人当作祭品杀死。罗马损失了绝大多数青壮年公民和近一半的政府官员、元老,连新的军团都无力组织了,要不是辛布里人异想天开地前往征服西班牙,罗马城可能又要重演公元前390年被攻占的悲剧。这次惨败也促使罗马名将盖犹斯·马略对军队进行了一次划时代的改革:如扩大服役资格和军团规模、加强训练等。重组后的罗马军队终于在公元前101年和102年在马略的率领下成功复仇,几乎将辛布里、条顿和安布昂人灭族。然而马略的改革也带来了负面影响,如他将军队职业化导致了将领有机会将军团变成自己的私兵,为后世的罗马帝国军乱不断埋下了伏笔,此是后话。

辛布里战争之后,罗马和日耳曼之间维持了相当长一段时间的平静,直到公元前58年,高卢部落之一的厄维几人举族西迁,侵入同族的爱杜伊人的地盘。作为罗马同盟的爱杜伊部落赶紧向罗马求援,罗马元老院派遣名将朱利乌斯·凯撒率军前往救援。未来的大帝果然出手不凡,不但很快击败了厄维几人及其盟友,还应高卢一些部落代表之邀,大破数年前入侵高卢的日耳曼国王阿里奥维司都司,算是替罗马人又出了口恶气。

凯撒的胜利并没有换来全体高卢人的感激,相反,不少高卢人害怕罗马人会借机征服整个高卢,比尔及人等许多部落相继联合起来造反,但均被凯撒一一击败。

当凯撒赢得痛快之时,他接到报告:日耳曼又来高卢了,这次是乌西彼得斯和登克德里部落为了躲避同族人苏威皮人的侵扰,渡过莱茵河想找个新的落脚点。凯撒当即命令他们要么回去,要么开战。乌西彼得斯人和登克德里人也派来了使者,请求凯撒不要攻打他们,他们可以考虑搬到同族的乌皮人那去。

当谈判还在继续的时候,凯撒却继续朝乌西彼得斯人和登克德里人的营地进军,乌西彼得斯人和登克德里人急了,于是先下手为强,向凯撒的前锋骑兵发动了突击。由于这两个部落的大部分骑兵都在别处征收粮食,因而留下来的可用之兵只有区区 800 人,而罗马骑兵却有 5 000 之众。但正如凯撒在报告中说的那样:"不管他们自己人数多么少,遇上使用鞍辔的敌人骑兵时,不管对方人数多么多,都敢于对之攻击。"相比之下罗马骑兵认为双方还在和谈,因此当看到比自己少得多的日耳曼骑兵朝自己怒气冲冲地杀过来的时候,竟有些不敢相信自己的眼睛。

眨眼间,日耳曼骑兵就冲到了罗马骑兵队的背后,罗马人慌忙转身迎击,一枪刺去却刺了个空——日耳曼骑手早就从马背上跳下来了。罗马人朝马下刺去,又刺了个空——日耳曼骑手根本不和罗马骑手正面交手,而是一下子钻到了对方马腹下面去,罗马骑兵还没来得及刺出第三枪,自己却一下失去了平衡——日耳曼人下个动作就是把手里的夫拉多短矛刺进了毫无防护的罗马战马的腹部或腿部,罗马骑兵一个个滚落下来,摔了个全身青紫,还没等他们爬起来,日耳曼人的长剑和短矛已经刺进了他们的身体。罗马骑兵大乱,还没被杀死的人争先恐后地逃跑,地上留下了 74 具同伴的尸体。这下罗马人可算是领教到了日耳曼骑兵"刺人先刺马"战术的厉害。

凯撒头一次在日耳曼人面前吃瘪,气得直跺脚,当日耳曼长老和首领们一起来到他营帐赔不是的时候,他根本不听解释,把他们全关了起来,而后带着大军猛攻乌西彼得斯人和登克德里人的营地。日耳曼人虽勇,但有个弱点:组织性和纪律性很差,相当依仗首领和将军的带头冲锋,一旦指挥官被杀,他们立刻就溃散了。因而这次凯撒把他们的首领一网打尽等于抽掉了他们的全部精气神,当罗马人发动进攻时他们竟组织不起像样的抵抗,被对方轻松地消灭了个精光。

报了仇,凯撒心情好了不少,他乘势架桥渡过莱茵河,在日耳曼人地皮上武装示威了一番,回头又大造舰船,给不列颠岛留下了第一次被外族征服的记录。当他从英吉利得胜而归时,却发现高卢更乱了,又一批高卢部落在厄波隆尼斯部落首领安皮奥列克斯的领导人不但继续造反,还设计击溃了凯撒驻扎在厄波隆尼斯人附近的一个军团,杀死了两名罗马副将。随即他们开始围攻散布在高卢各地的罗马军队,靠着出色的防御工事和能干的副将们,凯撒挫败了所有高卢人的进犯,而后又击溃了厄波隆尼斯及其盟军,安皮奥列克斯和手下四散奔逃,躲进了遍布高卢全境的森林里。

高卢人这一化整为零,让凯撒很伤脑筋,罗马人兵力有限,又不熟悉当地情况,很难有效追缉逃亡的高卢通缉犯们。于是他想了个主意,授权没有参加叛乱的高卢部落,让他们肆意践踏厄波隆尼斯人的地盘。这一方法果然奏效,劫掠者们从四面八方赶来,把厄波隆尼斯人的森林搅得鸡犬不宁。

凯撒烧纸太多,神仙是求来了不少,可连带着把鬼也给引来了,邻近厄波隆尼斯部落的日耳曼苏刚布里部落也加入了这场大会猎,由于来捞一把的人太多,他们没抢到多少东西,很不爽的他们竟盯上了罗马人。罗马军队把自己抢到的战利品都集中在阿杜亚都卡要塞,由于他们认为已经彻底打败了厄波隆尼斯人,防备很是松懈。

抢上瘾的日耳曼群狼点起2 000骑兵,杀向阿杜亚都卡,此时正值麦熟时节,大多数罗马驻军都去城外收割去了,留下的士兵懒洋洋地正晒着太阳,突然见到一大群凶神恶煞的日耳曼人骑着同样丑恶的战马,嗷嗷怪叫着由远而近,一时吓得脑子空白一片。

日耳曼骑兵到处围攻罗马要塞,军营内一片混乱,有人甚至以为蛮族已经把罗马主力消灭了才杀到这里来的。幸好一些百夫长鼓起勇气,拿起武器守住了大门,更多的士兵才加入守卫工事的行列中来。

日耳曼骑兵见工事一时难以攻下,于是转向城外的收割部队,收割部队多为新兵和非作战人员,突遭打击也大乱了起来,在日耳曼人的追击下,被尽数逼到一处高地上据守,后来其中一部分人在百夫长和一位骑士的带领下组成阵型突围了出去,回到要塞,另一部分新兵则被日耳曼人尽数歼灭。

过足了抢劫和屠杀瘾的日耳曼人扬长而去,凯撒赶回来时他们已经回到莱茵河那一头了。接连两次吃了日耳曼人的亏固然让凯撒恼火不已,但日耳曼骑兵的矫健善战也给他留下了深刻印象。

高卢暂时平静了下来,意大利却乱了起来,罗马政治家克罗迪乌斯与罗马巨头庞培争权被杀,克罗迪乌斯的支持者在罗马大肆打砸抢烧,这件事很快传到高卢人耳朵里,他们认为凯撒现在已经回到罗马处理骚乱,暂时顾不到高卢,加上他们对罗马的征兵号召很不满,因而又推选出了一个新首领韦钦及托列克斯,又一次到处造反,这次规模要比前几次大得多。

凯撒很快就平息了罗马的骚乱,再度前往高卢平叛。他注意到自己的骑兵力量要比高卢人弱得多,而由高卢人组成的骑兵又很不可靠,于是他将上次攻打乌西彼得斯人和登克德里人时俘获的日耳曼骑兵组织了起来,作为秘密武器使用。

日耳曼骑手果然不负凯撒的厚望,阿凡历古姆镇之战中——与韦钦及托列克斯的第一次直接交锋中就立下了大功,当时双方均以前锋骑兵出战,凯撒先派出的是由罗马人和高卢人组成的骑兵队,见他们渐渐支持不住,便将日耳曼骑兵放了出去,这下轮到叛军抵不住了,转身就逃,阿凡历古姆镇也被凯撒攻占。凯撒一高兴,乘胜又攻下了叛军另一个据点钦那布姆。

连折数场,韦钦及托列克斯毫不气馁,派出信使四下串联求援,在他的煽动和威逼下,又有一大批高卢部落叛变,更为严重的是,罗马人民的老朋友——这场战争的发起者爱杜伊人居然也在韦钦及托列克斯的利诱下倒向了他。叛军势力大增,气焰又嚣张了起来,他们切断了凯撒的所有交通线,而后又蹂躏了继续与罗马人友好的部落的地面。

此时凯撒已无法从意大利本土获得援军,遂做出了个大胆的决定:派人渡过莱茵河,从日耳曼人中召集了一批人马——自然是以骑兵为主。凯撒发现日耳曼军马不堪大用,还把罗马军团指挥官和老兵们的战马统统拨给了日耳曼人,足见他对这支新部队的重视。

补充完毕的凯撒与韦钦及托列克斯在林内恭斯部落附近交火,双方再一次以骑兵对阵,高卢叛军兵分三路来攻,罗马人也将骑兵队分为三支应战:罗马和高卢骑兵分列左侧和中央,日耳曼人在右,凯撒自己则统率步兵在后接应。叛军骑兵这次多达 15 000 人,数量上无疑占尽优势,但他们的左翼在日耳曼骑兵的猛攻下最终还是败下阵来,日耳曼人占领了一座山头,乘高下击,俘杀无数。

骑兵队也是高卢叛军最值得信赖的部队,他们的失败让高卢人十分惊恐,韦钦及托列克斯只好退守重镇阿莱西亚。这座城镇建于地势高峻的山顶上,难以攻打,凯撒下令修筑防御工事,还围着城镇造了一列城墙,打算阻断所有叛军的援助方向。韦钦及托列克斯自然不会坐视不理,于是在阿莱西亚的唯一通道——一片平原上,又展开了一场骑兵战,凯撒继续用老办法:罗马人和高卢人先上,把对方耗掉一部分精力了,再派出日耳曼骑兵,而后自己率领军团主力从后面赶上。敌军在日耳曼人的打击下本来就支持不住,看到罗马大军来了,更是拨马而逃。由通往城镇的要道十分狭窄,高卢叛军挤成一团,难以前进,日耳曼骑兵从后面赶上,放手屠杀。平原上留下了大批叛军的尸体。

骑兵队一败再败,韦钦及托列克斯也失去了信心,干脆把剩下的人全部遣走,但并不是简单遣散了事,而是让他们回到各自的部落,召来更多的兵马。援军很快就召集了起来,据说有 8 000 骑兵和 25 万步兵(显然这是个被严重夸大的数字)。

援军开到后立刻展开攻击,这次他们采取了一种新战术:把轻步兵和弓箭手分布在骑兵之中,一旦己方骑兵失利,这些人便朝追击的罗马骑兵发动突袭。这种办法很给罗马造成了一些伤亡,但凯撒很明智地未将日耳曼人派去追击,因此也完整保存了他们的实力。当战斗持续到黄昏之时,他才把这张王牌打了出来,毫无防备的高卢骑兵连同轻步兵和弓箭手一起被歼灭了。

援军受挫,城镇里的粮食也消耗光了,高卢人急了,打算发动一次孤注一掷的攻击,援军将领注意到罗马军队有两个军团并未处于己方营地的防御工事保护之下,而是驻扎在一处下坡地带,于是精心挑选出一支精兵,重点攻击那里。与此同时,韦钦及托列克斯也率领城镇内的叛军杀了出来,攻打罗马工事,以分散凯撒的注意力。

叛军的计策十分奏效,山坡处的罗马军团所占地形不利,加上人数上又明显处于劣势,很快就难以支持了,高卢人合力用泥土填平了罗马军阵地前的壕堑,组成龟盾方阵从高处直压下来,眼看这一处即将被突破!

形势十分危急,凯撒决定亲自上阵,他自己率领十个步兵中队为预备队,而把日耳曼骑兵分为两队,一队跟在他后面,另一队从工事外围绕道进攻敌军的侧翼。

凯撒身上的罩袍十分显眼,很快无论是罗马人还是高卢人都认出了他,高卢叛军丢下山坡上的罗马军,朝他猛扑过来,罗马步兵和高卢步兵各自发着呼喊,各自组成方阵攻来。罗马人素质高,高卢人人多,战局一时僵持不下。

就在这时,日耳曼骑兵赶到了山坡战场,前几场战斗无疑已经把高卢人打出了严重的心理阴影,看到这些可怖的日耳曼人,高卢人连抵抗的勇气都没了,转身就走,但步兵如何走得过骑兵?自然又是一阵屠杀,这支高卢精兵大多被砍倒,缴获的军旗多达70余面。还留在营寨里的高卢援军见状四散而走,罗马骑兵跟进追击,再次禽斩无数。

援军被击溃,韦钦及托列克斯的心理防线也被击溃了,他召来所有首领,让他们把自己绑出城去向凯撒谢罪。除了爱杜伊人和阿浮尼人外,其余高卢叛军在交出武器后全部被凯撒作为战利品赏给了罗马士兵。韦钦及托列克斯被押回罗马,囚禁6年后被斩首。

韦钦及托列克斯投降了,叛军也失去了自己的主心骨,尽管在别都里及斯、卑洛瓦契等部落还在继续抵抗,但规模毕竟要小得多了。凯撒的得胜之师很快就扫荡了这些地区,叛乱部落的首领们纷纷投降,在这些战役中,以日耳曼骑兵为主力的罗马骑兵又多次起到了定海神针般的作用。公元前50年,凯撒副将拉频弩斯用骑兵队征服了德莱维里——高卢出产最好骑兵的部落后,全高卢宣告平定。据普鲁塔克称,在为时9年的高卢剿匪作战中,凯撒打下了800座高卢城镇,征服了300个高卢部落,杀死,俘虏高卢人各100万,这个数字自然是水到可以养鲸鱼,但凯撒战果辉煌却是可以肯定的。他在高卢的辉煌战果不仅为他在罗马政治场上的角逐加分不少,更为今后罗马军队大量使用外族特别是日耳曼人为骑兵开创了个成功的范例。

当然,彪悍好战的日耳曼人绝不会甘于屈服人下,他们和罗马的关系也不仅仅限于供应兵员而已。罗马人一直试图征服日耳曼部落,而日耳曼人也一直想着迁往南方更肥沃的土地,双方的冲突一直不断。罗马人毕竟在军事和制度上占有优势,数十年间不断蚕食着莱茵河以东的土地,并设立了日耳曼行省,公元1世纪初,他们甚至推进到了波西米亚地区(今捷克)。

罗马人在咄咄逼人,日耳曼人却始终没放弃过抵抗,随着罗马人的深入,他们对罗马人的仇恨也越来越深。终于在公元9年,他们抓住了一次机会,再次重创对手。

条顿堡森林之战

公元6年,罗马官员瓦鲁斯出任日耳曼行省总督,此人是个文官,为政打仗一无所长,纯粹靠着与罗马帝国皇帝屋大维的亲戚关系才被提拔。此人又极贪,上任以来不断向治下的日耳曼部落索取金银,弄得民怨沸腾。未来日耳曼人的民族英雄阿米尼乌斯乘机开始了自己的策划。

贪官瓦鲁斯在总督任上享受了3年,公元9年,他接到阿米尼乌斯的汇报,在库姆(今德国美因茨一带)地区,一个部落发生了叛变。这个头脑简单的家伙想也没想,就带着3个兵团前去平叛。事实上这场叛变是阿米尼乌斯精心设计的,为的是把瓦鲁斯和罗马军团从维提拉(今德国克桑滕)的驻地引诱出来。

凯撒征服高卢后,虽然日耳曼人和罗马人战争不断,但还是有越来越多的日耳曼人被召入罗马军中,有人甚至担任军官职务。阿米尼乌斯就是瓦鲁斯手下的辅助骑兵队的指挥官,服役多年的他深知罗马军队的优势和劣势,当他们组成步骑结合的方阵时,日耳曼人很难从正面取胜。只有设法把他们引诱到不利的地形,打乱罗马方阵的部署才行。迦太基名将汉尼拔就是这样在坎尼大败罗马人的,现在阿米尼乌斯准备如法炮制。在库姆通往维提拉的路上要经过大片森林地带,那里是上好的伏击点。

尽管阿米尼乌斯的叔父不断向瓦鲁斯告诫要当心自己这个侄儿,但出于对阿米尼乌斯的一贯信任,瓦鲁斯只当耳边风。

一切都按阿米尼乌斯的计划进行着,当罗马军队进入奥斯纳布吕克东北部的森林地带的时候,路变得十分难走:又狭窄又充满泥泞,罗马人被迫将队伍拉成15到20公里的长度,这简直就是自寻死路。

就在这时,阿米尼乌斯和他手下突然失踪了,而且罗马军团的哨兵的尸体开始一具接一具被发现。瓦鲁斯这才明白阿米尼乌斯想干嘛,但后悔已来不及,先前失踪的罗马军团辅助骑兵——日耳曼骑兵突然从四面八方同时出现,朝全无防备的罗马人投去密集的标枪。

罗马军队大乱,然而却无法组织惯用的方阵来作战:队伍拉得太长了,首尾无法呼应,而且狭窄的道路也限制了他们的行动。尽管如此,瓦鲁斯还是及时做出反应,让士兵们举起盾牌,聚拢在一起,再将随军携带的车辆环成一圈,组成了一个临时的防御工事。这让罗马军队逐渐稳定下来。

阿米尼乌斯见暂时无法取胜,便下令退却,日耳曼步兵三步两步跳上战马,攀着马鬃,连同骑兵一起消失在浓密的森林里,留下惊魂未定的罗马人和许多尸体。

瓦鲁斯知道继续待在这里只有死路一条,于是他下令焚毁车辆,加速前进。但很不幸,他再次进入了另一片森林——条顿堡森林,更不幸的是老天站到了他的对立面:一场暴雨倾盆而下,道路变得更加泥泞而滑溜,罗马士兵的行军速度大受限制。更要命的是,大雨让罗马人用动物筋腱固定的弓弦全脱落了,他们再也无力与敌人远程对射。这还不算,木质的罗马盾牌浸满了水而变得松软不已,罗马方阵的最重要元素——盾牌构成的盾墙也无法使用了。

就在这种种要命的打击下,罗马军队昏头昏脑地撞进了卡尔克里泽山,在那里,阿米尼乌斯早就设好了包围圈。日耳曼步兵躲在一面土墙之后,用标枪和飞斧袭扰着罗马人,不让他们组成方阵,无数日耳曼骑兵则从山腰上乘崩而下,把敌人冲得七零八落,然后下马加以砍杀。失去了方阵这一最大的群体光环和盾牌这一最有效的护身利器,罗马人在一对一肉搏战中根本不是牛高马大的日耳曼武士的对手,3个军团的罗马官兵就这样被分割包围后——消灭,剩下的罗马人在投降后几乎全部被钉在树上然后烧死,瓦鲁斯也没能逃过被日耳曼骑兵赶上斩首的命运(一说为自杀)。

两万多条生命就这样消失在条顿堡密林内,直到近两个世纪后,英国考古队还在这里挖出一些罗马士兵和战马的骨骸。而这场阴谋的策划者阿米尼乌斯从此被视为日耳曼民族的英雄,被德国人永远称颂,19世纪德国政府甚至在古战场上建起了他的铜像。

当这条悲惨的消息传到罗马时,屋大维一时经受不住如此打击,当众撕开衣服放声痛哭起来。不过哭归哭,他还是罗马皇帝嘛,为了抵御阿米尼乌斯接下来可能的入侵,他必须着手组建新的军团。然而此时罗马人已非昔日的敢战民族,贪生者众,敢捐躯者寡,因而老屋大维虽然竭尽全力,甚至不惜动用死刑,还是始终没能重建起那3个军团。屋大维心力交瘁之余,任由头发和胡子和杂草一样疯长而不管不顾,有时他竟气得用头狠撞墙上的柱子,嘴里歇斯底里地喊道:"瓦鲁斯呀,你还我军团!"可以说这是这位一大枭雄一生之中经历的最沉重的打击。尽管此后不久,屋大维的义子提比略就打败了阿米尼乌斯,为罗马军团报了仇,此后又与罗马名将日耳曼尼卡斯一起多次击败日耳曼人,但经此一败,罗马帝国的东北疆界却再也没能越过莱茵河以东。

一个前罗马帝国军的日耳曼裔军人,掉转枪口袭击了帝国军队。这样看来,罗马人不断招募蛮族为兵,终于尝到养虎为患的滋味了。不过这只是一个开始,在几百年后,还有无数个阿米尼乌斯将不断从罗马军队中涌现,直至亲手埋葬罗马王朝。

哥 特 骑 兵

熟悉中国历史的读者们,应该都知道在公元4世纪时期,统治中国的西晋王朝爆发了大规模的内乱:西晋皇帝愚蠢无能,皇后把持朝政,藩王们乘机起兵夺权,史称"八王之乱"。而匈奴、羯、氐、羌等少数民族趁着中原内乱之机,南下入侵,最终灭亡西晋,建立了属于自己的政权,这段历史被后人称为"五胡乱华"。

而与此同时,在地球的另一端,罗马帝国境内上演着类似的一幕,只不过罗马帝国的内乱爆发得更早一些,从2世纪末就开始了。这场内乱贯穿了整个3世纪,因而被西方史学界命名为"3世纪危机"。

3世纪危机的成因非常复杂:有地中海生态环境的恶化对帝国生产的打击;有帝国的主要经济制度——奴隶制不再适应时代的发展而引发一系列经济动荡的;有土地兼并加剧造成帝国农业衰败,进而导致城市负担加重、工业破产甚至公民兵役制彻底解体的。但最大的问题还是出在罗马军队身上。

军队曾是罗马的统治支柱,是国家的荣耀。从罗马建国起直到公元2世纪,军团一直是罗马人扫荡四方的利剑,但由于屋大维过于依赖军队建立君主的个人统治而缺乏相应的平衡政策,导致军队特别是禁卫军无限坐大。更由于马略先前的军事改革使得罗马行省军队日益私有化。从2世纪起,这柄昔日的利剑终于开始反伤其主,变成了罗马帝国最大的毒瘤。

军队的质变所导致的最严重的后果就是帝国政局的极度不稳定,自打"帝国五贤帝"的最后一位——马库斯·奥略留死后,王宫的钥匙开始掌握在禁卫军手中,这种情况又由于已成为行省将领私产的行省军队的加入而更加恶化。整个3世纪区区100年时间内,竟有26位国家元首(皇帝)先后继位,每人的平均执政时间不到4年,而几乎每位元首的拥立和被废都与军队的干预有关。当年忠勇爱国、训练有素的罗马军团,此时已经成为野心家们争权夺利的工具。从士兵到军官,再也不以国家安宁和开疆辟土为己任,而是以雇佣兵的身份参与到永无休止的内战当中,疯狂追求着个人私利。

军人们都忙着打内战去了,帝国的边境守备无人问津,那就怪不得边境蛮族们人人都想进来大捞一票了。3世纪危机的另一大特色就是外患频频:法兰克人、阿勒曼尼人、阿兰人、波斯人、汪达尔人相继从各处侵入罗马境内,大肆烧杀抢掠,活脱脱一出西方版的"五胡乱华"。

在中国,乱华五胡中最给力的莫过于氐人,氐族天王苻坚建立的大秦政权曾一度一统北方,险些一统中国。而在罗马,"五胡"中最可怕的还是日耳曼人,确切一点是日耳曼人中的哥特人。

据《哥特史》记载,哥特人的原居住地是斯堪的纳维亚半岛——日耳曼民族的发源地,说白了属于日耳曼人中根红苗正的一支,但出身好不能当饭吃,斯堪的纳维亚那极其恶劣的生活条件——可耕土地不多,冰原苔藓倒是大片大片的——逼得这支纯种日耳曼人也不得不学着辛布里人等同胞,带上老婆孩子们背井离乡找个能吃饭的地方,他们最终选择了黑海北岸为落脚点。凭着日耳曼民族的一股不服输的蛮劲,哥特人很快打败、征服了当地的萨尔马提亚人和西徐亚人,成了黑海北岸的新主人。

萨尔马提亚人和西徐亚人都是典型的草原民族,擅长骑射,哥特人在征服他们的过程中无疑受到很大影响,发展出了比其他日耳曼同胞都要强悍的骑兵——哥特骑兵。

哥特骑兵的装备依然以日耳曼风格为主,但与萨尔马提亚人和西徐亚人打交道多了,难免受其影响,另外他们中许多人曾在罗马军团中服役,因而又吸收了不少罗马式的风格,总的来说,他们的装备有剑、长刀、长矛、战斧、手盾、甲胄等。

剑:哥特人用的剑种类较多,有特有的哥特式长剑,也有萨尔玛提亚剑和罗马长剑。

萨尔马提亚剑为直刃剑,长度为50到70厘米。

罗马骑剑为双刃直剑,剑身铁制,长度可达100厘米以上,剑刃有凸起。环首剑柄倒是青铜的，表面缠着一些青铜线。

哥特骑剑叫"斯帕达"，仍为日耳曼式，只是此时都是铁剑了，剑身又长又重（71到81厘米长，43到61毫米宽），只有身强力壮的哥特骑兵能使得动。剑尖几乎是圆头形，柄很短。配有木质青铜托剑鞘，贵族会在上面装饰珠宝。

长刀是日耳曼人常用的萨克斯腰刀，长度为46到50厘米左右，就形制而言有两种，一种是双面开刃，刀刃两端沿着刀身中心线同时向顶端弯曲，形成一个对称的刀尖。另一种则是单面开刃，在刀锋处形成一个上窄下宽的梯形，有点类似于泥水匠使用的瓦刀。

长矛缺乏资料，可能还是使用日耳曼式的夫拉矛，但应该装备有部分罗马式骑兵长矛。

哥特人已经抛弃了祖先所使用的尖顶盾帽的简陋木盾，开始更多使用罗马式的椭圆形盾牌，盾牌长度超过1米，表面普遍蒙皮并附有铁边，中心有一金属的盾顶，这个盾顶在盾牌内侧连接着一个握把，另盾牌边缘附有一根绳子，可以将盾牌挂在胳膊上。

甲胄形制也是罗马式的了，尽管哥特骑兵披甲者还是不多。铠甲有锁子甲和鳞甲，其中鳞甲为主，哥特鳞甲是将许多鱼鳞形甲片用交互重叠方式钉在皮革上。这种鳞甲在防护强度和抗钝器伤害方面都要强于锁子甲。贵族骑兵们往往在甲片表面镀金。铠甲内衬有一件或多件羊毛织的罩袍。此外，日耳曼风格的带流苏的披风也并未被舍弃。

哥特骑兵所使用的头盔亦为罗马式，盔顶是由6片金属板拼成的圆锥形，表面饰有精致的花纹。没有护面，但两侧各带有一片护耳。

马具方面，哥特人受草原民族影响较大，铺在马背上的不再是一块毯子，而是带有铁和青铜配件、两端各带一个拱形的木质马鞍。4世纪起哥特骑兵开始装备木制马镫。

马匹：黑海一带的草原盛产良马，哥特人再也不用像以前一样骑乘那种又难看又瘦弱的日耳曼尼亚马了，取而代之的是身高160多厘米的东欧战马。

被杀的罗马皇帝

随着马鞍和马镫的成形,哥特骑兵的作战方式开始发生变化,下马作战开始减少,冲锋作战比以前增多了。可能就是这个缘故,有不少人将哥特骑兵归于重骑兵一类,尽管没有确切的证据证明哥特人拥有马甲。

哥特人对骑兵作战尚无系统的总结,因而他们的战术是随着战场环境变化而变的,笔者觉得还是结合具体战例加以说明比较好。

回到前面的话题,公元3世纪起,居住在黑海北岸的乌克兰平原的哥特人开始同时从海路和陆路南下劫掠,哥特海盗控制了博斯普鲁斯海峡,并利用当地的舰队洗劫高加索和小亚细亚,一度进入爱琴海。

哥特陆军则在骑兵的指引下,大肆袭击巴尔干半岛东部,已经腐化堕落到极点的罗马军队此时只知内斗,根本无力抵御这些凶狠的蛮族,罗马皇帝戈尔迪亚努斯自保不暇,无力抵御外侮,竟可耻地答应向这些强盗缴纳年贡以换取和平。事与愿违,食髓知味的哥特人的欲望变得更加疯狂,连连深入巴尔干内部地区,奸淫掳掠无所不为,无数罗马百姓在哥特骑兵的铁蹄下痛苦地呻吟着。

公元250年左右,哥特首领克尼瓦再度率领7万哥特和萨尔马提亚联军入侵巴尔干,直指诺瓦城,受阻后转攻地中海重镇尼科波利斯。刚继位的罗马皇帝德西乌斯率军来援,这位德西乌斯先生在不久前抵御过克尼瓦父亲奥斯特罗格塔,见敌人势大,竟卑劣地将军队解散,而后把责任推给那些部下,被激怒的罗马士兵反而纷纷加入奥斯特罗格塔麾下。此事让哥特人对德西乌斯轻蔑至极,但这番他居然敢御驾亲征,这令克尼瓦吃惊不小,迅速撤围而走,稍事休息后,又攻向另一巴尔干重镇菲利普波利斯。德西乌斯也赶紧赶去救援。

从尼科波利斯到菲利普波利斯,一路上尽是险峻的山道,罗马人走得气喘吁吁,疲惫不堪,德西乌斯只好把队伍带到贝罗阿城休整。然而罗马人的屁股还没在新建的大营里坐热,就闪电一般地跳了起来——

狡猾的克尼瓦竟放弃围攻菲利普波利斯,而是杀了个回马枪,直取贝罗阿。

哥特人和萨尔马提亚人多为轻装骑兵(前面已经说过他们都没有马甲),急行军起来速度极为惊人。本已累得半死的罗马人哪里是他们的对手,一下子就被冲了个稀里哗啦。德西乌斯见势不妙,懦夫本性再度暴露,带着少数随从翻山而走,克尼瓦追着他的屁股狠踢不止,一气把这位有史以来头一次在蛮族人面前弃军逃跑的罗马皇帝揍进了莫伊西亚。随后再攻菲利普波利斯,守将普利斯库斯在哥特人以帝位诱惑的情况下竟然投降,转而与德西乌斯作战。

惨败后的德西乌斯勇气尚在,很快重整旗鼓再战,在激烈的战斗中,他的儿子赫伦纽斯中箭身亡,这反而让德西乌斯彻底忘掉了害怕,对着部下大大咧咧地说:不就是死了个士兵吗?小事,没啥。

嘴上虽这么说,德西乌斯内心深处备受丧子之痛的折磨,盛怒之下他再无顾忌,率军对着敌人狠打狠杀。而蛮族仿佛被吓怕了,一路直撤到了阿布里图斯。复仇心切的德西乌斯想也没想就追了下去,双方在塔奈斯河畔展开决战。

如果德西乌斯细心一点的话,他就会发现这次哥特人的表现与往常大为相异,他们竟将部队分为三列,而后一列接一列地开出来向罗马人挑战,这不等于削弱了自己的力量,好让罗马人能轻松消灭自己吗?但此时的罗马皇帝已经被复仇的怒火烧红了眼睛,显然已经不会去想那么多了,眼看着第三排哥特骑兵在罗马人的优势兵力攻击下又败退了下去,随后乱哄哄地逃进了河边的密林里,他当即率军直追了进去。

一进密林,罗马人立即后悔了,这根本就是个陷阱!密林里沼泽密布,身穿重甲的罗马军队一踩上去就陷了下去,拔都拔不出来。

此时奸计得逞的克尼瓦才带着哥特和萨尔马提亚弓骑兵在周围出现,他们显然非常熟悉这里的地形,根本不上前与罗马军队肉搏,而是截断了他们的退路,而后远远地朝这些掉进机关的猎物发射标枪、飞斧和弓箭。

惨叫声和呼救声充斥了整座森林,此时的罗军不要说组成方阵,连动也动不了了。一旦谁想逃走,他只会迅速地被泥沼吞没。相比之下,被敌人射杀还算比较好的下场。数万罗马人就这样无奈地接受了悲惨的结局。德西乌斯后悔莫及,仰天泪流间重蹈了儿子的命运:一支箭飞来,射进了他的脖子。德西乌斯翻身落马,而后缓缓沉没。他不仅成了历史上第一个被蛮族杀死的罗马皇帝,而且还成了第一个死后尸骨无存的罗马皇帝!

有人很恶意地猜测,德西乌斯的死是他的继承人伽鲁斯的阴谋,因为这位先生登上帝位后,不仅没想着为前任报仇,反而还允许哥特人带着包括大批罗马贵族在内的战利品安然返回故土,而且还答应继续支付先前的年贡(奥斯特罗格塔的入侵就是以罗马人中断先前的年贡为借口的)。可以肯定的是,哥特狼这次可以说是发了横财,这只会更加刺激他们的凶残本性。此后多年,哥特人又一路进攻黑海沿岸,横扫希腊全境,无数历史名胜化为瓦砾,连世界十大奇迹之一的阿尔忒弥斯神庙也不能幸免。直到公元271年,号称"世界光复者"的一代雄主奥勒良皇帝与哥特首领达成和平协议,并明确了各自的边界,罗马和哥特之间才实现了和平。

对于劫掠成性的哥特人而言,和平是不能持久的。公元322年,他们再度联合萨尔马提亚人,进犯巴尔干。此时罗马帝国已分为东西二部,哥特人和东罗马帝国(拜占庭)对掐了数十年,直到公元369年,他们才在拜占庭皇帝瓦伦斯的军事压力下再度与罗马人签订和约。

上一次和约换来的只是不到60年的和平,这次和约换来的和平却只有短短6年。而这回战争的爆发责任人却不再是哥特人了,而是来自遥远的东方的另一个民族。

哥特骑兵战术记录:1. 回马枪。2. 诱敌、设伏。

匈奴入侵与亚德里亚堡会战

史学家普利斯库斯记载了这么一个传说:

某一天,有几个猎人发现了一头可爱的小鹿,正当他们追得起劲的时候，小鹿却一下不见了。不甘心的猎人顺着足迹追了下去，鹿没找到，却找到了一片从未见过的世界。他们召唤族人同来，一道进入了那个新世界。

传说很美丽，现实很残酷，匈奴人西迁的过程绝不带任何童话般的诗意，而是伴随着无数的屠杀和压迫。在征服了粟特、阿兰等民族后，他们终于闯进了顿河流域，来到了欧洲。

匈奴人给欧洲带来的，是前所未有的震撼和混乱。如果说日耳曼铁骑只是罗马帝国的恐怖的话，那匈奴铁骑就是全欧洲的恐怖。在那个年代保留下来的文献记载中，将匈奴人描写成吃人不眨眼的恶魔的地方比比皆是。有人甚至认为这些人不是人类，而是巫婆和魔鬼的后代。

当然，冷静的观察者不是没有，史学家阿米安用较为理性的语言描写了匈奴人的诸多生活习性，最有代表性的一句是："他们从不步战，好像胶在马上一样。"一语揭示了匈奴人的本质——马背上的民族。或者说匈奴人就是匈奴骑兵，而匈奴骑兵就是匈奴民族。

匈奴骑手身材矮小，头颅很大，由于他们打出生起就用刀划破脸，又将这种习俗作为丧葬的礼仪，因此每个成年匈奴人大多满脸伤疤，看起来十分可怖。他们的战法总结起来也就一个字"快"，迅速聚集，迅速赶到，迅速解决战斗后迅速撤走。他们作战时排成楔形阵，朝对面推进一段距离后突然分散开来，组成许多小队从战线的各个地段突袭来不及变阵的敌人，充分体现了他们奸诈的一面。一天到晚都待在马上的匈奴人根本没有定居的概念，打下一座城池后既不占领也不宽恕，往往杀得鸡犬不留后放一把大火，再带着战利品扬长而去，这又体现了他们凶残的一面。

残忍而奸诈的匈奴铁骑在欧洲大地上制造了一幕又一幕人间惨剧，提起他们人人色变。但他们进入欧洲后的第一个受害者并非此时已是众多蛮族眼中的肥羊的罗马人，而是最大的"宰羊者"哥特人。

据说当年从斯堪的纳维亚朝西欧迁徙的日耳曼人是分乘三条大船出发的。其中第三条船上的格庇德人的动作老是慢腾腾的，前两条船上的哥特人等不及，就丢下他们自己走了。到达德涅斯特河后，他们动手架桥,结果技术有限,盖了条质量很差的桥,第一条船上的乘客过去以后就断了。从此哥特部落以德涅斯特河为界,一分为二,河东的就称东哥特人,河西的叫西哥特人。匈奴人是打东头来的,因此最先遭殃的自然是东哥特人。彼时东哥特酋长赫尔曼里克也算个很有本事的人,但不巧,匈奴入侵时东哥特部落爆发内乱,赫尔曼里克被属下刺伤。结果没了领袖指挥的东哥特人被匈奴人轻松击溃,赫尔曼里克自杀。活下来的东哥特人投降了匈奴,成了他们的附庸。

征服了东哥特,匈奴王巴拉米尔又攻向西哥特,西哥特人不敢抵抗,全线退却。多瑙河北岸,近百万哥特人扶老携幼,高声哭喊,其情状令人目不忍睹。

西哥特首领佛里提格恩和阿劳威请求东罗马帝国开放边界,让他们的族人进入色雷斯行省居住。他们保证将缴纳赋税并替罗马人守卫边疆。瓦伦斯此时一心想征服波斯,觉得又有炮灰可用了,答应了下来,但提出两个附加条件:1. 西哥特人必须交出本族的所有儿童作为人质;2. 必须交出全部武器。

此时西哥特人已别无选择,但他们纷纷私下贿赂色雷斯官员鲁庇西姆斯和马克西姆斯,从而得以保留了自己的武器。成千上万尚未解除武装的哥特人涌入色雷斯,这无异于在拜占庭境内埋下一颗巨大的定时炸弹。

没过多久,这颗炸弹就爆炸了,导火索是拜占庭官员的贪得无厌,鲁庇西姆斯和马克西姆斯这两只大蛀虫在办理哥特人集体入境手续中已是狠敲了一笔,但这只激起了更大的贪欲。他们残酷地搜刮西哥特人,其狠毒程度从一件事上就可以看出来:数十万西哥特人等着吃饭,两人乘机将大批病死、腐烂动物的尸体混杂在市场上出售,可就连这样的肉类也卖到十磅黄金/块!

罗马官员的敲骨吸髓令西哥特百姓苦不堪言,不满的情绪正在升温。鲁庇西姆斯觉察到了,决定先下手为强。他在自己的军营里摆下一场鸿门宴,佛里提格恩和阿劳威应其邀请前来,结果阿劳威当场被害,佛里提格恩奋力杀出重围。

这下不反也得反了,怒火万丈的佛里提格恩召集族人,在马尔西安堡大破鲁庇西姆斯的军队,歼其大半,缴获大批装备,声势渐渐浩大起来。一部分逃亡到东罗马边境却被拒绝放入的东哥特人也加入了他们的队伍,甚至连在东罗马军队服役的哥特籍官兵也呼应他们,起来造反了。起义的烈火开始蔓延到东罗马帝国首都君士坦丁堡!

形势紧急,正在安条克的瓦伦斯皇帝不得不带着原定开往波斯前线的军队赶回镇压。他将军权交给大将塞巴斯蒂安。此人颇有才干,知道此时的罗马军队军纪废弛,战斗力普遍不强,因此他裁汰老弱,精心挑选了一支 2 000 人的小队伍,时不时乘哥特人不备之际发动偷袭,斩获颇丰。佛里提格恩只得撤往亚德里亚堡,那里的地势较为开阔,便于哥特骑兵作战。

不断传来的捷报让瓦伦斯兴奋得有些忘乎所以了,他以为哥特人的实力不过尔尔,再加上他不愿自己的声望被塞巴斯蒂安盖过,于是他决定亲率主力出击。塞巴斯蒂安再三提醒他:罗军虽众但不堪大用,聚集在一起难以指挥。最好的办法莫过于坚壁清野,将蛮族挤出罗马去。一心想打大仗的瓦伦斯根本听不进去,径直杀向亚德里亚堡,企图一举解决哥特义军。

公元 378 年 8 月,东罗马皇帝瓦伦斯接到斥候报告,说哥特人的数量很少,不过 10 000 人左右,这让他信心倍增,因为他所统率的军队是敌人的两倍以上。他甚至没等西部帝国派来的援军到达,就在 9 日拂晓拔营出发。

事实上哥特军队此时有 15 000 人,只因为他们此时缺乏粮秣,所以将所有骑兵都派出去征发粮草去了。佛里提格恩的原计划是向南移动到位于亚德里亚堡西南部的奈克哨站以切断东罗马军队与君士坦丁堡之间的联系。听闻瓦伦斯到来,他只得仓促应战,为了避免步兵在平原上遭到罗马骑兵的践踏,他将营帐设置在亚德里亚堡东北面的一座山脚下,这里虽然也是一片开阔地,但却三面环山,易于守御。除此之外,他还将部众们用于运载行李的马车全都集中了起来,环绕成一座"车城",这一做法有点类似于西汉大将卫青于公元前 119 年在漠北与匈奴作战时摆出的武钢车阵,只不过战场从东方转移到了西方。

佛里提格恩的地形选择极为正确,哥特人的车营离亚德里亚堡足有 8 英里远,而且全是崎岖不平的山道,为此瓦伦斯的军队整整花了 7 个小时才赶到目的地。时值秋老虎发威之际,巴尔干半岛那炎热干燥的气候令身着重甲的罗马士兵苦不堪言,12 公里的山路颠下来,每个人都汗流浃背,疲累不堪,作战意志自是大打折扣。更要命的是,大概是嫌爬山辛苦,东罗马军队的左翼——一支数目不小的骑兵队掉转马头,走上了另一条路。这条路虽然平坦,却要绕个大弯子才能抵达战场。就这样,这支罗马骑兵和主力部队脱节了,这在之后的战斗中将造成灾难性后果。

此时战略主动权开始转移到哥特一方,但佛里提格恩并没有贸然出击,而是派遣使者前往罗马军中请求和谈,他这样做并非是为了避免流血,而是为了争取时间——5 000 哥特骑兵还没赶回来,要拿全步兵方阵去对付罗马的步骑组合,他可没这信心。正好瓦伦斯也想让直喘粗气的罗马士兵歇息一下,于是战斗暂时被推迟了。

瓦伦斯的算盘打得也不赖,但比狡诈,他还是输了佛里提格恩一头。佛里提格恩担心罗马人乘和谈时偷袭,下令将战场周边的庄稼和树木全部加以焚烧,平原四周顿时浓烟滚滚,呛得人眼泪直流。哥特人躲在车阵里,影响不大,可苦了东罗马士兵,他们已经在车阵外布好骑兵在前(右翼骑兵)、步兵在后的两列阵,没有命令不敢乱动,只能忍受着熏人的浓烟和烈焰带来的高温的炙烤,本已大汗淋漓的他们,此时更是如同置身炼狱一般。

佛里提格恩之前曾要求把色雷斯赏给哥特人,他们可以继续履行为拜占庭守御边疆的诺言。瓦伦斯觉得这帮蛮族言而无信,一口回绝,这一次佛里提格恩纯粹是耍心眼,因此罗马方面任何条件他都答应,自己只提出了一个对应条件,必须有一名罗马贵族来哥特人这边当人质,保证佛里提格恩不至于一放下武器就脑袋搬家。罗马将军理查奥梅乐斯自愿担起这一角色。在一队弓箭手和一队禁卫军骑兵的保护下,他勇敢地投车阵而来。

这里顺带提一下东罗马骑兵的编制情况,4 世纪时的东罗马军团仍以步兵为主力,但骑兵建设也有所发展。帝国骑兵分为轻骑兵、铁甲骑兵和重甲骑兵三种。轻骑兵的任务就是侦察和远距离骚扰敌军,因此他们的武器全是弓箭和标枪这样的投射性武器，也不着铠甲，仅携带一面盾牌。铁甲骑兵则是仿萨尔马提亚骑兵建立的，头戴星形盔，身披覆盖范围较高的锁子甲，双手持枪但不带盾。重甲骑兵装束与铁甲骑兵相仿，但马披马铠，铠甲也更精良。东罗马禁卫军中重甲骑兵比例很高，达四分之一，因而担任护卫工作的很可能是一队轻型弓骑兵和一队禁卫军枪骑兵。

就在理查奥梅乐斯接近车阵之时，意外发生了，陪同在他身边的弓骑兵和禁卫军枪骑兵不知是立功心切还是觉得有机可乘，竟擅自向哥特人的车阵发动攻击。战斗就这样意外打响。那两队该杀的弓骑兵和枪骑兵闯祸在行，决心却很是一般，眼见大批哥特人迅速聚拢，英勇地保卫着车阵内的财产和家属，自己不但占不到便宜还有被合围的危险，立马撒开蹄子逃之夭夭，把目瞪口呆的理查奥梅乐斯丢下不管。

愤怒的哥特人跳出车阵，组成了惯用的步兵方阵。罗马军右翼骑兵也再次聚拢，准备发动新一波的攻击。就在这时，灾祸突然降临到了骄傲的拜占庭人头上。罗马军西北一侧的山顶上突然黑压压地出现了一大群人：佛里提格恩一直在期待的数千哥特骑兵终于赶回来了！

哥特骑兵军团指挥官阿拉雷努斯和萨普雷克斯都是经验丰富的老兵了，见罗马军队左前翼完全处于空白状态，立刻率领全军如同一道奔雷一般冲杀了下来，在毫无阻挡的情况下直插罗军右前翼，还未来得及排成矩形方阵的罗军骑兵挡不住这种突如其来的迅猛打击，很快就被彻底击溃了。

就在东罗马军队右翼被击溃的时候，姗姗来迟的罗军左翼骑兵终于赶到，然而他们并未去援救大败而走的右翼，而是直接攻向车阵。哥特步兵方阵咬紧牙关，用如雨般的标枪、石块和弓箭应战，死死不退。而歼灭了罗军右翼骑兵的哥特骑兵迅速掉过头来，猛袭罗军侧后方，于是这支罗军骑兵在没有步兵支援的情况下也被打垮了。这就是步、骑脱节的恶果！

此时拜占庭步兵已经永远失去了骑兵的翼护，开始惊慌起来，在指挥官们的大声激励下才重新稳住阵脚。可是士气大振的哥特步兵方阵已经高举盾牌冲了过来,他们以希腊式的"碾压式"战法猛烈地推挤着东罗马步兵,把他们一步步撞向山脚下,而哥特骑兵则从左右两翼包抄,对敌人形成了夹击之势。

在哥特步、骑兵的双重压制下,罗马步兵就像春运车厢里的乘客们一样,被紧紧压迫到了一起。许多人甚至连挥舞手中剑的空间都没有,只能在前后左右的冲撞中拼命站稳身子。如同沙丁鱼罐头一般的罗马方阵已经彻底失去了任何作战能力,从四面八方投掷下来的每一根标枪、砍下的每一刀都能命中目标,完全动弹不得的罗马士兵们要么无奈地接受被屠宰的命运,要么在密不透风的人堆中慢慢被窒息。

不知不觉已到下午,火热的太阳高高挂于空中,从早上到现在,披着沉重甲胄的罗马人在山路上颠簸了许久,在炎浪滚滚的战场上被炙烤了许久,又奋战了许久,没吃一口饭,没喝一口水,陪伴着他们的除了极度的饥渴、疲累、酷热外,只有失败的打击和伤痛的折磨。精神几近崩溃的罗马步兵终于再也支撑不住,在尖利的哭喊声中各自夺路而逃,方阵完全崩溃了。

已经杀红了眼的哥特人如何肯放过这群可怜的人,一路追杀不已,无论是抵抗者还是举手投降者皆不肯饶。从战场到罗军来过的山道口,倒毙的罗军官兵和战马的尸体层层叠叠堆积了起来,把整条路堵得水泄不通。哥特骑兵从尸堆上踏过,踩出一滩滩血泥。

少数罗军骑兵在指挥官维克托的带领下,靠着马快,总算冲了出来,大伙跑了好久,估摸着安全了,才停下歇口气。此时他们才发现出问题了,严重的问题,老皇爷没跟着他们一起跑出来。

丢了皇上,回去也是死罪,维克托等到天黑鼓起勇气回到战场,却怎么也没发现瓦伦斯。好容易碰上个幸存的侍卫,据他回忆,老皇爷带着少数人,躲到一座农场的木屋里去了。大家按着他说的前去一看,登时傻了眼,哥特人本着所过之处草木不留的原则,在搜刮了所有尸体后,就一把火把周围还完好的房屋全烧了,瓦伦斯估摸着没及时逃出来,和木屋一起化成了灰烬。

亚德里亚堡之战就这样以哥特完胜罗马完败的结果落下了帷幕,

东罗马军队三分之二的人员丢了性命，35位罗马护民官和一批罗马大将给瓦伦斯陪了葬，这其中就有那位名将塞巴斯蒂安。

当然，罗马人在亚德里亚堡之战中并非只有失去而已，他们意识到，惯用的步兵方阵已经越来越不适合时代的旋律了。从此骑兵地位开始在罗马军队中逐渐上升，并渐渐成为日后拜占庭军队的核心力量。

击溃了东罗马军主力，佛里提格恩开始围攻亚德里亚堡、君士坦丁堡等东罗马大城市，然而哥特人的攻坚水平实在逊得可以，有着厚重城墙保护的城市对他们来说如同难以逾越的鸿沟。于是他们又恢复了打家劫舍的老勾当，在罗马境内饱掠而去，从此巴尔干半岛受难更深，直到东罗马新任皇帝塞奥多西一世和西罗马皇帝格拉提安重整军队，用和谈和武力进攻相结合的方式，与哥特人再度实现了和平，帝国东部边疆总算安宁了一阵。

然而塞奥多西并未吸取瓦伦斯的教训，为了扩大兵源并示以善意，他允许大批哥特人内迁罗马并从中募兵。塞奥多西在世时尚能凭着其与哥特首领的交情相安无事，他一死，再无人能够压制这些桀骜不驯的蛮族，罗马境内大乱再起。

各位读者，还记得笔者在哥特人篇开头那段话吗？屋大维时代，罗马辅军中出了个阿米尼乌斯。瓦伦斯时代，哥特雇佣军中已经出了许多个"阿米尼乌斯"来呼应佛里提格恩。塞奥多西死后，又出现了个类似的人物，他的名字叫阿拉里克。

阿拉里克是西哥特贵族的后裔，曾响应塞奥多西的号召加入罗马军队。塞奥多西的儿子阿卡迪乌斯是个无能的货色，帝国大权落到大臣鲁菲努斯手里，哥特人遂生反心。恰好鲁菲努斯曾计划将女儿嫁给皇帝却因故未成，恼怒之下暗中煽动阿拉里克起来闹事。后者顺水推舟，于公元395年聚兵造反，他先扫荡了色雷斯和马其顿地区。接着进入希腊，沿途大掠，男子被杀，妇女儿童被掳走，科林斯、斯巴达、阿尔戈斯等古老城邦均未能幸免。阿卡迪乌斯无力抵御哥特人，竟委任其为伊利里亚行省军事长官，打算将其引向西罗马。

恰逢此时匈奴人再度东侵，阿拉里克觉得伊利里亚不安全，便进军意大利。此时统治西罗马帝国的是霍诺留皇帝，同样是个懦弱的傀儡，好在掌握军权的大将斯底里哥是个厉害角色,他调集军队,数次击败了阿拉里克,意大利这才暂时获得安全。

但是,斯底里哥根本没想一举消灭阿拉里克,相反他觉得对方很有利用价值,这从他从高卢赶回意大利竟磨磨蹭蹭用了10个月就可以看出来。几次打败哥特人后,汪达尔裔的他竟私下里和阿拉里克勾结并签订了和约,打算养寇自重,看来真是非我族其心必异。

罗马帝国后期,军队蛮族化程度已经很深。塞奥多西和格拉提安大规模招募蛮族为兵,这一现象更加严重,许多哥特人甚至进入政府,与罗马贵族争权夺利,这激起了罗马人的普遍不满。斯底里哥手握军政大权,俨然以西罗马太上皇自居,罗马贵族早已对其痛恨不已。公元408年阿拉里克借口与斯底里哥有和约朝霍诺留索要大笔钱财,斯底里哥竟强迫元老院接受。忍无可忍的元老们逼着霍诺留处死了斯底里哥。斯底里哥手下众多汪达尔人出身的将士怕被波及,投降了阿拉里克,西哥特首领势力大增,乘机借口罗马人未支付许诺过的钱财,围攻罗马城。元老院被迫献出重金,哥特人才撤围而去。

不久阿拉里克派人来商谈新的和约,要求霍诺留把包括达契亚在内的几个行省割让给他并授予自己帝国最高军权。霍诺留手下一些人不但予以拒绝,还发兵袭击哥特人,这激怒了阿拉里克,于是他再度包围罗马,然而罗马毕竟是帝国苦心经营了多年的首都,城高墙厚,又得到了来自拜占庭的6 000军队的增援,阿拉里克围攻了很久,还是不能得手。

阿拉里克知道自己军队的主要力量是哥特和匈奴骑兵,而攻城并非骑兵所长。于是他采取了一个迂回战术:他从军中挑选出300人,伪装成奴隶混入罗马城内。他又对元老院宣称,自己围城已久,也厌倦了,在撤兵之前为表示对一直忠于罗马的元老们的敬佩,打算送给他们一些家奴。此时罗马与外界的交通被切断已久,城内饿殍遍地,元老们大概也被饿昏了头,竟不加思考就把这些伪装成奴隶的哥特军人接受了下来。阿拉里克就这样成功地在这座坚固的堡垒内安插下了内应。

公元410年8月的一天中午,趁罗马人都在打盹之际,数百名哥特"奴隶"一齐动手,杀死了城门上的守卫,将早已候在门外的阿拉里克放进城内。这座"永恒之城"在一个多世纪后终于再度被蛮族攻破。迅捷而凶猛的哥特骑兵与匈奴骑兵在守军还没反应过来的时候就冲进了各条街道,罗马惨遭洗劫,无论富贵之家还是平民百姓,拒不交出财物立马被杀,街道上堆满了尸体,据说大多数罗马市民命丧黄泉。

罗马陷落时,霍诺留已经逃到拉文纳,这个脓包多年来一直是权臣手中的玩物,因此对罗马毫无感情,当他得知阿拉里克血洗了那里后,竟高兴地大叫不已。废物皇帝霍诺留根本没意识到,随着首都被攻破,西罗马帝国的生命已进入倒计时阶段了。

哥特骑兵战术记录:3. 结车为阵。4. 使用内应。

上帝之鞭与沙隆会战

当罗马与哥特人打打和和个没完的时候,另一个恶邻却在不断地壮大。征服了顿河流域诸多日耳曼部落并将势力扩展到多瑙河下游后,匈奴人开始大批涌入欧洲并定居下来。公元 5 世纪 30 年代,潘诺尼亚平原(今匈牙利一带)的匈奴部众已达七十万余众。他们不断侵扰拜占庭领土,迫使拜占庭皇帝向他们缴纳年贡。公元 434 年,匈奴王布雷达身亡,然而这对罗马人乃至所有欧洲人来说是个坏到不能再坏的消息,因为一个比布雷达可怖十倍的人物继承了他的位置,他就是被称为"上帝之鞭"的阿提拉大帝。

在外形上,阿提拉与其他匈奴人没什么不同,个头不高,大头,阔肩,小眼。但其狡诈和狠毒则无人能及。在他统治期间,匈奴人第一次改变了松散的游牧部落联盟状态,一齐在这位首领面前俯首听命。

匈奴部落统一后,实力变得前所未有的强大。阿提拉的野心也前所未有地膨胀起来。从他成为匈奴王第二年起,他就以各种借口接连发动对拜占庭的战争,荼毒整个多瑙河流域。拜占庭组织军队抵抗,却每每一败涂地,只得献金求和,可阿提拉一把年贡花光,就翻脸入侵。阿提拉残忍程度比哥特人更甚,其军队又拥有强大的攻城器械,巴尔干半岛西北部直至色雷斯、马其顿平原的大量城市被其夷为平地。匈奴人兵锋最盛时曾直抵乌图斯河流域,首都君士坦丁堡为之震动。东罗马人惶惶不可终日,纷纷传说是人们对神不敬,上帝才派了阿提拉这个恶魔下界来惩罚他们。

但阿提拉把拜占庭打得赤地千里后,也渐渐觉得榨不出什么来了。恰好汪达尔国王盖塞里克残忍地伤害了西哥特王提奥多里克的女儿,害怕西哥特人前来报复,于是用重金贿赂阿提拉,怂恿他进攻已是西哥特人领地的高卢行省(哥特人攻破罗马后不久便占领了高卢,驱逐了当地的法兰克人和勃艮第人)。公元451年,阿提拉攻入高卢北部,梅兹等诸多城镇化为废墟。5月底,匈奴人兵临奥尔良,想必大家对奥尔良姑娘的事迹都耳熟能详,但此时这座高卢的经济、政治中心没能涌现出贞德那样的英雄,倒出了奸细。负责守城的阿兰部落首领桑吉班与阿提拉暗通声气,打算献城,奥尔良危在旦夕。

疾风来袭,方知劲草。劲草的名字叫埃提乌斯,是西罗马帝国的最高军事长官。此人早年曾作为人质在匈奴人的宫廷服务,与阿提拉是旧相识。但现在帝国有难——其时西哥特人与西罗马关系还算友好,阿提拉一旦灭亡西哥特,下一个目标肯定是罗马——也只好把旧交情放到一边了。

埃提乌斯知道帝国的势力已大为衰落,单靠西罗马是无法与阿提拉抗衡的,于是他极力劝说提奥多里克与之联手。西哥特王也明白唇齿相依的道理,加上他身负国仇家恨(盖塞里克已加入匈奴大军),最终同意了埃提乌斯的建议。饱受匈奴人欺凌的法兰克、勃艮第等部落纷纷加入,罗马和日耳曼这对老冤家数百年来终于首次携手站到了抵御外侮的战场上。

抗匈联军很快开到奥尔良,阿提拉闻讯解围而去,他还将分布在高卢境内的多支匈奴军队集中了起来,准备在特鲁瓦与沙隆之间的加泰隆尼亚平原与埃提乌斯和提奥多里克决战。6月19日夜,双方进行了一次中等规模的接触,抗匈联军阵营中的法兰克人袭击了担任匈奴大军后卫的格庇德人(还记得吗?前面提到的第三条船上的乘客),双方约有1.5万人阵亡。次日,欧洲史上最著名的大会战——加泰隆尼亚之战(吉本称为沙隆会战)就此爆发。

会战开始前,我们不妨先来看看匈奴骑兵的装备和双方的布阵情况。

匈奴人完全不懂农业,以狩猎和放牧为生,因此每个人都是一流的箭手,弓箭也是他们的第一武器。他们所用的弓箭是反曲复合弓,材质和构造在波斯骑兵一章里已有介绍:用动物筋腱、牛角、木材和鱼胶制成。动物筋腱具有很可观的拉伸强度,而牛角的抗压强度高,这样制成的弓箭不但穿透力高,而且射出后弓弦可以很快恢复原来的形状,无形中加快了放箭的速度。匈奴弓的特色在于不仅使用动物骨头制成的长条加固弓身,其形制也比其他反曲弓来得更大,达 1.4 到 1.6 米长,其弓身上就可以多设计一个反曲,发射时所释放的动能也更大。弓体是上短下长的不对称形,便于在马上操控。

匈奴弓的弓弦也很值得说明,这个以弓箭为生的民族,可以用各种材料制作弓弦:如绞在一起的动物肠子、筋腱、马鬃乃至植物的藤或丝线。一名匈奴骑手往往带有好几根不同材质的弓弦以应对气候环境的变化。

匈奴人所用箭的箭头有三角形、三棱翼形以及三棱锥形等,和别的地方一样,造箭头的主要材料也是青铜或铁,但匈奴人往往用削尖的如铁一般坚硬的骨片来加固箭头以增加其杀伤力。

匈奴人的近战武器有萨珊波斯式的双刃长形环首剑,轻便的骑兵长矛,腰间挂有一把长匕首。此外他们还有一种特殊的兵器:用布匹绞成的套索,这件在美国西部片出镜率颇高的玩意被草原牧民们使得极为顺手,在敌军骑兵离自己还有一段距离或者准备转身逃走的时候,他们便可抛出套索,将敌人捆住,扯下马来活活拖死。当年不知有多少未见过这种作战方式的欧洲人着了道儿。

匈奴骑兵的防具相当简约:一个不大的用柳条或者木材制成的圆形盾牌,可以用皮带捆在左臂上。大多数匈奴人只穿着一件带风帽的皮衣或干脆赤裸上身,只有部落首领及其随从才穿戴一件长及膝盖的札甲。他们的头盔是萨尔马提亚式的:用许多叶片一样的小铁片固定在一个框架上制成,圆锥形,带有小半个护面、链甲式的护颈和一个护鼻。

匈奴人所骑乘的战马为常见的中亚品种：马头弯曲如钩,双眼突出,口阔,脖子粗壮坚硬,腿较短。马背呈拱形。匈奴马并不强壮,个子也不高(120到140厘米),但耐力很强,很能吃痛,也不需要精心喂养。军马多为白色、灰色或栗色,颜色越浅的战马被认为越优秀。所有的战马都阉割过,因此性格温和,骑手骑在它们背上射箭时极为稳当。同时期的罗马作家认为它们无论是在翻山越岭还是泗水方面都明显强于罗马军马。

匈奴人善于驯马,因而很少使用马镫,但他们在马背上套着一种高桥马鞍。马鞍为木制,左右两侧用皮革包裹,前后各有一个垂拱。比起当时欧洲骑兵所使用的"四角马鞍",高桥马鞍能让弓骑兵在马背上觉得更舒适。

抗匈联军的组成我们已经大致了解,原本想投靠匈奴人的桑吉班此时阴谋败露,不得不加入联军作战。但埃提乌斯对他们并不放心,特地把阿兰人放在军阵中央位置,以便于监视。提奥多里克率领西哥特人组成联军左翼,而埃提乌斯和提奥多里克的儿子托里斯蒙德则率领罗马兵团和其他日耳曼部落组成了右翼。值得一提的是,战场上有一座山峰,被称为"最后一位罗马军人"的埃提乌斯意识到这里的战略位置对于均以骑兵为主的双方大军来说都异常重要,便抢先占领了它。随后赶到的匈奴人发动仰攻,却被击退了。

匈奴军队号称五十万之众,十分庞大,但只有一部分是真正的匈奴人,其余皆为被匈奴征服或与匈奴结盟的日耳曼部落,如东哥特人和汪达尔人、格庇德人等。出于对东哥特人的信任,他们被阿提拉布置于左翼,面对自己的同胞西哥特人。而汪达尔、格庇德人则组成了匈奴军队的右翼。

现在我们不难看出双方的战术安排了：埃提乌斯把组织最好的罗马军团放在匈奴大军中忠诚度、战斗力最不可靠的汪达尔、格庇德人的对面,是想通过这一翼来突破整支敌军,而后实现左右夹击。而阿提拉把己方最强的匈奴人放在军阵中央,是认定了阿兰人不会真心与他作战,到时候他就可以乘机用匈奴人的传统战术,化整为零随意袭击联军的两翼。

这场会战几乎云集了全欧洲的各个民族,被誉为欧洲历史上第一次民族大会战,但我们只要仔细观察就会发现,只要撇去少数罗马人和匈奴人,不论抗匈联军还是匈奴大军都由诸多日耳曼部落构成,所以从某种意义上说,加泰隆尼亚/沙隆会战是日耳曼民族历史上最大规模的内战。

由于战前匈奴巫师的祭祀仪式显示这场战役将有一个敌方指挥官阵亡,但结局对匈奴人不利,再加上之前争夺战地制高点未成,匈奴人的士气明显受挫。阿提拉用一场慷慨激昂的演说,才让部下重新焕发了精神。尽管他残暴不亚于野兽,但确实是个出色的军事家。

战斗正式打响后,一切都按阿提拉的原定计划在进行,匈奴人很快"击溃"了正面的阿兰人,而后组成许多分队,同时向联军左右两翼施加压力。而联军的计划却因此被打乱,原本攻击匈奴军右翼的罗马—日耳曼骑兵凭借罗马人出色的战斗素养加地形优势的加成,本已明显占得上风,然而侧翼突然遭到驰援的匈奴军队的打击,这令他们一时陷入混乱之中。左翼指挥官埃提乌斯和托里斯蒙德甚至彼此失去联系。但埃提乌斯的部下英勇地捍卫着罗马军团最后的荣誉,血战不退。匈奴人一时不能得手。

联军左翼的情况更糟,西哥特和东哥特人相互极为熟悉,原本打了个旗鼓相当,匈奴人的加入改变了这一切。混战中,提奥多里克被一名匈奴骑兵的套索套住,硬生生从马上拽了下来。东哥特士兵安达吉斯冲过来一矛刺死了他。

国王的不幸战死反而激起了西哥特人升腾的怒火,高呼着为老国王报仇口号的西哥特骑兵瞪着血红的双眼,不顾矢石加身,凶狠地冲上去与敌人搏斗。近身肉搏并非轻装的匈奴骑兵所长,更何况西哥特人都是拼着性命杀来,顿时就支持不住了。虽然提奥多里克身边的这批随从全部战死,但匈奴—东哥特联军还是被后面涌上来的西哥特勇士打得连连败退,正在这里指挥战斗的阿提拉见势不妙,带着败军撤进了事先布置好的用马车组成的防御工事之中。

这场远古以来从未有过的、许多人一生之中都不可能再看到的壮丽会战一直持续到了晚上还未结束。战场上布满了双方士兵的尸体，加泰隆尼亚血流成河——真的是血流成河。据约达尼斯声称，由于阵亡的人太多，平原上的小溪的水位都开始猛涨，因负伤而口渴难忍的人们爬到溪边，却只能喝着这些混着鲜血的水！

托里斯蒙德还不知道老父已经战死，但从侦察骑兵口中得知左翼已经反败为胜，兴奋难当的他带领着罗马—日耳曼联军一举击溃了匈奴—汪达尔—格庇德联军。托里斯蒙德杀得兴起，甚至一下子冲进了敌军的车阵之中，结果遭到围攻，头部被击伤，幸而部下冒死把他救了回来。

和部下失散的埃提乌斯躲到哥特人的营地里，在友军的保护下度过了心惊胆战的一夜。清晨他走出营地，看到到处都堆满了尸体，而匈奴军也不再进攻了，这才松了一口气：仗打赢了。当然，大多数时候埃提乌斯都躲在安全的角落里，这场胜仗的真正功臣是托里斯蒙德和他手下的西哥特骑兵。

由于提奥多里克的随从全部阵亡，西哥特人在清点人数的时候才发现他已经不在了。人们在一个厚厚的尸堆里找到了提奥多里克的尸体。日耳曼勇士们流着眼泪，在古老的战歌声中为老国王举行了葬礼。

阿提拉虽知大势已去，却仍不肯服输，他下令在车阵中时时吹奏军号，做出随时进攻的姿态。这只受伤的狮子的咆哮声一时吓住了西哥特人和罗马人。埃提乌斯担心匈奴人若被歼灭，则西哥特人势必坐大，再次成为罗马帝国的隐患，于是他建议托里斯蒙德尽早赶回国内巩固自己的统治权。哥特王子的身心正同时处于巨大的伤痛中，但还是听从了埃提乌斯的"忠告"，收兵回国。

其实阿提拉拼命在装出困兽犹斗的姿态的同时，内心深处也害怕得很，他甚至让人用匈奴马鞍和木柴堆成一堆，准备在大营支持不住的时候就跳进去自焚。出乎阿提拉意料之外的是，联军居然主动退去，令他又惊又喜。

埃提乌斯的做法看似聪明，其实可以说是愚不可及。共有16万余人在沙隆会战中战死，但大多数是日耳曼人，匈奴人的损失其实并不大。阿提拉很快就恢复了生气，公元452年，他借口向罗马公主霍诺莉娅求婚被拒，再度大规模入侵，这次他将矛头瞄准了意大利，阿奎利亚、帕维亚、康科第亚、维罗纳均被占领，著名城市米兰也没能幸免，米兰的居民们逃往东北部海域建立新家园，后来发展成为海上强国威尼斯。

血洗了意大利北部后，阿提拉大军直取罗马城。埃提乌斯后悔莫及，曾想带着皇帝出逃。教皇利奥一世亲自出面与阿提拉谈判，此时意大利境内饥荒、疫病横行，匈奴军队也深受其害，加上拜占庭方面开始出兵匈奴本部潘诺尼亚。阿提拉终于在索取大批财物后退出意大利。第二年，他在举行婚礼后突然暴死，据说是被新娘暗杀。这位绝世枭雄对欧洲人民的戕害就此终结。

阿提拉一死，匈奴帝国立刻分崩离析，阿提拉诸子为争权夺利，内讧不休。被奴役的日耳曼诸多部族乘机起来造反，公元454年的奈多大战中，东哥特、格庇达等日耳曼联军大败匈奴军，杀死阿提拉长子埃拉克。匈奴余部除了一小部分留在东欧外，大多数逃入罗马境内，并很快罗马化，匈奴人从此从欧洲大地上逐渐消失。

匈奴帝国是灭亡了，然而上帝之鞭对欧洲历史所带来的深远影响却仍在继续，匈奴人的入侵引发了日耳曼、阿兰、斯拉夫等众多民族的大迁徙，他们迁徙的目的地一般是罗马。在迁移的过程中，双方的战争不断发生，罗马一再遭到哥特、汪达尔、格庇德等日耳曼部落的洗劫，而罗马皇帝则成了日耳曼军队手中可以随意废立的玩物，这令本就衰落不堪的西罗马帝国更加油尽灯枯。公元476年，最后一任罗马皇帝罗慕路斯被西哥特领袖奥多亚克废黜。奥多亚克没有学别的日耳曼首领，再立个傀儡皇帝，而是自己统治了意大利。罗马帝国自创始者罗慕路斯（与最后一位皇帝同名，真是有趣）起，历经1300余年，终于灭亡在最最可怕的对手——日耳曼人手中。

灭亡了罗马，东西哥特人又开始了内斗。公元488年，东哥特首领塞奥多里克奉拜占庭皇帝之命来到意大利，灭掉了奥多亚克的西哥特政权，随即自立。这个意大利东哥特王国也没存在多久，在公元553年为拜占庭所灭,至此,哥特势力在地中海地区不复存在。而另一个日耳曼部落——沙隆会战中的龙套民族法兰克人却乘机崛起,在首领克洛维的带领下,法兰克人先后消灭了其他日耳曼部族和罗马在西欧的残余势力,建立起法兰克王国,并恢复了旧日罗马帝国的大部分版图,这其中也少不了法兰克和日后的加洛林骑兵的功劳。

在先后经历了墨洛温和加洛林两个王朝后。公元 800 年,法兰克国王查理曼因救助了落难中的教皇阿德里安,被册封为"罗马人的皇帝",法兰克王国变成了法兰克帝国。公元 962 年帝国皇帝奥托一世在罗马被加冕为帝,等于教皇承认了法兰克人对旧罗马帝国的继承资格,法兰克帝国就此改国号罗马,又被称为"神圣的罗马帝国"。昔日罗马的毁灭者,此时却堂而皇之地住进了受害者的家中,还打起了受害者后裔的旗号,有时历史真的很讽刺。

但这个所谓的罗马帝国的根基仍不稳固,来自潘诺尼亚的游牧民族马扎尔人不断侵扰它的疆域,曾经的劫掠者日耳曼人终于尝到了当年罗马人的滋味,好在他们自己也是半游牧出身,对付别的游牧民族还是有一套的。神罗皇帝奥托一世一面在边疆建立马克(边区的军事组织,相当于唐朝的节度使制度),一面调集军力进行反击。公元 955 年,奥托一世在莱希菲尔德与马扎尔人交战,这场战役中神罗骑兵的表现完全压倒了马扎尔骑兵,惨败的马扎尔人从此再也不敢来打秋风,并开始了定居生涯,后来也建立了自己的国家,这就是后来的匈牙利王国。

据部分匈牙利人称,他们是匈奴人的后代,如果这是真的,那神罗与匈牙利的恩怨可以算是日耳曼骑兵和匈奴骑兵之争的延续了。当然,笑到最后的还是日耳曼人。

所以说,无论是哥特王朝还是法兰克王朝,在回顾他们的崛起历程中,我们都不能略过日耳曼铁骑所起到的作用,不是吗?

拜占庭骑兵

小 强 帝 国

地球上有这么一种虫子,它的环境适应性极强,进食能力也极强,生命力也极强,这种虫子叫蟑螂,因上述优点得了个绰号"小强"。

世界上有这么一种肉食动物,它的体形并不庞大,寿命也并不长,然而却雄踞大自然食物链的顶端,地球上除了南北极外都有它们的身影,这种肉食动物中的"小强"叫狼。

历史上有这么一个国家,它位于亚欧两洲的交界地带,因而时时刻刻处于围攻之中,曾一次次被逼到了灭亡的边缘,不久却又一次次重振雄风。最后竟享国运千余年之久,几乎比有史以来任何一个有可靠记载的王国都要长寿。这个帝国中的"小强"叫拜占庭。

如果你漫步在君士坦丁堡古城墙下,一定会被上面密密麻麻的伤痕所震撼。每一处痕迹都是一段血与火的历史的缩影,凝练着一次次的金戈铁马的传奇。自从公元 330 年君士坦丁大帝在此建城起直到 1453 年它永远陷落于土耳其人之手为止,这座千年古都至少经历了 25 次以上的围攻。首都尚且如此,拜占庭帝国的其他领土的遭遇可想而知,一个多世纪以来,阿瓦尔人、匈奴人、波斯人、哥特人、阿拉伯人、保加利亚人、俄罗斯人、突厥人……来自东西两个世界的无数文明如同涨潮一般,前后相继地闯进这里,试图向这个庞大帝国的统治权发起挑战。然而,最终又只能如同退潮一般,一波波地撤走。能在强敌环伺的恶劣环境之下挺立千余年，首先应归功于这个帝国始终狠抓军队建设不放松的方针，而拜占庭强军的礁石、千年砥柱的基座，自然是她的骑兵了。

拜占庭帝国曾是古罗马帝国的一部分，即使在古罗马灭亡后它依旧以罗马帝国的继承人自居（拜占庭人从建国到灭亡一直自称罗马人，后世学者多称其为东罗马帝国，"拜占庭帝国"这一说法则是到了近代才由德国学者提出的）。但为了避免重蹈西部帝国的覆辙，它也及时做出了很大程度的调整。政治、经济乃至国家宗教上都几经变革，在军事方面，除了军—政权力不时分分合合外，为应付纷至沓来的游牧—半游牧民族的袭扰，骑兵这一在古罗马时代被视为步兵附庸的兵种的地位在拜占庭军队中扶摇直上，并最终取代步兵成了帝国军的头号利器。

拜占庭骑兵的构成和装备

拜占庭帝国对于骑兵的重视，一般认为是从公元 4 世纪后期开始的——公元 378 年，帝国皇帝瓦伦斯亲征盘踞于亚德里亚堡的哥特人，由于东罗马军队在行军中步、骑脱节，导致战役失败，瓦伦斯战死。此役令罗马人意识到单靠传统的重步兵方阵已经难以取胜，遂逐步提高了军队中的骑兵比例。但从此后的一系列战役来看，骑兵在罗马帝国的部队中仍然处于次要地位，在战术方面，大规模的装甲格斗步兵依旧是罗马军队的核心；而在部队规模上，前者的数量也明显少于后者。在内忧外患之中，罗马帝国东部的骑兵建设步履艰难，直到查士丁尼时代，在"五胡乱罗（罗马）"中存续下来的东罗马帝国，依托财政改革带来的财富和名将推广的战术，骑兵才真正确立了其军中老大的地位。

经过数个世纪的发展，东罗马骑兵已拥有了成熟的体系，在这之前，骑兵被单调地称为"辅助骑兵"，一般只承担保护己方部队列阵、干扰敌方部队列阵、击败敌军骑兵、保护步兵侧翼等次要任务。4 世纪以后，按其分工不同，骑兵种类变得多样化起来，在查士丁尼时代主要有三大类：用于前哨驱逐战的轻骑兵（foederati）、常规的重骑兵

(cataphractarii)和超重的甲具骑兵(clibanarii)。

轻骑兵又可细分为骑弓手、摩尔标枪骑兵和萨尔马提亚轻骑兵,由于弓箭有射程更远及弹药量更大的优点,更适于作战,因而弓骑兵是拜占庭骑兵部队的精锐,在野战军中(拜占庭军队分为驻守边疆要塞的边防军和机动的野战军两类)所占比例达15%。而摩尔骑兵和萨尔玛提亚骑兵因其民族传统主要使用标枪。

轻骑兵经常以松散队形行动,由于偏重速度所以一般不带甲,他们的装束为一件宽松的长袖罩袍、一条马裤和一件披风、一条皮带,有时会带一个小而轻的盾牌。

长袖罩袍为羊毛或亚麻质地,领口和袖口饰有彩色镶边,而肩部和下摆则镶嵌着一些圆环。大多数罩袍是漂白色或淡棕色,不过一些富有的骑兵会染成红色(这种颜色在当时被认为最具军事气息,类似于现在的迷彩)并打上马赛克。

马裤差不多只到膝盖部分,多为淡棕色。小腿部分则为多根系带交叉绑缚的罗马式及膝软鞋所包裹。披风是羊毛制的,士兵披风一般为暗黄色或浅红色,军官的则较为鲜艳。披风对罗马骑兵来说是多功能用具,除了可以保暖外,还可以用于防止铠甲反光及受潮。

轻骑兵所戴头盔为半开放式的,带有护耳的萨尔玛提亚型头盔,有铁质或钢质两种,盔顶带有红色盔缨。有些人连头盔也没有,只有一顶毡帽。不论装备如何,他们在战场上的任务本质上是一样的,即侦察和用投射武器进行打击骚扰。多种投射武器和速度使得他们能够与有短兵优势的部队保持距离。

重骑兵在2世纪就在罗马军队中出现了,其模板为萨尔玛提亚骑兵。所谓重骑兵其实只是"罗马式的重骑兵",比起轻骑兵来他们只是多了件铠甲而已。由于4世纪起罗马政府已不再供应装备,而改用发给士兵每人6个金币的津贴让他们自行购置的做法,因而罗马骑兵很难做到统一着装,他们往往是锁子甲、鳞甲、札甲混用。但无论是何种铠甲,"cataphractarii"们所穿戴的甲衣的防护范围往往仅限于身躯和四肢的一部分(上臂和大腿),马甲很少。除此之外,他们的防具还有一顶头盔和一面骑兵盾。武器有长枪、投枪、长剑、匕首、战斧等。

长枪是重骑兵的第一作战兵器,枪杆具有弹性,长约 4 米,两边都有矛头。使用时需双手持握刺出。

投枪枪头相当轻便,投掷刺杀皆宜,平时一般盛于马鞍后面的投枪盒子中。

罗马式长剑的名字叫"斯帕达",双刃,长约 64 到 90 厘米。行军时挂于骑手的右肩肩带上。匕首和战斧为私人购置,往往和钱包一起系在腰带上,因而皮带也成了军人的身份特征。

骑兵的头盔有萨尔玛提亚式和波斯式的星形盔。比起轻骑兵,重甲骑兵的头盔只是多了个护鼻。

盾是最重要的防具,也是唯一一个有一点统一制式标准的武备,这是为了作为部队识别用的,每一名骑兵所携带的盾牌上都绘有代表番号的盾章。形制上不外乎圆的小型盾和椭圆形的中凹长形盾两种,以后者为多。

甲具骑兵是罗马人在与波斯人的战争中发展起来的,装束上亦为波斯式。他们普遍备有马甲,小臂和小腿也有环甲或札甲翼护。一般情况下他们多为冲击型的枪骑兵,但也设有仿波斯的重甲弓骑兵。这种骑兵维护费用很高,因而规模很小,多为禁卫军或将领的私人卫队。

战 术 和 训 练

亚德里亚堡之战后传统的,部署于步兵方阵两翼的剑盾步兵消失了,骑兵填补了他们的位置。通常情形下,军阵是向右移动的,因而精锐骑兵部队往往和指挥官一起位于军阵右翼。而左翼则由第三指挥官率领预备队坐镇。

6 世纪起,虽然居于中央的步兵军阵的人数依然明显多于骑兵,但其战术核心地位却已经动摇。他们不再侧重于冲锋格斗杀伤敌军,而是作为骑兵的辅助。骑兵则往往担负关键作战任务。作战时,轻骑兵会先移动至大军的前方展开战斗,然后会向敌军两端推进,进入射程后,他们将用标枪和弓箭打击敌人,而后退却重整队形,然后再发动下一轮攻击。重甲骑兵和甲具骑兵会部署在毗邻步兵两翼的方位以对抗击退地方的骑兵,然后退回他们的原本位置。一旦敌阵在轻骑兵的反复袭击下出现混乱,他们将包抄敌军的两翼。

在快速的骑兵交战和散兵交战中,楔形阵或者长菱形阵是最合适的。部队的指挥官和旗手会在尖顶,部队只需面向旗手移动的方向即可。这种阵型比矩形阵更适合快速地包抄机动,而且由于这种阵型能够像一个楔子一样楔入敌方阵型,通常在对付西徐亚和匈奴骑射手时会用上。矩形阵则主要用于骑兵冲击步兵,根据当时的军事家的评论,最好的骑兵矩形阵纵深应当在五到七行,而最糟糕的则达到了十行。

骑兵新兵需要学习在骑马和下马时使用剑、标枪和轻骑枪。4世纪晚期时骑兵每个月要进行三次20英里行军训练。6世纪时的骑兵单位训练与2世纪中期类似:基本单位为团(bandon),一团300人。如果这个团要自行训练的话,这个团大部分的人就会结成松散队形。在队形的两翼应该各有一支10个骑兵密集编成的一字横队。其余的士兵在大部队的对面列阵扮演被冲阵的敌方。当大部队开始前进时,松散队形的主队应脱离两翼密集队形的掩护横队模拟对敌冲阵,在向前冲一至两英里后勒马后退之前前进距离的一半。然后向"敌"左右翼发动三至四次快速冲击然后像之前一样撤回至两支密集队形的骑兵之间,整个后撤过程要模拟有敌兵追击的情况。

达 拉 之 战

当然,以上介绍的只是拜占庭军常用或理论上所使用的战术和阵法。一个好的厨师可以用同一批食材烧出各种花样的菜肴来,当拜占庭骑兵交由一位杰出的战将统率的时候,他的指挥自然不拘泥于陈法,拜占庭的传奇名将,如贝利撒留和纳尔西斯等都是个中翘楚。

公元527年8月,拜占庭皇帝查士丁尼下令在军事要地纳西比斯修建一座要塞。纳西比斯位于东罗马—波斯边境地带,波斯人自然不能容忍这样的行为。两国之间战事又起,波斯军队在纳西比斯击溃拜占庭军队,拜军统帅和大批士兵都做了俘虏,要塞也被夷为平地。波斯人乘胜向达拉城进军。

这样耻辱的失败对于雄心勃勃的查士丁尼来说是无法容忍的,他立刻下令反击。这次拜占庭军队交由贝利撒留统带,他很快就赶到了达拉城,敌军随后也到。波斯主帅波尔泽斯根本没把嘴上还没长出几根毛的贝利撒留放在眼里,竟狂妄地派人对他说:"在你的官邸准备好洗澡水,因为明天它就是我的了。"

对此,贝利撒留付之一笑,对于如何对付波斯大军,他早已胸有成竹:几天前他命人在对着纳西比斯城城门的位置挖了条弯弯曲曲的壕沟,不过壕沟的中间部分是直的。在这道直沟的前后两端,又各挖了一条与它平行的长沟。直沟和两道长沟之间,有两道垂直于前者的短沟连接。这就是罗马人的辅助防御工事,看起来有些像一个平放的"王"字。沿着"王"字中心的4个直角,也就是直沟与短沟相连的所在,各部署了一支拜占庭骑兵。而贝利撒留则率领剩下的骑兵和主力步兵列阵于4个骑兵方阵之前。这样,他就抛弃了老式的左—中—右阵型,而将2万5千拜军分为了5个部分。每个部分的前后及一翼都有一道壕沟保护,这样不仅可以阻滞波斯骑兵的冲锋,还缩短了拜占庭军各部的距离,相互支援时也更加方便。

波尔泽斯依旧以老式的五部阵(详情见波斯骑兵章)出战,面对对手排出的这种新阵势,他显然有些意外,停下脚步仔细观察起来。

这一观察就是整整一上午,到了日头西斜,波斯军右翼骑兵才率先发动了进攻,拜军左前翼(也就是部署于"王"字左上直角的部队)后退了几步。壕沟阻隔了波斯人的视线,他们不知道另一端的情形,没敢贸然追击。由于波斯人是绕过第一道长沟攻击拜军的,因此他们一旦停下,部队的末尾就整个暴露在壕沟外侧,贝利撒留立刻率领主力集中攻击这一点,敌人抵挡不住,丢下几具尸体逃走。

试探性的进攻并未摸清拜占庭军的虚实,波尔泽斯一时没敢再出击,战场上又陷入了长时间的僵局。

"罗马的胆小鬼们,都窝在乌龟壳里不敢露头啦?是男人的就滚出来,和爷爷单挑一场。"一个年轻的波斯骑兵按捺不住了,单枪匹马来到拜军阵前骂战。

"波斯小儿,休得猖狂,老子来会你!"波斯小伙话音刚落,拜军阵中就有一骑飞驰而出。

此人是拜占庭角斗士摔跤教练安德烈亚斯,他根本没等主将下令就擅自出战,他这一下不但让贝利撒留大感意外,那个波斯人也没反应过来,还未来得及喝问姓名,安德烈亚斯已经冲到了对手的面前,一枪刺中了他的右胸将其挑于马下,随后抽出匕首结果了这个波斯狂人的性命。

拜占庭人一起欢呼起来,一名波斯老兵大怒,冲出去和安德烈亚斯交起手来。这个波斯人身材魁梧,安德烈亚斯一时不能胜之,激战中双方的战马撞在了一起,两人一起滚落下来,安德烈亚斯毕竟年轻一些,武艺上又胜出一筹,抢先站起击倒了对手。拜军再度欢声雷动。

此时天色已晚,两军各自收兵回营。

波尔泽斯虽然在第一天的战斗中吃了些小亏,但也让他脑子清醒了一些,随即制定了对策:将部队分为两个部分,当前部杀得累了的时候,就由后部顶上。他还组织了若干支分遣队随同大部队作战,这些小队的成员都抱定了必死的决心,以免再出现那种被拜占庭武林高手羞辱的状况。波尔泽斯在昨天的战斗中已经发现拜军左前翼战斗力和士气都较差,因而将精锐部队布置于军阵右翼,交由两员波斯名将统带,准备从这一翼全力突破。此外,他将交战时间设定在午后——这正值东罗马人的饭点,波尔泽斯相信饿着肚子的拜军是难以抵挡波军的进攻的。

战斗伊始,双方均以弓箭手猛烈对射,波斯人箭术高超,且不断有预备队轮换,因而他们一方的箭支始终更为密集。但东罗马人的意志也不弱,且风向对他们有利,因此几轮箭雨下来,双方互有伤亡但均未后退一步。战况随即进入残酷的肉搏战阶段,波尔泽斯事先的精心安排生效了:东罗马军左前翼顶不住波斯军的强大压力,又开始后退。这一次波斯人没了之前的小心,猛追不止,拜军死伤枕藉,眼看波尔泽斯的计划就要得逞,波斯人自己却乱了起来——拜占庭大将苏尼卡斯率领拜军左后翼,早已埋伏在了附近的一座小山坡上,此时冲了下来,抄了波斯军队的后路。波斯人的注意力都放在追击上了,哪料到背后突然杀出一支奇兵。当即掉头就逃,波斯主将纵然奋勇向前也无济于事。右军这一逃,引发了波斯全军的大溃败,罗马人乘胜追击,斩杀无数,仅仅波斯军右翼就有3 000人被消灭。残军在预备队的接应下逃回,战斗暂告一段落。

到手的胜利一下溜走了,波尔泽斯恼羞成怒,孤注一掷:他命令所有分遣小队作为敢死队集中到已受重创的右翼,然后再度压上。在这些不要命的波斯人的猛攻下,拜军左翼又顶不住了,节节败退。波斯人士气大振,紧追不舍。

可悲的波斯人,一打顺手就把教训抛到脑后去了,完全忘了首尾相顾。苏尼卡斯率领600精骑从侧翼杀出,一下子将波斯军分割成了两部分。此时拜军左翼也重整队形反攻,反将波斯人包围了起来。猛将苏尼卡斯一马当先,一下就把波斯军标杆手(即掌旗手,见波斯骑兵章)刺倒,军旗一倒,波斯军大乱。

波斯大将、独眼将军巴莱斯玛纳斯勇气犹在,将所有敢死队集结在一起,准备突围。怎奈此时拜占庭人已经打疯了,杀得性起的苏尼卡斯一气杀进波斯军中,手起一枪,又将巴莱斯玛纳斯刺倒。主将被杀,波斯人所有的斗志都烟消云散了,扔下武器各自逃命。拜占庭人欢呼着追击,一次次将敌军包围歼灭,又干掉了5 000波斯人。波斯步兵多为农民出身,战意不强,见败局已定纷纷丢掉盾牌举手投降,但却被杀红了眼的拜占庭人一一砍杀。还好贝利撒留担心敌军有伏兵,下令停止追击,波斯人才没遭受更大的损失。

此后双方虽仍有战斗,规模却都不大,而且东罗马军也都取得了胜利。达拉之战就这样以拜占庭一方完胜而告终。波尔泽斯回到波斯后,受到严厉惩处。

与此同时,拜占庭人在亚美尼亚的萨塔拉城也取得了胜利,而获胜方式与达拉之战颇有异曲同工之处。拜占庭主将西塔斯率领1 000骑兵埋伏于萨塔拉附近的小山上,等敌人全力攻城的时候,他突然杀出,一下把波斯军冲散、分割成两段。东罗马勇士佛罗伦迪乌斯带着一队死士冲进波斯军阵中央,夺取了波斯主将的帅旗,掷于马下狠狠践踏。波斯人见状斗志涣散,撤军而去。大胆变阵,巧设奇兵,是贝利撒留和西塔斯能以少胜多的共同要诀。

在之后的几年时间内,拜占庭—波斯双方互有胜负。公元532年,波斯国王喀瓦德病逝,新王库斯老一世与查士丁尼讲和。尽管和约并未持续多久,但贝利撒留在达拉的表现足以让他赢得皇帝的赏识,很快他就接到了一个更具挑战性的任务:到北非去,与汪达尔人作战。

征 服 北 非

汪达尔人为日耳曼人的一支,原定居于波罗的海地区,后随同众多日耳曼部落南下迁徙,他们先后到过西里西亚(今波兰)、高卢、潘诺尼亚(今匈牙利)等地区。真可谓居无定所,因而得名"汪达尔"(流浪者之意)。

公元5世纪初,到处流浪的汪达尔人总算在西班牙的安布罗西尼一带定居了下来。随后他们借助西罗马帝国内乱之机,夺取了利比亚地区,并以迦太基为中心建起了汪达尔王国。5世纪中期,西罗马帝国再次发生内乱,汪达尔人乘机介入,竟洗劫了罗马城,从皇宫中劫走大量金银财宝。此后他们实力逐渐强盛起来,开始频频从海上劫掠罗马帝国的东西二部。

汪达尔王国第5代王希尔德里克与查士丁尼年轻时关系不错,他登上王位后,拜汪双方实现了和平。但希尔德里克的和平政策不合日耳曼民族的好战本性,因此他很快就被汪达尔贵族废掉并囚禁起来,贵族们推选了另一个名叫盖里摩尔的人为王。查士丁尼以此为借口,打算一举征服这个海盗王国。

不过,此时拜占庭的防御重点还是波斯方向,因而分配给贝利撒留的兵力并不多,只有15 000人,还几乎都是不甚可靠的蛮族士兵。但贝利撒留向来把不可能完成的任务当作挑战,他还是轻松自在地出发了。一路上风浪大作,拜占庭船只连连遇险。除此之外,拜军在后勤方面很不顺利,所携带的食物和水都变质了,有500余人因吃了发霉的面包而丧命。

又饥又渴的拜占庭士兵一登陆就到处"征发"食物,此时贝利撒留再次展现了一位优秀将领的魄力:他冒着引发兵变的危险处罚了违纪的士兵,还用一场出色的演说来劝服了部下。此后东罗马军队一路秋毫无犯,原本就是罗马属民的利比亚人对此很满意,拜占庭人顺顺当当地拿下了好几座城市。

在贝利撒留到来之前,的黎波里和撒丁尼亚先后爆发了叛乱,盖里摩尔将主力交给弟弟察宗前去平叛,所以此时他手中的兵力并不是很多。但他听说贝利撒留到来后,还是下令处死了希尔德里克,随后亲自率军迎击拜占庭人。

盖里摩尔是汪达尔人中著名的勇士,他也因此得以被拥立为王,可他勇则勇矣,在带兵打仗上却一点也不擅长。他把规模本就不大的汪达尔军队分为三支:他自己从后路袭击拜占庭军,侄儿吉巴芒杜斯包抄敌人左翼,弟弟阿玛塔斯则从迦太基出发,在贝利撒留前方的德西莫姆设伏,三路一起包东罗马人的饺子。

计划看起来很不错,可惜盖里摩尔忽略了一点:分进合击战术对军队的军事素质能力要求不低,而这些正是缺乏训练的汪达尔军队所不具备的。再加上古代缺乏发报机等即时通信设施,因此三支汪达尔军队在协作上很快出了问题,阿玛塔斯急于求成,比预定时间提前很多就到达了预定位置,在这里,他遭遇了拜占庭副将约翰所统辖的前锋部队。而此时盖里摩尔带领的汪达尔军主力离战场还远着呢。

阿玛塔斯如果能耐心等到另两支友军赶到,那北非战役或许就是另一个结局。可惜他却和他哥哥一样,是个有勇无谋的莽夫,他见拜军人数不多,顾不上休息就打算吃掉他们。这可打错了算盘,约翰属下虽然只有区区300名骑兵,却全都是从贝利撒留的私人卫队里挑出来的甲具骑兵,无论在战斗力和装备上都远远强于汪达尔人。尽管阿玛塔斯展现了与他的自负相称的勇气:一人就击杀了12名拜占庭骑士,无奈他的手下根本不是拜军的对手,很快就被打散。阿玛塔斯双拳难敌多手,当场阵亡,他一死,剩下的汪达尔人只好拼命地逃,他们逃得也太拼命了些,汪达尔后军一看,以为是拜占庭大军杀到,也跟着跑起来。约翰领军追击,一直追到了迦太基城下。由于汪达尔太祖盖塞里克在攻占利比亚后,自作聪明地把所有城市的城墙都予以拆毁以免罗马军队来攻时利用它们。约翰的小部队竟轻而易举地就占领了迦太基。从德西莫姆到迦太基的路上,布满了汪达尔人的尸体。

这里插个话,将领拥有私人卫队是晚期罗马帝国的一大特色。这些亲兵只听从主人的命令,实际等于一支独立的武装力量,成了拜占庭政局的不稳定因素。但他们都是百里挑一的勇士,装备更是拜军中最精良的,因而在将领忠于帝国的前提下,私人卫队算是拜军的头号王牌。阿玛塔斯自负勇武,只带了本就不多的所部的前军就去挑战,无异于以卵击石。

阿玛塔斯完蛋了,吉巴芒杜斯那一路也倒了大霉:谨慎的贝利撒留在打发约翰为前锋时,又派出军团的马萨格泰籍(中亚游牧民族一支,曾斩下波斯大帝居鲁士的首级)雇佣军紧随其后接应。吉巴芒杜斯离德西莫姆战场还有40斯塔德(1斯塔德约为0.2公里)远时,与这支马萨格泰骑兵迎头相撞。吉巴芒杜斯走的这条路荒无人烟,且毫无水源,他的部下又渴又疲,无力作战。当一名马萨格泰勇士单枪匹马来到他们面前叫阵的时候,竟无一人敢出击。马萨格泰人看出了他们的虚弱,立即发动全面攻击,汪达尔人招架不住,阵型大乱,几乎毫无抵抗就被全歼了。

三支汪达尔军已有两支被消灭,但无论是盖里摩尔还是贝利撒留都并不知情。贝利撒留为持重起见,将军团的所有步兵和家属留在离德西莫姆35斯塔德远的一座军营里,打算利用其余的骑兵先发起一次试探性攻击。这时盖里摩尔的那支部队也已赶到德西莫姆,由于他们抢先占领了制高点,因此击败了拜军的前锋。这次轮到罗马人落荒而逃了,连贝利撒留的私人卫队也不例外。

这下盖里摩尔完全掌握了战场的主动权,正如历史学家普罗科比指出的那样,如果他乘胜追击东罗马败军,则连贝利撒留也难以抵挡。

他也可以转身进攻迦太基,约翰只有300骑,而且三三两两地游荡在来时的路上搜刮汪达尔士兵的尸体,盖里摩尔可以很轻松地消灭他们,为阿玛塔尔报仇。不仅如此,此时所有的罗马军舰都停泊在离迦太基200斯塔德远的海面上,一旦盖里摩尔夺回迦太基,他就能立刻组织海军,歼灭敌方舰队,如此贝利撒留军团的退路就会被彻底切断,那他只能活活困死在这里。

然而盖里摩尔并没有好好利用他的优势,而是将时间浪费在哀悼和埋葬他弟弟上。贝利撒留乘机重整了军队,他得知约翰已经夺下迦太基城后,立即率领全军朝德西莫姆进攻,以牵制盖里摩尔。汪达尔人还在对着同胞们的尸体掉眼泪,哪曾料到这些手下败将这么快又杀回来了,顿时军心大乱,于是拜占庭人反败为胜,溃不成军的盖里摩尔向努米比亚逃去。一个妇人之仁,一个当机立断,同为统帅,两人的表现可谓天壤之别。

贝利撒留进入迦太基城后,一面安抚民心,约束部下,一面抓紧时间重修城墙。而盖里摩尔也没闲着,他把远征撒丁尼亚的察宗给叫了回来,还试图拉拢努米比亚的摩尔部落作为同盟,但收效甚微。于是他另想出了一个恶毒的点子:众所周知,罗马军团的蛮族雇佣军的忠诚度很成问题,盖里摩尔私下致信马萨格泰人,许以重金,要他在开战时袭击贝利撒留的后方。这一招被贝利撒留发觉,于是拜占庭人也拼命安抚马萨格泰人。马萨格泰酋长考虑了一番后,决定先看看再说,到时候哪一方得势,他们就倒向哪一方。

在内部不稳且兵力仍处劣势(此时察宗已经与盖里摩尔会合)的情况下,贝利撒留还是把军队带到了里迦太基150斯塔德远的特里卡马龙下寨。当晚,几名东罗马士兵的长矛矛尖突然如灯泡一般闪闪发光,把整座军营都照亮了。这种事在中国也发生过,金国元年(公元1115年),辽金决战前夕,辽军军器帐于深夜大放光芒,群马长嘶,佞臣张琳以"火出兵刃,破贼吉兆"一言,哄得辽天祚帝眉开眼笑,结果在随后的护步达冈之战中,辽军大败,主力尽丧。辽国不久也被金国所灭,看来这很有可能是大凶之兆。

当然,护步达冈之战距贝利撒留时代尚有半个世纪之久,东罗马人不可能知道这个典故。但这在当时也引起了好一阵恐慌,所有人在胆战心惊中过了一夜。

第二天,挂着黑眼圈的拜占庭军队在贝利撒留的带领下走出军营,来到一座无名小溪边。汪达尔人早就在另一头摆好了阵势:察宗刚在撒丁尼亚得胜而归,盖里摩尔相信他的实力,因而只在左右两翼各留了千把人,而将全部主力交由坐镇中军的弟弟统带。在汪达尔人的阵列背后,还有追随盖里摩尔而来的一批摩尔人。

吃过几次败仗后,盖里摩尔知道己方骑兵和拜占庭人实力相差很大,因而决定不再主动进攻,这从他对部下下达的指令就可以看出来:所有人不许用长矛,只能用刀杀敌。看来盖里摩尔觉得那条小溪可以有效削弱拜占庭骑兵的冲击力。

汪达尔国王又错了,此时已是午后,正是拜占庭人的吃饭时间。如果盖里摩尔这时进攻的话,拜占庭人还饿着肚子,战斗力肯定要打折扣的。但汪达尔人不动,拜占庭人自然不会傻到轻动,战场一时出现了死一般的沉寂。

不过从达拉之战可以看得出来,真正的拜占庭勇士即使未进水米也是敢于厮杀的。拜军左右翼都是蛮族骑兵,并未动弹。但中军为贝利撒留本人和约翰带领的私人卫队,强悍无比。约翰在贝利撒留的示意下,只带了几名卫队成员就渡过小溪攻击敌人,他们的目标,竟然是敌军实力最强的中军,真不愧是拜占庭骑兵的精锐。

然而再好汉也架不住人多,在汪达尔人的围攻下,拜军的第一波进攻以失败告终。一心主守的盖里摩尔并没有过溪追击(还在犯错)。约翰组织了更多人员,再度强攻,察宗却也不是吃素的主,第二次击退了罗马人。约翰毫不气馁,干脆将中军骑兵和使长枪的步兵全部集结起来,挥舞着贝利撒留的帅旗,三攻敌军,而这一次他还是选择了察宗所部。

勇敢和鲁莽,差距往往就在一线之间,在同一个地方一再摔倒却仍不放弃,如果最终成功,那就是勇敢精神,如果失败,那只能是鲁莽。比起没胆子的盖里摩尔,命运之神显然更欣赏约翰的勇气,在震天的喊杀声中,汪达尔人在兵器上的劣势终于暴露出来(他们手持萨克斯战刀,而东罗马人用的全是长枪,肉搏上占尽先机),许多汪达尔贵族战死,这其中就包括汪达尔中军统帅察宗。

正在观战的贝利撒留见约翰一时得势,立即下令全军出动,无数队拜占庭骑兵顺着骑手的指引,踏着飞溅的水花,像一道道楔子一般钉入约翰在敌军中撕开的口子里去。损失惨重的汪达尔中军首先阵脚大乱,很快就变成了全军大溃败。原先单独在一边列阵的马萨格泰人见状,立马加入了追击的大军中。汪达尔人一直被追进了军营,闭门自守,在战场上留下了密密麻麻的尸体。东罗马军队几乎都是骑兵,不适于强攻带有防御工事的军营,便停下脚来,在战场上大肆搜刮战利品。

其实盖里摩尔的损失并不大,仅有 800 多人战死,但察宗的阵亡已经让他最后一点胆量也荡然无存了。黄昏时分,拜占庭步兵开到,贝利撒留发动了对汪达尔军营的攻击。中午时分还在激励部下拿出全部勇气作战的盖里摩尔一句话也没说,头一个跳上马逃走。汪达尔士兵紧跟着也丢下家属和辎重逃走了。北非曾是罗马帝国最富庶的一个省份,汪达尔人统治多年,聚敛了大批财物,如今汪达尔军营内留下的金银财宝之多,是可想而知了。东罗马官兵多为蛮族出身,见到这些黄白之物早昏了头,根本顾不上追击敌军,就在汪达尔军营内疯狂劫掠了起来,贝利撒留连声呵斥,却哪里禁止得住。

此时拜占庭军已经完全不成队列了,蛮族士兵抢上了瘾,竟三三两两追出军营,杀死落单的汪达尔人,然后在他们身上搜索。整整一个晚上,财迷心窍的拜占庭士兵漫山遍野,四处游荡,贝利撒留对此束手无策。如果盖里摩尔还有那么一点国王的尊严的话,他完全可以收拢残军,来个绝地反击,那整个战局就完全扭转过来了。可这位昔日的汪达尔第一勇士已然胆碎,脑子里只有一个想法:跑!哪还有勇气回身再战。

幸运度过了混乱之夜的贝利撒留命约翰率军追捕,约翰衣不解甲连追 5 天 5 夜,几乎追及盖里摩尔。不过老天大概看这位爷输得太惨,心生怜悯,安排一个喝多了的卫队士兵误杀了约翰,末代汪达尔国王这才得以逃入努米比亚边界的巴布亚山中。不久因为断粮,只得下山投降。查士丁尼对他还算仁慈,不但保全了他的性命,还赏给他一块封地。

汪达尔王国灭亡了,利比亚重新变成了东罗马的行省,当年盖塞里克从罗马皇宫劫得的宝物也尽数运回了拜占庭。对此,贝利撒留可以说是居功至伟,是他对拜占庭骑兵的出色调度成就了这一伟大胜利,难怪随军出征的普罗科比也用赞叹语言写道:"那些似乎不可理喻的事情却真的实现了,还有许多过去根本不可能发生的事情也出现了,就成了奇迹……其(汪达尔)王国的财富和力量都达到了顶峰,却又在很短的时间内灰飞烟灭,而且是被 5 000 名无处泊船的入侵者毁灭的。这 5 000人就是贝利撒留带来的骑兵,在整个战争中都没有增派援军……"竟将步兵完全排除在功劳之外。

征服了北非只是雄心壮志的查士丁尼的古罗马帝国重建计划的一部分,下一步,他要收复意大利。

罗 马 之 围

意大利当时正是东哥特人的地盘,他们在意大利建立王国的那些事在日耳曼一章已有简述,其实是奉拜占庭皇帝之命前去"光复"的。

奉命归奉命,东哥特人可不真是拜占庭人的家奴,"讨平"了意大利后,就把那变成自个的家了。东罗马帝国也没打算把龙兴之地留给蛮子长住,只是暂时无力拿回来而已,这份功业就留给了查士丁尼,实力他是有了,现在还差个借口。

公元526年,东哥特国王狄奥多里克突然去世,没有子嗣,孙子阿塔拉里克年纪尚幼,暂由母后阿玛拉松塔摄政。阿玛拉松塔本人极为推崇罗马文化,和拜占庭走得也很近,贝利撒留远征北非的时候,她还提供过支持,这激起了哥特贵族的不满。公元534年,阿塔拉里克暴卒,贵族们迎立狄奥多里克的外甥赛奥达图斯为王,将阿玛拉松塔囚禁于一座岛上,后又杀死了她。

期待已久的借口来了,查士丁尼兴奋不已,他一面派人谴责赛奥达图斯,一面命令贝利撒留和猛将蒙顿兵分两路入侵意大利。赛奥达图斯的继位方式和盖里摩尔如出一辙,却远没有盖里摩尔的勇气,一听拜军来攻,吓得赶紧和查士丁尼缔结了割地赔款的和约。看来贝利撒留要无功而返了。

然而,天注定了老贝同志这次要在意大利青史留名,蒙顿一军的斥候部队在达尔马提亚的萨洛尼斯遭到哥特军队的袭击,蒙顿之子战死,蒙顿悲愤之余,擅自率军出战,虽然得胜,但他报仇心切,独自深入敌军之中,结果遭到了和儿子一样的命运。拜军只得退守萨洛尼斯。赛奥达图斯一听到这个消息,胆子一下大了起来,不但拒绝履行先前的承诺,还打算软禁拜占庭使者,这下两国之间的战争不可避免了。

《新宿事件》中,一向喜欢耍狠的黑老大阿杰在临死之前才明白,自己其实是个懦夫。赛奥达图斯也是如此,被激怒了的查士丁尼向东哥特增兵,并很快占领了整个达尔马提亚和利布尼亚,与此同时贝利撒留也攻克了坚城那不勒斯。赛奥达图斯的脓包本质一下又暴露了,竟不敢发兵还击近在咫尺的拜占庭军。哥特贵族毫不犹豫地抛弃了他,另选了一个叫维提却斯的勇士为王。赛奥达图斯逃往拉文纳,半路上被维提却斯的人抓住杀死,这个小丑的短暂演出就此结束。

赛奥达图斯死后,整个意大利除了西西里外就全是维提却斯的囊中之物了,但他觉得自己的准备还不够充分,只在罗马留下很少的部队,本人则率领主力前往拉文纳招兵买马,同时试图与占据高卢的法兰克人结为同盟。

其实贝利撒留麾下仅有不到 5 000 人(大概他的威名太高,皇帝对他不放心?),还要在已降服的城市留下守备力量,维提却斯这一走,等于是把意大利大片土地拱手送给了他。贝利撒留加紧行军,罗马、纳尼亚、斯波莱提厄姆、佩鲁西亚等城市很快落入其手。

当维提却斯从意大利人口中得知贝利撒留的部队很少时,对自己先前的选择后悔不迭。他立刻带领已经大大加强了的军队朝罗马进军,据说达 15 万之多,这个数字可能有所夸张。但哥特军队的规模无疑极其庞大,以至于贝利撒留派驻在台伯河上的一座桥上的守军看到后吓得直接逃走了。

第二天维提却斯摧毁了桥上的工事，下令全军过河。而此时贝利撒留还不知道桥已经被占领，正率领一支骑兵打算前往河对岸挑选野外驻地，双方陡然相遇。就这样，贝利撒留被迫在毫无准备的情况下与敌军交手。

此时虽然只有一部分哥特骑兵过来了，但贝利撒留也只是来侦察地形的，因此仅带了1 000来人，在实力上远处于下风。贝利撒留为了鼓舞将士们，毅然离开右翼的指挥位置，与士兵们一起在前线作战。这个做法几乎给他带来了灭顶之灾。贝利撒留骑着的是一种叫"白脸"的军马：全身深灰色，而头顶到鼻孔却是清一色的白毛，在万军之中十分显眼。一些逃到哥特军中的罗马蛮族士兵认出了他的坐骑，大喊："射击那只白脸马，快！"这一下，这位将军可就成了整个战场的焦点，所有哥特人都丢下自己的对手，不顾一切地朝贝利撒留冲杀过去。每一支投枪掷出，目标是贝利撒留；每一根长矛刺出，目标是贝利撒留；每一把剑砍下，目标还是贝利撒留。有一名叫维桑杜斯的哥特猛男，全身受伤13处还猛攻不休，最后因失血过多而倒下。拜占庭主将的身边简直是险象环生，幸而贝将军武艺精湛，前捅后刺，杀敌累累，而他的卫队和枪兵也拼了命一样地保护他。在付出了极大的牺牲后，才算击退了敌人。

哥特人虽退，危险却并未解除。更多的哥特人已经涌过河来，另一支哥特骑兵很快赶来增援。东罗马人赶紧以最快的速度撤到附近的一座小山上，开始居高临下地战斗。敌人越聚越多，贝利撒留只得边打边退，当他们好不容易撤退到了罗马城下的时候，卫兵却拒绝打开城门放他们进来，因为哥特人就紧紧跟在他们后面。侍卫们高呼："贝利撒留将军在这里，你们要害死他吗？"城上人却回答："别骗人了，将军不是早就战死了吗？"直把老贝气得差点没昏过去。

不过这也不能怪守军，因为当时日头已西斜，光线昏暗。加之贝利撒留历经恶战，全身上下都沾满了鲜血和灰尘，不要说从城头上看，就算站在守军面前，只怕也未必认得出来。

卫兵拒不开门，慌作一团的东罗马士兵跳下壕沟，挤在一起，而气势汹汹的蛮族人越追越紧，眼看一场悲剧就要上演。贝利撒留急中生智，高举手中剑，命令士兵们整理好队伍，重新上马，和他一起反攻敌人。

反攻敌人？贝利撒留是想送死吗？恰恰相反,此时夜幕已经降临,哥特人根本认不出向他们杀来的就是先前那支被他们追赶的狼狈不堪的拜占庭军。因为按照他们的惯性思维:那支拜军人数太少,早就该逃命去了,哪还敢主动进攻呢？现在突然杀出来这么一支士气高昂的敌军,那肯定是城里出来的援军了。弟兄们,敌人援军来了,跑啊!

哥特人争先恐后地逃走,贝利撒留赶紧勒马不追,贴身的衬垫早已被冷汗浸湿了。置之死地而后生,这句话真的很有道理啊。

贝利撒留虽侥幸逃得一命,但台伯河阵地已失,哥特大军把罗马城围了个水泄不通,他们切断了城外的水源,还利用如木塔和攻城锥等大量机械,猛攻不止。但贝利撒留调度有方,哥特人的每一次进犯都被击退了。

数十天后,东罗马援军1 600人赶到,但却被阻隔在城外,贝利撒留闻讯,决定主动出战,打击一下哥特人。侍卫图拉真率领200名轻骑兵,组成了第一波打击力量。

200人会不会太少了点？是少,但兵力少,指挥起来也更方便。此外,贝利撒留敢于用这么一点人马出击,是因为他认准了哥特人的一大劣势:不善射箭。

笔者在前面已经提到过,日耳曼人有弓箭手,但却没有弓骑兵(见《日耳曼骑兵》篇),哥特人也不例外。而拜占庭轻骑兵中却不乏一流的骑射手(这在"装备"一节也介绍过),这样双方以弓箭对射的时候,拜占庭人就占据了机动力上的绝对优势。

事实正如贝利撒留所料,图拉真的人马刚登上事先挑选好的一座小山,就被哥特人团团包围,然而没有一个哥特人能冲上山去,因为这支小队伍并非一般的骑射手,而是装备了一种秘密武器:片箭。

片箭,英文名为 Solenarion,一般认为是一种简装的弩,但从外形上来看更像是弓。与弓不同的是,它带有一个长度类似于普通箭支的木槽,使用时将箭放在木槽中,利用木槽的引导来调整箭支射出的方向。

片箭所用的箭支值得一提,有人认为并非普通意义上的箭,而是一种 15 厘米长、尾部装有 2 片叶片形翼的飞镖。由于其重量比一般的箭要轻得多,因而发射速度也要快得多,甚至达到肉眼无法捕捉的程度,破甲能力也更强。由于片箭的射速快,箭雨也密集,再加上敌人人数太多,因而东罗马骑士射出的大多数镖形箭都命中了目标,把哥特人打得晕头转向。当箭矢用完后,图拉真和伙伴们乘敌人还没反应过来,撒腿就冲下了山,哥特人紧追不舍,然而步弓手怎么追得上骑兵,很快他们就被甩开了一段距离。图拉真等人顺利进城后好一会儿,哥特追兵才赶到,结果又被城墙上的守军用守城弩好好招呼了一顿,只好丢下一堆尸体撤走。

这次远程攻击战术取得了杀敌 1 000、己方几乎无损的优秀战果,贝利撒留非常高兴,几天后他又接连两次使用这一战术,均告成功,哥特人折兵 4 000 余人。

维提却斯火了,你罗马人会用小部队骚扰,我哥特人不会?他也如法炮制,派了 500 骑兵前往高地叫阵,但他忘了,拜占庭骑兵会的,哥特骑兵未必会。拜占庭将军贝萨以 1 000 人出战,他采取包抄战术,用轻骑兵迂回敌后,不断射杀哥特人,而后者却无法回击,只得放弃高地,撤退到平原上。贝萨下令收起片箭,以长矛和剑发动突击,哥特骑兵的素质和东罗马骑兵相比实在差得多,以多对少尚且不敌,何况以少对多?很快被歼大半。3 天后维提却斯打算再试一次,结果又结结实实撞了回南墙,突袭部队几乎全军覆没。啥叫画虎不成反类犬?这就叫画虎不成反类犬。

哥特人连连吃瘪,援军也乘他们和罗马守军纠结不清之际进入了城内。拜占庭人士气大振,一致要求贝利撒留来次正面大对决。贝利撒留起先拒绝,后来实在拗不过大家,只得答应。起先东罗马军依靠箭术上的优势,不断推进,但哥特人发现自己已经被赶到退无可退的境地的时候,立刻不顾性命地朝敌人包抄过去。此时拜占庭人在数量上的劣势立刻暴露出来,被打得大败而回。贝利撒留翻翻历史,自己在卡利奈孔也是这样败的,看来众人拾柴火焰高也未必是好事,火势太旺了,可能连自己也烧了。

吃了一次败仗，贝利撒留改变了策略，他不再以主力出战，而是继续使用前面提到的办法不断骚扰敌人。据普罗科比记载，罗马被围期间共发生了60多次这样的战斗，每一次东罗马人都取得了胜利。胆略过人的贝利撒留还不断派出小股部队，切断了维提却斯的补给线，哥特人很快陷入了粮食危机，由于他们人数众多，因此这一威胁显得格外严重。

罗马被围1年后，第二支援军方才赶到，他们加起来也只有5600来人。贝利撒留担心他们在半路上会遭到优势哥特军队的攻击，因此他又组织了一次大胆的主动出击。

罗马城墙上总共有14个大门，其中平西恩门由贝利撒留亲自镇守。由于罗马城太大，贝利撒留在兵力分配上捉襟见肘，只好把一些城门用石头堵上，平西恩门左侧的弗拉明尼安门就是如此。哥特人的一个军营驻扎在这座城门的附近，但这段城墙上没有守军，他们也就没有留意，而集中精力攻打平西恩门。深夜时分，贝利撒留乘哥特人全部睡下的时候，悄悄拆除了堵门的石块，将守军主力集中于此处，但并未出击，而是挑选出1 000名轻骑兵，交由图拉真和另一个侍卫带领，吩咐他们绕道平西恩门，从正面偷袭哥特人的营地。

熟睡中的哥特人很快被惊醒，全都冲了出来，图拉真一边用片箭攻击，一边朝平西恩门退去，被打扰了清梦的哥特人怒火中烧，在后面紧追不舍。

眼看敌军就要追到平西恩门，贝利撒留突然下令打开弗拉明尼安门，而后全力射击哥特军队的背后。这座城门在1年来的时间内从未打开过，哥特人根本没料到会从那里杀出一彪人马来，在毫无防备下纷纷被射倒。此时图拉真也回转过身来，全速攻击敌人。哥特军队被夹在两支东罗马骑兵之中，遭到无情的屠杀，大多阵亡，只有一小半人逃回了军营。这些人害怕拜占庭军乘虚来攻，遂将大门紧紧关闭，再也不敢踏出去一步。援军就这样顺顺当当地开进了城内。

贝利撒留得到的不仅是几千援兵而已，援军带来大批粮食，令城内的食物供应问题大为缓解。这让维提却斯感到绝望，在最后几次偷袭未果后，他烧毁了营帐，撤向拉文纳。贝利撒留开城追击，在自己差点遇难的那座桥上痛歼了哥特人的后队,算是报了仇。古城罗马被围困了 374 个日夜后,终于重获自由。

贝利撒留不愧为传世名将,局面甫一缓和就积极组织反击,他一面继续掐死了维提却斯的后勤线,一面兵分多路到处出击。米兰、乌尔比努斯、乌尔维文图斯、奥克西姆等城市和要塞一一被攻陷,而维提却斯却因断粮及对贝利撒留的恐惧,只能眼睁睁地看着这些要地落到拜占庭人手里。最后他听说贝利撒留要朝拉文纳进军的时候,觉得自己再也撑不下去了,便决定举众归降,但哥特人附加了一个条件:贝利撒留必须做他们的国王。这简直就是在挑拨贝利撒留和查士丁尼的关系。

此时国内有些人在查士丁尼面前进谗言,诋毁贝利撒留。皇帝也因与波斯的战争重新爆发(这是维提却斯的诡计)而急于将爱将召回。贝利撒留为尽快解决哥特问题,假装答应了对方的条件,随后他却迅速带着维提却斯等哥特贵族回到了拜占庭,用实际行动表明了对皇上的耿耿忠心。

二 打意大利

其实哥特人并不愿意做查士丁尼的臣民,他们服的只是贝利撒留而已,一见后者背弃诺言,立刻推选了一个叫伊尔迪巴杜斯的人为王,复叛拜占庭。伊尔迪巴杜斯后被族人杀死,继任者没过多久也被杀害。最后,伊尔迪巴杜斯的侄儿托提拉成了哥特人的新国王。

相比才智平庸的盖里摩尔和维提却斯,托提拉可谓是哥特人的一代人杰。他智勇双全,善会用计,而他的行事风格也不像其他哥特人那么野蛮,而是宽厚仁慈式的。托提拉每攻下一处,对居民均能好言安抚,不伤无辜。至于拜占庭战俘,愿意加入者欢迎,不愿者不但不加伤害,还给予路费任其离去。他又废除了当地地主的苛捐杂税,用轻得多的公民税代替。相比之下,驻守意大利的东罗马军队在失去贝利撒留的约束后,变得军纪败坏起来。由于查士丁尼拖欠大笔军饷,愤怒的士兵们不但拒绝与哥特人作战,还四处三光。在这种情况下,当地人心一边倒地倒向托提拉一边,哥特大军势如破竹,很快攻占了大半个意大利,罗马岌岌可危。

讨伐托提拉的拜占庭军队连战连败,查士丁尼无奈,只得再次祭出贝利撒留。由于与波斯战事正酣,贝将军只能临时招募了4 000新兵出征,这点人马他还要分几路支援各地,因而哪也没救成,不久,罗马也陷落了。

拜占庭将领约翰在阿普利亚抗击哥特人,托提拉率全部主力去对付约翰,贝利撒留乘机占领罗马。托提拉也和维提却斯一样懊恼不已,回师攻打罗马,但被贝利撒留多次击退后,他改变了主意,解围而去。

由于波斯战线吃紧,贝利撒留被查士丁尼召回国内,他一走,意大利再无人能制约托提拉。哥特人的马蹄撒得更欢,罗西亚尼等许多要塞被攻克,公元549年,靠着几个叛变的拜军士兵做内应,托提拉再陷罗马。旋即南下洗劫西西里,意大利战场全面崩坏。

沧海横流方显英雄本色,托提拉眼看就要重建哥特王国之际,英雄出现,掐灭了他的企图。这个英雄,叫纳尔西斯。

纳尔西斯不是东罗马人,是亚美尼亚人,东罗马军队经过亚美尼亚时,他主动投军。滑稽的是,大将没做成,倒当了太监。不过拜占庭素来有太监领军的传统,纳尔西斯在镇压君士坦丁堡的"尼卡"起义中立下大功,得到查士丁尼的宠信,这次实在没人可派了,干脆让他当了总司令。

纳尔西斯身残,脑却不残,眼见之前贝利撒留因兵力不足,无力对抗托提拉。于是先和皇帝说了一大通韩信点兵多多益善的道理,靠着查士丁尼平日的恩宠,纳尔西斯最后得以统率拜占庭国内所能抽到的全部精兵强将踏上征程。

与贝利撒留合称为查士丁尼时代双星的纳尔西斯在战略上确有过人之处,他也懂得顿兵坚城乃是下策,尽管兵力雄厚,他却对沿途的哥特人要塞看也不看一眼,直奔罗马而去。

此时托提拉也已回到罗马,他一面召回还在别处的部下,一面打算截击拜军。双方在亚平宁山脉下的一座叫塔吉奈的村庄相遇。当地人说,当年罗马将军卡米鲁斯就是在这里全歼高卢人的,这个传说虽属子虚乌有。但今天,这座宁静的小村庄就要见证东罗马军队和哥特军队之间的一场大决战。

在排兵布阵上,纳尔西斯也颇有创新,他将指挥所从右翼调整到了左翼,所有精锐部队,包括私人卫队、匈奴骑兵等也都移到了这里,此外,他还在左翼突出部位安排了1 500名骑兵,其中500人作为预备队,在战局不利时出击,另1 000人则在开打时迂回敌后。其余的东罗马军队则安排在右翼,纳尔西斯知道日耳曼雇佣军(如伦巴第人、埃吕利人等)的最大缺点就是喜欢带头逃跑,为此他不仅将他们部署在中军,还命令他们全部下马作战。

此外,在左右两翼的后部,各列有4 000名下马骑兵,这些人都是出色的弓箭手,至于为什么让他们下马作战,读下去你就知道了。

托提拉从未见过这种拜占庭军阵,一时想不出应对的好点子,只好也摆出一样的方阵。由于还有2 000名哥特骑兵没赶到,因此他一直按兵不动。只让手下一名骑兵出马叫阵,纳尔西斯的一名侍卫应战。他在哥特人即将冲到自己面前的时候侧身一让,而后举枪捅进了来不及勒马的敌人的小腹侧面,赢下了一阵。

午时,托提拉的骑兵终于赶到,哥特王立刻下令进攻。而纳尔西斯也料到了他这招,只准士兵在不解甲不坐下的时候随便吃点东西,这样拜军既不至于阵脚混乱,也不至于饿肚子应战。托提拉见偷袭不成,于是下令全力攻击东罗马军阵的最薄弱部位——中军。哥特大军在进攻时又恢复了传统的作战阵型:步兵在后,骑兵在前。面对哥特骑兵的长矛阵冲击,本就不擅步战的伦巴第人和埃吕利人似乎吓破了胆,开始缓缓后退。

哪知这正是纳尔西斯预先安排好的计划,当托提拉攻向拜军中央时,他当即下令左右两翼的下马骑兵快步向前推进。由于步行和骑行之间存在着一定的速度差距,这就构成了一个时间差,当拜军中军在哥特军的压力下形成了一个凹进去的半圆形的时候,8 000名拜占庭弓骑兵却向中央收缩,组成了两个月牙形,这样整个拜占庭军阵就变成了一个新月形,或者更确切地说,变成了一个口袋阵。哥特军队完全陷进了

"袋口"里。后果是,他们的左右两翼都遭到了如同急雨一般的片箭的射击,在尚未交战的时候就蒙受了惨重损失。即便如此,哥特骑兵在托提拉的激励下,前赴后继,渐渐杀到了拜军中军阵前。这时伦巴第人和埃吕利人不逃了,开始奋勇抵抗敌军。

战斗一直持续到了傍晚,此时原先安排在拜军左前方的那支骑兵突然杀了出来,迂回到哥特军背后,口袋阵瞬间合围。力战了一天,死伤无数的哥特骑兵见势彻底放弃了战斗,仓促地转身逃跑。此时在骑兵背后的步兵正举着盾牌挡箭,根本无法移动,遂遭到己方败军的无情践踏,原先制订好的步骑协同作战方案也就此破产。托提拉亲自上前督战,但仍无力阻止部队的溃退。此时拜占庭骑兵的箭雨更加密集,一支盲目射来的镖形箭穿透了托提拉的铠甲。哥特王疼痛难忍,只得与随从们一起逃离战场,他一走,哥特军队更像雪崩一样完蛋了。

是役,哥特人损失6 000人,被俘的人更多。托提拉受的箭伤是致命的,逃到后方后不久他就死去了,随着他的死,哥特王国也随之瓦解。尽管他的部将泰伊阿斯率领残部继续斗争,却无力挽回败局,没多久,泰伊阿斯也在一场战斗中被纳尔西斯击毙。剩下的哥特贵族认为这是天意,举族投降,哥特战争到此结束。

收复了意大利的同时,拜占庭军队挺进西班牙,征服了伊比利亚半岛的东南沿海地区,地中海又成了罗马帝国的内海,查士丁尼时代的拜占庭疆域至此达到极盛。不过这一状况并未持久。565年,查士丁尼和贝利撒留双双病逝,波斯军队乘机从东面来袭,阿瓦尔人和斯拉夫人入侵多瑙河沿线,西班牙被西哥特人夺回,意大利大部也被伦巴第人攻占,北非也动乱不断。查士丁尼费尽苦心构建的大帝国蓝图就此支离破碎了。

中期的拜占庭骑兵

按照传统的说法,4到8世纪为拜占庭早期,则9到11世纪为中期,也是帝国的鼎盛时代。而骑兵此时已是拜占庭军队的绝对支柱,特别是到了马其顿王朝时期,军中步骑比例达到惊人的1比1。

按9、10世纪之交利奥六世编著的《战术》和10世纪尼基弗鲁斯二世编著的《论军事》记载,骑兵大概可以分成三类:全身甲骑兵(Kataphraktos,即超重装,或译圣骑兵、铁甲圣骑兵、甲胄骑兵等)、装甲骑兵和突骑兵。

装甲骑兵占拜占庭骑兵的绝大多数,按照《论军事》的说法,这种骑兵部队分为枪骑兵和弓骑兵。枪骑兵所使用的长枪用山茱萸木和白蜡木制成,长约4到6米,枪头装有铁环,环上系着一面三角形小旗,不同部队所带的小旗颜色不一,用以区分,作战时小旗将被取下以免干扰视线。部分骑兵可能同时配有两杆长枪。

除了长枪外,枪骑兵还配有剑、马刀、匕首、斧、骨朵之类的副武器,剑为长90多厘米的直刃(双刃)长剑。剑刃较厚,中央开有血槽。护手为十字形,护手以下装有一个2~3厘米的套状护把。

马刀叫"帕拉蒙埃",是一种单刃腰刀,刀身微微弯曲,它与骑剑一起被认为是拜占庭骑兵必须装备的兵器。

匕首叫"阿息纳西斯",这是个很波斯化的名字,事实上它也确实是一种波斯风格的兵器。其标准长度为35到45厘米,双刃。特点是柄很长,几乎达到刀刃的三分之二。

斧为半月形,有单刃和双刃两种。斧和骨朵的破甲威力十分强大,足以劈开一顶钢盔。

枪骑兵的护具有一面长盾,一件链甲衣或配护肩、甲裙的札甲,在某些时代还会穿两层刚性护具(链甲衣+札甲胸甲)以及一顶头盔。链甲衣的基本结构是为一个直径为8~9毫米的锁环套着另外4个铆接起来的锁环。及膝,袖子长达腕部,配有带搭扣的皮质背带和风兜式兜帽。札甲的质地有铁、铜、皮甚至角质。甲片为矩形,彼此间用皮带至下往上叠加,袖子很短或干脆没有,下摆只到腰部。有些禁卫军所穿的札甲表面是镀金的。10世纪末到11世纪时,一种将甲片并排固定于牛皮衬里的新式札甲出现并定型。所配护肩为棉质或木质的悬挂条。

头盔的形制变化不大,仍是尖顶星形盔,系有盔带,内衬一件厚厚的毡布制成的帽子。枪骑兵的头盔一般配有护颈:亚麻布或棉布制成的镶边,覆有鳞甲、锁环。盾为椭圆形或风筝形,长约 90 到 120 厘米。不同部队所使用的盾牌颜色各异。

弓骑兵的弓为复合弓,射程可达 130～135 厘米,每名弓骑兵箭袋内装有 40～50 支箭,有时还可以从后勤部门额外领到 50 支箭。射法是地中海式和蒙古式兼用。

弓骑兵同时配有剑、马刀之类较轻的副武器以及盾牌,其刚性躯干护具可能仅有一件札甲胸甲或链甲衣,内侧带一件长到大腿的填充软甲。查士丁尼时代拜占庭人学会了养蚕制丝,因而软甲除了棉质和皮质外,多为丝质,厚度仅有 2 厘米左右,异常轻便。他们的头盔仅遮护住头盖骨部位。《战术》中认为,枪骑兵要同时装配弓,而弓骑兵要装配枪,在必要时进行转换,但这仅存在于理论层面。

10 世纪的拜占庭装甲骑兵

装甲骑兵的配置是以 5 人为一纵列,其中前两排和最后一排为枪骑兵,三四排为弓骑兵。军阵的总人数随该军阵的宽度而变化。在大规模作战时,按《论军事》的叙述,一个军阵中有 500 人,排成方阵。无论这个军阵人数是 500 人还是 50 人,军阵中左侧 20% 的部队都要担负反包抄部队,而军阵中右侧 20% 的部队则担负包抄部队。

拜占庭骑兵的发展是从属于拜占庭整体军事体系,乃至整个帝国的发展的,而其发展又同时受帝国的资源、技术水平和其假想敌的组织战术模式所影响。中期的装甲骑兵的主要假想敌是敌方的骑兵,比如贝都因快速骑兵和保加利亚骑兵。其主要任务是截击、阻滞对方骑兵的战场机动,或者与阵列步兵共同夹击敌军的冲锋,抑或掩护冲击的超重装骑兵。其间,装甲骑兵要尽可能利用披甲上的优势杀伤和击退敌军的骑兵。在敌军撤退时装甲骑兵也要加入追击,但无论《战术》还是《论军事》都禁止任何骑兵部队解散阵列追击或者脱离步兵阵列追击,以免部队被重整的敌军分割或者遭遇伏兵。

全身甲骑兵的格斗武器主要是骨朵,特别是浑铁骨朵。按规定,拜占庭重骑兵方阵前 4 行甚至只允许装备骨朵。非战时它们被系在腰带或手腕上。

此外也有装备长枪和弓箭的全身甲骑兵，Ian Heath 认为全身甲骑兵还装配了《战术》中提及的灌了铅的重梭镖。一些资料，如 Osprey 系列的一篇作品（MAA89，彩图 D）中认为这一时期的全身甲骑兵装配小盾，但《论军事》认为全身甲骑兵应当配长盾，而那张彩图的小盾也明显比拜占庭所谓的"护手盾"要小。全身甲骑兵的护具包括内侧一件链甲衣（另有独立的内衬）、外侧一件胸腹札甲和最外侧如同大衣的填充甲。此外头盔上还配有用锁环或甲片制成的面甲和颈甲，另配独立的札甲护肩、板条状的手臂和小腿护具，以及独立的手套和铁鞋尖。马匹的护具在《论军事》中仅仅提到用硬牛皮制成的全马或半马札甲，或者直接用牛皮兜住马身，而《战术》中则提及了铁质马匹护具，但同时也提及了角质札甲这种更多用于礼仪用途的护具。

马具有头片、龙头、缰绳、马镫、马鞍、马蹄铁和马刺。皮制马鞍为绯红色，上面垫有一层紫红色或绯红色的厚重布匹。

全身甲骑兵的配置是以 20 人至 10 人为第一排，往后每排依次增加四人，列成 12 排的楔形军阵，其中前四排的人全部装备那种类似"骨朵"的单手打击武器，以加强对披甲部队的杀伤力。后排外侧是枪骑兵与持骨朵的骑兵间隔布置，内侧是负责在发动冲击时射箭打乱敌军阵型的弓骑兵。在军阵接敌之后，弓骑兵也要使用副武器，如骨朵和马刀加入格斗。

全身甲骑兵的任务比较单调，在侧翼的装甲骑兵辅助下，向敌方指挥官所在方向的军阵发动冲锋。如果选择的时机合适，那么这种冲击可以有效地打乱敌军指挥体系。而追击、截击、迎击和追击之类的任务都不需要担负。

突骑兵的配置模式语焉不详，《论军事》的记载是一种快速骑兵，负责诱敌。而此后提及的 Koursores 的战术则更类似专职弓骑兵，一些记载称他们从本方的左侧翼出击，绕顺时针机动投射后从右侧返回。其护具情况书中并未提及，一般认为与装甲骑兵的弓骑兵类似。

此外还有一种轻装骑兵"trapezitos"，或译为本土轻骑兵。虽然《战术》《战术总汇》和《前哨袭扰》都提及了这种轻装骑兵，但记载都不多。这些部队很可能只是斥候部队,不参与大规模作战。

在马其顿王朝时代,帝国的军阵大为细化,部队由原来的中央步兵、两翼骑兵的军阵细化为均为步骑兵混合配置的三到四个军阵,即中军阵,左军阵,右军阵和部队充足时会配置的后军阵。在这些军阵中,步兵以每百人为一横排,列成八排,抑或更多或更少排的方阵。以八排为例,其中以披甲的枪盾步兵组成前两或三排,三排弓箭手居中,而最后还有一到两排的枪盾步兵,而此外还有一排持重型短枪的精锐部队,在面对骑兵时在前方的枪盾步兵和弓箭手之间组成最后一道防线,而在面对步兵时则作为预备队。这样由八百名步兵组成的阵列,每个军阵配置三个。装甲骑兵配置在这些步兵阵列的正后方,也以百人为一横排,列成五排,前两排和最后一排为枪骑兵,三四排为弓骑兵。就这样以三组步兵和三组骑兵组成一个军阵。而军阵和军阵之间的配置,不同的将领在面对不同敌人时有不同的策略。一般情况下,左中右军阵面向敌军一字排开,而后军阵则配置在中军阵的正后方;也有一些指挥官由于要常年面对贝都因骑兵之类的快速骑兵,将左中右后四个军阵排成正方形,各个军阵的部队分别面向四个方向。在各个步兵阵列之间以及各个军阵之间留有间隙,正好可供五名骑兵并排通过,这样装甲骑兵只需要转向左侧或右侧就可以便捷地从步兵军阵的间隙中穿出,截击敌军的快速骑兵;而当装甲骑兵受损严重需要重组时,他们同样可以从间隙中撤回,而守卫在间隙两侧的枪盾部队和标枪手则会支援这些骑兵撤回。可以说,这种军阵是查士丁尼时代军阵的发展,骑兵不但依然保持着与步兵的紧密配合,更是尽可能地将这种配合发挥到最大限度。

灭亡保加利亚的战争

7世纪起,突厥人的一支——保加尔人开始从亚洲迁入东欧,其中一支在首领阿斯巴鲁赫的带领下,越过多瑙河来到巴尔干地区,并与当地的斯拉夫部落融合。公元 680 年,他们联手击败拜占庭的征讨,迫使拜占庭人承认他们的国家并纳贡，保加利亚汗国就此诞生。

从7世纪晚期到11世纪，强盛起来的保加利亚汗国和拜占庭帝国之间冲突不断，保加利亚人利用地形优势和拜占庭内乱，多次大败对手并兵临君士坦丁堡。10世纪初，保加利亚沙皇西蒙将版图扩大到大半个巴尔干半岛，他甚至一度想攻占拜占庭首都，自己做拜占庭皇帝，后虽未成功，但无疑的，保加利亚人已取代阿拉伯人，成为拜占庭帝国最大的威胁。幸而西蒙沙皇死后，保加利亚逐渐衰落下去，塞尔维亚人、基辅罗斯（俄罗斯和乌克兰的前身）人、马扎尔人相继侵入其境内，拜占庭也乘机停止纳贡，还出兵袭扰保加利亚边境。继任沙皇彼得打算联合马扎尔人反击，拜占庭以牙还牙，煽动基辅罗斯大公斯雅维托斯拉夫入侵保国，强悍的罗斯军队很快就横扫了保加利亚全境，沙皇鲍里斯（彼得之子）成了阶下囚。

拜占庭借师助剿的办法可以说是饮鸩止渴，好战的斯雅维托斯拉夫一气将保加利亚变成了自己的附庸国，拜占庭人可不希望又一个强敌在巴尔干崛起，交涉无果后，两国彼此宣战。公元970年，罗斯人联合佩彻涅格突厥人、保加利亚人进入色雷斯境内骚扰，拜占庭皇帝约翰·齐米斯基则派自己的小舅子巴尔达斯·斯科莱鲁率军回击。

皇亲国戚在很多人的心目中是草包绣花枕头的代名词，斯科莱鲁大人似乎是个典型，他统率着皇帝的12万人的军队，拿着皇帝的军饷，却成天龟缩在离君士坦丁堡以西80公里处的阿卡迪奥波利斯（今土耳其吕莱布尔加兹）城墙内，任由敌人成天污言秽语叫骂不止。罗斯人也和"很多人"想一块去了，再没把这支拜占庭军队放在眼里。

实际上斯科莱鲁根本没闲着，这些天他一直在打探敌营地点，推算行军速度和各种意外情况，当一切准备就绪了后，他兵分三路出击：一路2.3万人跟着他直取罗斯联军大营。另外两路约8.9万人分别埋伏在城外的密林中。

斯科莱鲁那一路很快与罗斯人的佩彻涅格部队遭遇，国舅爷转身就逃，佩彻涅格人正奇怪这草包怎么敢主动出击了，一看原来就这点胆量，那还有什么说的，追啊！

如果突厥人仔细观察的话，就会发现，拜占庭骑兵并不是纵马狂奔，而是勒着缰绳有秩序地撤退，而且撤一段，立马回身战斗，用4个字形容就是"边打边退"。但这几天斯科莱鲁表现得太脓包了，所以突厥人是不会想到这一层的，仍然紧追不止。很快，他们和其他部队就彻底脱离了。

突然间，拜占庭骑兵不再逃了，开始结成方阵回身奋战，战斗一下子激烈了起来，一名佩彻涅格勇士猛地冲到斯科莱鲁身畔，一剑劈下。幸而皇亲专用头盔质量优良，这一剑没造成什么伤害。斯科莱鲁的弟弟君士坦丁大怒，挥剑砍去，突厥人把身子朝后一仰躲了过去，他的战马却被砍断了脖子。突厥勇士刚滚落到地上，就被跳下马来的君士坦丁抓住胡子提了起来，一剑封喉。

主将尚且遇险，拜占庭士兵们的艰难处境可想而知，战局一直呈现胶着状态。直到拜占庭号手吹响了号角，两支伏兵从草丛里杀出，突厥人方才大乱，一名突厥酋长试图鼓励部下鼓起勇气再战。怎奈斯科莱鲁一骑驰出，一下就将这名酋长从头到腰劈成两半，突厥军队士气更受打击，遂乱纷纷地朝后逃走。这一逃，带动了紧随其后的罗斯人和保加利亚人，于是3万罗斯联军就这样崩溃了。拜占庭骑兵一直追砍到夜幕降临，上万具佩彻涅格人、罗斯人、保加利亚人的尸体铺满了阿卡迪奥波利斯近郊的平原和森林，而拜占庭方仅损失50多人，看来产品质量的差距对战局的影响真的不小啊。

捷报很快传到拜占庭，齐米斯基皇帝大为振奋，亲率大军来支援斯科莱鲁。在佩雷亚斯拉夫和多罗斯托隆，拜占庭装甲枪骑兵、全身甲骑兵、装甲弓骑兵密切配合，狠狠蹂躏了以步兵为主的罗斯人。公元971年7月，斯雅维托斯拉夫在被围困了3个月后，被迫投降。从此罗斯势力退出，保加利亚成了拜占庭的新行省。

但草原民族可没那么容易屈服，保加利亚人在西部重新组织力量，企图复国，这个愿望在公元976年由贵族萨缪尔得以实现。萨缪尔经过一系列的征战，不仅收复了故土，还攻入马其顿和塞尔维亚地区。

此时拜占庭皇帝是马其顿王朝的巴西尔二世，其才干不亚于查士丁尼和戴克里先，对于保加利亚复国运动，他坚决予以打击，起先双方互有胜负。公元1001年，彻底稳定了国内和东方局势的巴西尔二世大举进攻，他稳扎稳打，边推进边一路修建堡垒，还派得力干将西菲亚斯率精锐骑兵从色雷斯北部迂回，很快将保加利亚领土一分为二并加以分割占领。到了1004年，大部分保加利亚领土已陷落，萨缪尔带领余部逃入伊庇鲁斯山区。巴西尔二世丝毫不给其喘息的机会，年年发兵围剿。

公元1014年，受不了游击生活的萨缪尔在拜占庭讨伐军的必经之路克雷迪翁山口修建了大批坚固的工事，打算阻击拜军。巴西尔二世闻讯亲率大军赶到，两大雄主的最终决战爆发。

巴西尔二世首先展开突袭，但很快止步于斯库米斯塔山谷的克里齐村。萨缪尔在这里设置了层层木栅和座座木塔。在平原上可以轻易冲垮一队甲士的拜占庭全身甲骑兵在山地可就施展不开了，他们的多次攻击不仅没能撼动木栅，反而在被木栅和木塔上的保加利亚弓箭手的联合火力打击下死伤惨重。

巴西尔二世看出这块地面实在不适合拜军骑兵作战，打算撤军，先前立下汗马功劳的大将西菲亚斯献上妙计：交给俺一支轻骑兵，俺可以迂回到他们后面去。

尽管心存疑虑，巴西尔皇帝还是批准了西菲亚斯的计划。他的疑虑不是没有道理的，克雷迪翁以南的地势简直可以用虎牙桀立来形容，纵横交错的羊肠小道似乎数百年来还是第一次迎来人类的足迹。尽管如此，来自色雷斯山区的优秀骑兵和同样优秀的战马还是克服了重重困难，硬是翻过了瓦拉希特扎山脉，悄无声息出现在了保军背后。紧接着，就是直冲云霄的呐喊和落雷般迅猛的打击，被打蒙了的保加利亚士兵只得从工事上撤下，回身结阵迎战西菲亚斯。巴西尔二世乘机摧毁了所有木栅和木塔，在日光的照耀下，拜占庭圣甲骑兵们周身散发着耀眼的金光（见前述装备介绍），高举着战斧和骨朵冲进保军军阵的后部，威力无穷的铁骨朵将无数保加利亚士兵砸得头骨碎裂，脑浆迸流。其他人吓得魂飞魄散，纷纷丢下沙皇逃命。萨缪尔好不容易突出重围，逃到斯库米斯塔森林以东的马卡利奥村，拜占庭骑兵立刻长途奔袭而至，保军再次大败,萨缪尔在儿子的保护下再次逃生,然而手下 15 000 多人做了俘虏。残忍的巴西尔二世竟将俘虏分为 100 人一组,每一组留一人刺瞎一只眼睛,剩下 99 人全部剜出双眼,而后放回。当 1 万多名双眼只剩两个血糊糊的黑洞的可怜人一齐来到萨缪尔陛下面前时,纵使征战一生的沙皇也禁不起如此可怖打击(想象一下,效果超越所有恐怖巨片啊),当场晕倒在地,两天后去世。而剩余的保加利亚领土也很快被拜军征服,保加利亚汗国就此灭亡。

战斗中的拜占庭圣甲骑兵

灭掉了百年大患保加利亚是巴西尔二世一生最大的功绩,马其顿王朝乃至拜占庭帝国在他的统治下达到了黄金时期。而他去世后,国家开始走上下坡路。1071 年,拜占庭在曼齐克特战役中败于突厥人之手,精锐骑兵特别是圣甲骑兵损失殆尽,东罗马帝国从此再也无力扩张,领土开始被外敌不断蚕食,而 1204 年君士坦丁堡被十字军攻陷使得局面更加恶化,以后虽有尼西亚王朝的力挽狂澜,但却已是回光返照。1453 年,在奥斯曼帝国围攻君士坦丁堡期间,拜占庭竟连一支骑兵队也凑不出,随着该城于 5 月陷落,千年帝国连同她的骑兵一起画上了句号。

大唐骑兵

太 原 举 义

除了汉,中国历史上最有影响力的朝代是哪个?

答案是肯定的,大唐王朝。

汉和唐可以说是最值得中国人骄傲也是最能代表中华文明的两大朝代了。汉朝在中国人心目中最高:孰不见中国人时常自称为"汉人",中国的主体民族也被称为"汉族"而不是什么"晋族""宋族"、"明族"。而唐朝则在国际上的影响更大一些:具有中国特色的服装叫"唐装",中国人在海外聚居区叫"唐人街",就算到了近代,一些亚洲国家如日本还称中国人为"唐人"。

汉唐如此高的人气和影响力是和汉朝、唐朝时期强盛的国力分不开的。这两个王朝无论是经济、文化还是疆域在当时的东亚都是首屈一指的,尤其是疆域:汉朝远到漠北、南下越南、东扩辽东、西通西域,而大唐更胜一筹,不仅将汉代版图尽数囊括,还一度将势力扩展到中亚的葱岭一带,可谓是名副其实的超级大国。

当然,超级大国的地位从来不是从天上掉下来的,而是南征北战、西伐东讨的结果。大汉击匈奴、征朝鲜、讨大宛、平交趾。而有唐一代更是树敌无数:突厥、吐蕃、南诏、回鹘、契丹……这就要求他们拥有强大的军事实力。而在古代,中原王朝的主要作战对象为游牧民族,这又要求他们拥有一支规模庞大的骑兵力量。正如后世所言:"汉唐之所以能张者,皆唯畜牧之盛也。"间接点明了汉唐骑兵在开拓疆土中所立下的汗马功劳。大汉骑兵先前已经介绍过了,那大唐骑兵又是怎么成就他们的功业的呢?要解决这个问题,我们先得从大唐骑兵集团的创始人——李渊先生说起了。

李渊是陇西成纪人(今甘肃秦安),出生在北周一个贵族世家。北周后为大臣杨坚建立的隋朝所取代,李渊与杨坚之妻独孤氏有亲戚关系,因而一度受到重用。但杨坚死后,新皇帝杨广开始猜忌李渊,并将其调为太原留守。其时突厥人不断侵扰边境,将李渊派到抗突厥前线的太原很有几分有意将其置于险地的意思。

李渊表面上慷慨领命,心中却怨恨不已,于是他在太原暗地里结交豪杰,招兵买马,积蓄自己的力量。李渊祖上有游牧民族鲜卑的血统,又曾在鲜卑人建立的北周朝主持过多年的军事工作,深知无论是要抵御突厥还是要自立一方,保持一定的骑兵力量是必不可少的,因而极为重视这一兵种的建设工作。太原自古地处边陲,百姓多与狄戎杂居,久而久之也沾染了胡人风气,民风尚武且骑射之风盛行,加之山西自古出良马,所以李渊很快就建立了一支3 000多人的骑兵队。这3 000余人就成了日后的大唐铁骑的鼻祖。

李渊在太原偷偷搞自己的李家军的时候,隋炀帝杨坚却把天下搞得一团糟:此人生活奢侈,追求享乐,他营造东都洛阳、开发运河,巡回江都、周游全国。个人的欲望是得到了无限满足,但天下却因此骚动不已。他又好大喜功:隋炀帝修建长城,定西域,击契丹和吐谷浑,为此增加的沉重军费和徭役自然只能落到百姓头上了。隋炀帝主政不过数年,全国已经怨气冲天。

公元611年初,杨坚发现原本已臣服隋朝的突厥在私下勾结东北边境的高句丽,他大怒之下下令征讨高句丽,前后共有三次。隋炀帝不懂军事又喜欢瞎指挥,弄得丧师数十万却战绩寥寥,他不甘心,还想再来第四次。

可天下已经彻底受不了了,三征高句丽意味着三次全国总动员,民众为此累死者、破产者无数,国力已经动员到枯竭。隋朝官吏们又乘机从中盘剥,中饱私囊,这下百姓再也忍不下去了。大业7年(公元611年)10月,山东邹平人王薄号称知世郎,在长白山举起了第一面反旗。随后平原人刘霸道起于豆子(豆子为地名,在平原郡东),号"阿舅贼";贝州人张金称、窦建德、高士达起于河曲、清河(今河北清河)。自此群盗蜂起,徒众多者竟达10余万。攻城陷邑、不可遏止。公元613年,隋朝贵族杨玄感和李密也在黎阳造反,刚刚统一的中国又开始大乱了。

天下大乱,对早有反意的李渊来说正是好时机。大业13年(公元617年)5月,李渊偕其三子一起杀死隋将王威、高君雅,在太原起兵誓师,正式与杨广撕破脸。

造反的牌子是在太原打出来的,造反的总基地却并不在太原,很简单,那个地方太不安全了。李渊的祖父李虎是北周的上柱国(古代官职),北周立国靠的是一批关中、陇右的军事贵族,李虎也是其中之一,因此李家在关中有相当大的号召力,李渊一开始就把目标定在了关中首府长安上。他稳定了太原周边后,就朝着长安方向进军,这样他就必须先打下霍邑(今山西霍州),这座城池也是大唐骑兵迎上的第一块绊脚石。

霍邑守将宋老生把住城池,不肯出战。其时李渊军缺乏攻城器具,如果宋老生一直龟缩下去,李渊也没辙,等到隋朝援军到来,那义军就麻烦了。所以李渊打算用点手段,引诱宋老生出战,他的诱饵是自己的骑兵。

什么?骑兵也能当攻城战的诱饵?一点没错,只要用得好就行。李渊先带了600人直趋霍邑城城东,然后把他们分为10多队,每个小队并不攻城,而是一齐下马,装作安营扎寨的样子。李渊又派自己的次子李世民带了几十个骑兵围着霍邑城转圈圈,指点那10多队骑兵的安营工作,摆明了要在霍邑城下长住下去的样子。这还不算,李世民一会用鞭梢指挥骑兵干活,一会用鞭梢指向城楼上,嘴里还不干不净地羞辱宋老生,大意是俺们都在他眼皮底下拉屎撒尿了,那个熊包估计一个屁也不敢放。宋老生也解决过不少起义军,哪受得了这种激,带了守军就冲了出来,刚才还骂得起劲的李世民见惹怒了宋老生,一下没影了。

宋老生也不管李世民去了哪,眼见李渊和他的长子李建成正朝这里赶来,一股子火就朝他们身上撒去了。李渊和李建成看起来也好不到哪里去,抵抗了一会就撒丫子逃了。宋老生哪容得下,一气追了下去。

  一连追了1里多,李渊估摸着城里一时是接应不上宋老生了,这才回身复战。这时刚才不见人影的李世民突然带着一队骑兵从城南的高原冲了下来。宋老生光顾着追李渊了,没防备,被李世民一下抄了后路,军心顿时浮动起来。此时李家军才露出英勇敢战的真面目,人人争先向前,尤其是李世民,一连砍了几十个隋军,双刀都砍缺了,袖子上也溅满了血,把血一甩接着打。李渊又派了几个轻骑兵绕着战场一边转一边高呼:"宋老生已经被我们抓住了!"隋军信以为真,大乱,纷纷丢下自己的兵器向霍邑城逃去,谁知吃了个闭门羹——原来刚才李渊把宋老生引得远了,就指挥李建成和小儿子李元吉带了两队骑兵抢占了霍邑的东门和南门,堵死了隋军的去路。宋老生只好叫城上人丢下绳子来拉自己上去,他刚抓住绳子,义军将领刘弘基拍马赶到,把他砍了头。李家军士气大振,也不顾没有云梯,手脚并用爬上了城墙,霍邑就这样被拿下了。

  攻克霍邑后,李渊的下一个对手是屈突通,屈突通是隋朝名将,能力远在宋老生之上,然而此时杨广已经人心尽失,山西境内各城纷纷倒向李渊不说,连屈突通的手下兵马也开始不稳了起来。屈突通只好坐守河东郡城不敢随便出击。李渊大摇大摆开到了壶口关,又派出一支奇兵渡过黄河,在河西扎下了大营,就这样反而把自己围了起来。屈突通气不过派部将桑显和夜袭河西义军军营,眼看将要得手。李家骑兵突然幽灵一样在隋军背后冒了出来,桑显和大败。这家伙大概是败得太慌了,逃回城里的时候居然把黄河渡口的桥给烧了,从此屈突通再也奈何不得河西义军了。

  屈突通奈何不了李渊,李渊却也一时拿不下河东郡城,于是他采纳了李世民的意见,先把屈突通丢下不管,只留部下刘文静监视,主力则继续朝关中挺进。当然,李渊也留了一着后手,给刘文静留下了几百名游骑兵。

  李渊渡过黄河后,走得顺风顺水,李家的旧关系起了很大作用,沿途隋朝官吏和地方义军纷纷来投,李家军规模迅速膨胀起来。眼看这样下去长安不守,屈突通坐不住了,打算从武关驰援长安。然而刘文静早料到他要走这条路,抢先把潼关给占了,潼关是关中第一险要,屈突通打了一个来月没拿下,又使出老办法,让桑显和搞夜袭。这次隋军来势汹汹,刘文静的三道壁垒被突破了两道,桑显和一度突入刘文静所在的大营,双方短兵相接,打得十分激烈,连刘文静也被射伤,形势十分危急。但刘文静还是咬紧牙关坚持下来了,桑显和几次进攻不能得手,师老兵疲,只好先撤下来休整。刘文静等的就是这个时候,他让李渊留下的几百名游骑兵悄悄绕到桑显和背后,突然发动袭击,此时桑显和的人马正在吃饭,完全来不及反应过来。刘文静又带领人马从大营出击,前后夹击之下,桑显和再次大败,孤身一人逃了回去,此后屈突通再也没有力量出击了。

此时李渊手上已有20万人马,很快就打下了长安。周边势力望风归附,屈突通也只好投降。李渊立杨广之孙、代王杨侑为帝,自己掌控了这个傀儡政权的一切权力。不久,众叛亲离的杨广在江都被手下杀死,李渊便不再装模作样,自己称帝,因为他过去曾被封为唐国公,便以"唐"为新政权的国号。大唐历史的第一页就这样被翻开了。

从前文可以看出,大唐从起兵到立国的一系列战斗中,骑兵所起到的作用是至关重要的,因而当了皇帝的李渊在军队的建设工作中继续狠抓骑兵部分不放松。

唐代骑兵的装备

秦汉史学研究中有一句老话:"汉承秦制",其实这句话套到哪个朝代都通用。每个王朝立国之初总是大量甚至全盘照搬前朝各种制度的,唐初也不例外,因此初唐骑兵在装备上与隋朝骑兵相当接近——之所以说相当是他们还保留了自己的特色。

自西晋被匈奴灭亡后,边境各支少数民族势力相继进入中原,建立自己的政权。这些胡人也把本族的一些传统给带了进来,包括各种先进的骑兵用装备如马镫、马甲等,因而从五胡十六国到南北朝时期,中国的骑兵作战技术有了质的提高,连"甲骑具装"(即人马皆披重甲的重骑兵)也一度出现了。但隋末的农民大起义浪潮中,隋军重骑兵不断败于轻装的农民军,这证明了重骑兵已经落伍于时代,于是唐代骑兵又渐渐回归到了轻装上阵的状态,这就是大唐骑兵的特色。

至于与隋朝骑兵相似之处主要在于甲胄上:尽管根据《唐六典》的记载,有唐一代一共出现过 13 种铠甲,但魏晋出现,到隋朝仍在使用的两档铠和明光铠,在唐初依旧是骑兵的主力铠甲。

两档铠,顾名思义,就是用铠甲分为前后两片:前为胸甲,后为背甲。隋代两档铠的胸甲和背甲都用鱼鳞状的铁甲甲片编缀而成,背甲上端有两根皮带,穿过胸甲上端的搭扣让两片铠甲连接在一起。两档铠在腰部以下有皮革制的腿裙,用于加强腹部的防护。

明光铠:两档铠虽在唐初仍有保留,但已是次要铠甲,明光铠才是最有代表性的。明光铠分为护颈、胸甲、身甲、背甲、腿裙、披膊等几个部分。最有特色的是胸甲部分:分为左右两半,每一部分各加有一圆形镜状甲片,称为"圆护"。晴天时,阳光直射到圆护上面,闪闪发亮,这就是铠甲名的由来。圆护用几根交叉捆绑的绳索加固,绳索一头钩在护颈领口部位的两根圆钩上。胸甲和身甲部分的连接方式则和两档铠一样。

披膊中间平坦、两头下垂,像一个倒过来的马鞍,可以同时保护骑手的肩膀和上臂。腿裙则一直延伸到膝盖,边缘包有丝绸,避免磨伤身体。明光铠全部由鱼鳞或长方形铁质甲片以叠压形式活动、固定编缀而成。它唯一防护不到的部分是小腿,因此骑手在小腿上往往缚上两块吊腿。

甲的质地有皮和铁两种,后者居多,但即使铁甲也常常与皮甲混编。

唐代骑兵所戴的头盔叫作"兜鍪",是用 6 块或 12 块甲片围绕着兜体拼接而成的,盔顶为圆锥形。唐初的头盔盔顶以下有一圈厚厚的用丝织物制成的护颈,可以遮住整个颈部和半个面部,附有盔带。

中唐以后的甲胄开始逐渐摆脱隋朝形制的影响,开始具备唐代独有的风格,具体表现有:1. 护颈比以前更为宽大,几乎与披肩无异,舒适性更强;2. 手臂和小腿部位分别增加了皮革护臂和青铜质地的胫甲,护臂上端向上翘起,呈屋檐状,可以起到保护肘部的作用,胫甲则分为前后两片,用皮带相连;3. 身甲的腹部部位盖有一层护腹甲,而铍膊和圆护上则多了兽头花纹,可以同时起到装饰和防护的作用;4. 兜鍪两侧增加了上翘的护耳,在晚唐演变为凤翅形。

晚唐时期发明了一种新型铠甲——山文甲,该铠甲在外形上与明光铠相比,除了多了一层袍肚(皮革制,用双扣腰带固定于腰部两侧,以防止使用者的双手在身侧挥动时与甲片发生刮擦)外并无不同,但其甲片均为山字或人字形(有不理解的读者可以拿竹篾编的晾晒茶叶用的簸箕参考一下),以穿插编缀的方式编成。这种很有创意的设计令铠甲表面形成许多凹凸面,更利于防止箭支的穿透。

总之,唐代虽然基本取消了马甲,但比以前更加重视骑手的身体防护了。

唐代骑兵携带的盾牌质地有木和皮两种,有的涂有漆,骑兵使用的盾牌是圆或椭圆形的,叫"团排"。

兵器有刀、剑、矛、斧、啄、搭索、弓、弩等。最有特色的是刀,唐代刀具有椭圆形护格,木柄较粗且缠有丝绳,末端有一小孔用以穿饰纽带。刀刃斜直、很窄、刀背厚达 9 厘米以上。骑兵所用刀有横刀和陌刀两种。横刀即为常见的单刃刀,长约 7～80 厘米。陌刀则是双面开刃,刀柄极长,算上刀身长达一丈,为汉代"斩马剑"所发展而来,唐代已经普遍使用先进的灌钢法,且引入来自东亚的大马士革钢,铸造出来的陌刀使用起来威力极大,如中唐猛将李嗣业,号称一刀下去可以让对手人马俱碎,为唐军王牌兵器。据《太白阴经》记载,唐军装备陌刀者占全军的 20%。

矛同样是唐军的主要装备之一,唐代长矛有四种,骑兵所用的长达一丈八,又叫"马槊",槊头短(17 厘米左右)而尖,破甲效果比以往更好。大唐大将罗艺、李元吉等都是用马槊的好手,而名将尉迟敬德的夺手槊(即夺过对方的马槊再捅回去)更是一绝。

斧和啄(即锤)都是砍砸型兵器,唐代战斧斧刃宽而柄短,砍杀效能更高。依样式可分为长柯斧和凤头斧等。

弓在骑射之风很盛的唐代使用更加普及,弓和横刀是所有唐军士兵(包括步兵和骑兵)的必备兵器,骑兵用的是角弓,为复合弓。弩在唐军中装备率与陌刀相近,有专门为骑兵所用的马弩,射程可达 200 步。箭镞均为铁镞,有柳叶形、梭镖形、喇叭形等 10 余种。每名唐军的胡禄(即箭囊)内装箭 30 支。

搭索即为套索,这个大家都知道是什么,就不介绍了。

唐帝国境内的幽燕和陇右都是出好马的地方,但唐人也注重引进外国马匹。据统计,有唐一代通过互市从内蒙、中亚、辽东、西南等地引进的胡马有 80 多种。这些外域良马通过杂交,糅合了中原马匹的优点,诞生出了筋骨健壮、马蹄很厚的唐马。为大唐骑兵征战助力不少。

唐代重骑兵很少,因而马具多为仪仗之用,但唐初仍有少数保留,马甲包裹除马腿外的马匹全身,边缘包有绢。马镫扁圆形,木芯,外包金属。马鞍为北魏的前高后低样式,用网状绳索固定。

唐朝军队中骑兵比例在中原王朝中算是比较高的,达 28.6%,但战时还是需与步兵配合作战。唐代军阵最有名的莫过于李靖所创的"六花阵",号"大阵包小阵",其基本单位是:三人为一小队、三小队为一中队、五中队为一大队,三到十个大队为一小方阵,十个小方阵为一中型方阵,六个中型方阵按外方内圆的形式组成一个完整的大方阵。各个方阵之间按实际不同情况可变化为圆阵、直阵、锐阵等,十分灵活。

骑兵的典型战术也是步、骑结合式的。作战时由弓弩兵排在第一列,步兵第二列,骑兵则下马排在方阵之后。当敌军来攻并行进到 100 步以内时,先由弓弩手放箭攻击。敌军若继续前进,到离方阵 20 步以内的时候,唐军弓弩手收起远程兵器,抽出陌刀、横刀和棍棒等近战武器,与战锋队(步兵中的精锐部队)一起上前攻击。此时骑兵和剩下的步兵不得轻举妄动。只有在弓弩手和战锋队被敌人击退的情况下,才能步行上去迎敌。而弓弩手和战锋队则退下重整队形,如果骑兵和步兵仍不能取胜再上前助战。敌人一旦被击退,骑兵必须立刻跨上战马追击。

以上是敌方先攻时的情形,若由唐军先攻,那骑兵可使用的战术就多变多了,下面将一一加以详解。

浅水原之战

隋炀帝被杀后,隋朝政权也随之土崩瓦解了,现在新生的唐政权的敌人变成了其他反隋势力,第一个敌人是同样来自西北的薛举。

薛家籍贯山西人,后徙至甘肃金城,很快成了当地的豪族。隋末天下大乱之际,薛举乘机造反,在当地建立了大秦政权并自称"西秦霸王",不久就尽据陇西之地。但其后在与河西反王李轨的争斗中败北,便迁都秦州(今甘肃天水),转而东进,威胁长安。当时刚拿下长安的李渊派李世民前往救援。李世民在扶风大破薛举之子薛仁杲,并一直追击到垅坻(今山西陇县一带)而还。薛举大惧,曾一度想投降,后在属下的劝说下改变了主意,联合另一反王梁师都再度东向,并在高墌城(今陕西长武以北)大败唐军,报了扶风之仇。就在他打算乘胜挺进长安之时突然病故,薛仁杲统领其众,继续围攻泾州和陇州。

这次长安派来对付薛仁杲的还是李世民,交锋地点还是在高墌。鉴于唐军先前贸然出击结果惨败的教训,李世民知道自己不能和骑兵众多的秦军在城外硬碰硬,于是下令关闭城门,加固防御工事,坚守不战。复仇心切的唐军将领屡次请战,李世民一概回答:"再敢请战者斩。"

就这么过去了两个多月,秦军求战不得,反而把粮食都耗光了,自己先乱了起来,一些秦军将领本来就和薛仁杲不和,就带着自己的部下投降了李世民,后者知道时机已到,便开城出战。不过李世民并没有直接率领主力与薛仁杲对决,而是派了支偏师,由部将梁实带领在城外的浅水原的险要之处扎营,作为诱饵。薛仁杲果然上当,命大将宗罗睺猛攻浅水原,梁实咬牙坚守,即使水源断绝了也丝毫不退一步。战斗持续了好几天,李世民估摸着秦军已经饥疲交加了,便派部将庞玉前去援助,但这一支仍是偏师,李世民自己悄悄带着主力骑兵走上了另一条路。

大唐骑兵 | 165

宗罗睺拿不下梁实,见庞玉来了,转而猛攻庞玉,打得唐军几不能支。就在庞玉快扛不住的时候,已经绕到浅水原以北的李世民突然出现,侧袭秦军。武艺高强的李世民亲率一小队精锐骑兵率先突入敌阵,势不可挡,养精蓄锐多日的唐军发着震天动地的呼声,内外夹击。饿得半死加累得半死的秦军此时已无力对抗,数千人被歼,宗罗睺大败而走。李世民认为薛仁杲实力尚存,一旦恢复过来就不好消灭了,于是不顾部下劝谏,率领2 000精骑紧追至折墌城下。

李世民的判断是正确的,薛仁杲想据水而战,但饥疲难当却不得休息的秦军已经不想再打了,纷纷投向李世民。薛仁杲只好入城据守,当夜唐军大至,把折墌团团包围了起来,剩下的秦军也坚持不下去了,用绳索垂下城去投降。薛仁杲无奈,跟着出城投降,后在长安被斩,"西秦帝国"没存在多久就灭亡了。

大破刘武周

击败了薛家,李渊准备南下洛阳,消灭盘踞在那里的王世充势力。谁知此时自己后方却出了问题,起兵于马邑的反隋势力刘武周按照部将宋金刚的"先取晋阳,后南向争天下"的战略建议,突然向李唐的山西地盘发动进攻。刘武周与突厥关系很好,因而得到突厥兵马的援助,兵锋所向无前,接连攻克榆次、介州、平遥等重镇,负责镇守太原的齐王李元吉吓破了胆,弃城逃逸,刘武周兵不血刃拿下太原,又乘胜攻取了晋州、浍州。山西境内的几股地方势力也起来响应了刘武周,关中震骇。

眼看老家要全部沦陷,李渊赶紧把李世民给调来救火,其时唐永安王李孝基军又被刘武周部将尉迟敬德等击溃,李孝基被俘。李世民分析形势,觉得刘武周连战连胜,兵势正盛,正面迎敌胜算不大。于是又祭出了对付薛举时的老办法:占据坚壁高垒,不轻易出战。

但不轻易出战不代表完全挨打不还手,李世民在坚守的同时挑选了几支精干的轻骑兵,不断骚扰打击刘武周军队的后勤线,有时算准了刘军防备松懈,也会在险要地段进行伏击。这种使阴招打闷棍的游击战术收效显著,刘武周军队的粮食供应越发困难起来。而出其不意的轻骑偷袭更让刘军防不胜防,连刘武周部下猛将尉迟敬德都一再中招,折兵大半,最后只得降唐。

武德3年(公元620年)4月,刘军终于再也没有粮食了,在饥饿的威胁下,刘军总指挥宋金刚只得拔营逃走,李世民立刻集结所有骑兵紧追不舍,一昼夜就追击了200来里,连后方的运粮队都没能跟上。在主将李世民的鼓励下,唐军忘掉饥饿,与宋金刚接连恶战8场,俘斩数万。宋金刚率2万多残军刚逃到介休城,唐军骑兵后脚就追了上来,宋金刚背城列出首尾长达7里的阵型与李世民交锋,这种一字长蛇阵其实是很不利于调动的。李世民见状让部将李世绩先出战,随后诈败而走,刘武周全军追击,队伍顿时乱了起来,李世民乘乱率领精骑绕到宋金刚屁股后面,狠狠给了一下子,刘军大溃,损失3 000余人,刘金刚靠着马快才逃脱了性命,至此刘武周军主力尽没,刘武周和宋金刚逃入突厥境内,直到被杀也没能再骚扰山西。

此战的另一大收获是收服了尉迟敬德,这位爷靠着《隋唐演义》在民间可谓是家喻户晓,在现实中的表现也无愧于名将的名头。李世民壮其勇,倾心交结之,此后尉迟敬德就成了李世民的得力干将。

刘武周大闹山西的时候,据守河南的"大郑皇帝"(自立的,所以打上引号)王世充和称霸河北的"大夏皇帝"(同样是自立的,所以一并打上引号)窦建德也没闲着,各自在中原、山东、河北等地攻击李家在该地的势力,闹得唐军不得安宁,窦建德尤其狠,几乎将大唐的河北集团军全部歼灭。当时李渊正忙着安定山西,腾不出手来,等刘武周势力覆灭,就赶紧派兵来支援了,领兵大将自然还是讨灭薛、刘的功臣李世民。

平 定 洛 阳

按理来说,窦建德闹得最凶,应该先对付他才是。但此人势力庞大,只怕没那么好拿下。相比之下王世充在称帝时弑杀了隋朝的皇泰主(隋炀帝之孙杨桐,炀帝死后天下唯一承认的隋朝继承人),人心尽失,且大郑政权的中心东都洛阳连接南北方运输交汇点,战略位置极为重要,因此李渊指示李世民先拿下中原再说。王世充实在不得人心,在与唐军的交锋中连连败北后,部下就争相向唐军投诚,这里面就包括《演义》中的猛人罗士信、程咬金和秦叔宝。王世充越发势穷,只得全面收缩防线,把军队部署在洛阳、虎牢关、襄阳等几个重要据点中。

李世民先前惯用的骑兵战术是坚壁清野,轻骑截粮,等敌人撑不住了再用精骑追击。但兵无常势,现在坚守不出的变成了敌人,那他的战术也自然要变一变了。他把部下的骑兵分为几队,到处出击,专门切断中原各地与洛阳的联系。你王世充不是要死守吗,那我就让你守个够,我先把你所有的援助全部切断,再慢慢耗死你困死你。

在李世民的分割包围和打击下,郑国在河南的各个州县先坚持不下去了,相继被攻占,洛阳也爆发了粮食危机,连监狱里的犯人一天饿死的都有几十人之多。王世充见这样下去不是个办法,也只能硬拼一下子了,郑军和唐军开始正面交起手来。

李渊起兵之初,势力有限,因而对骑兵建设工作虽很重视,但无力扩大其规模,为此还向突厥购买过雇佣军。灭掉西秦之后,李唐接受了位于"秦国"境内的前隋朝陇右牧场,陇右自古就是产马重地,屈突通单在那里查出的被牧场官员私吞的马匹就有2万多匹,其实际规模可想而知,这样一来唐军骑兵的军马来源问题解决了,实力也急剧膨胀起来。身为骑兵战专家的李世民知道兵不贵多而贵精,便从中挑选了1000多名最骁勇的战士,组成了自己的近卫骑兵队。这1000多人分别由降将秦叔宝、程咬金、尉迟敬德等率领,清一色身着黑色甲胄(估计为明光铠),因而被称为"玄甲军",可以说是大唐开国以来的第一支特种部队。现在与王世充战上了,这支特种部队正好一展身手。

武德3年9月,李世民亲率500余骑登上洛阳北郊的邙山,视察洛阳周边的地形,被城内人发现。王世充亲率步骑万余前来袭击,很快将李世民包围。郑军大将单雄信挥槊直取李世民,说时迟那时快,玄甲军统领尉迟敬德大吼一声从斜刺里杀出,将单雄信刺落马下,随后护卫着李世民杀出重围。

王世充军虽多,但战斗力与玄甲军根本不可同日而语,玄甲军见主将不失,安下心来,很快也一个个杀出重围。他们根本没把数量远占优势的郑军放在眼里,在尉迟敬德和李世民的指挥下重整队形后竟反而向王世充发动了攻击,郑军根本抵挡不住,玄甲军几次杀进杀出,如同在自己家一样轻松自在。此时屈突通又率领唐军主力杀到,把王世充打得一败涂地,包括郑军精锐"排军"在内的被杀、被俘者达7 000人之多。隔年春,屈突通在巡查洛阳周边的唐军军营的时候又遭郑军突袭,李世民亲率玄甲军往救,王世充再次大败,折兵6 000多,骑将葛彦璋被俘,从此玄甲军声名大噪。

　　1个多月后,由于郑军运粮队被唐军轻骑歼灭,王世充恼羞成怒,带了2万多主力从方诸门出阵,临着洛阳西北面的谷水向李世民挑战,唐郑双方最大的一次骑兵战就此打响。

　　郑军兵多势众,但李世民却一点也不慌张,他先让屈突通带了5 000步兵,越过谷水从正面攻击王世充,自己则率领唐军骑兵列于北邙山上,伺机而动。

　　屈突通按照李世民事先的吩咐,一与王世充交上手就在战场上大肆焚烧可燃物,一方面阻隔了郑军骑兵的视线,一方面向李世民报信。此时唐军骑兵从北邙山上杀下,冲击郑军军阵南面。李世民打得性起,竟只带数十名玄甲军对准郑军薄弱部位撞了进去,直直从敌军背后透阵而出,当者皆靡。

　　勇敢过了头,就成了鲁莽,李世民大概是起兵以来未遭败绩,感觉太好了,竟犯下了冲动的错误,他忘了自己功夫再好,身边也只有区区几十人而已,更忘了此时是背靠着谷水的长堤作战而非在平原作战。李世民在摸清了郑军内部虚实后,打算从原路返回,但部下为狭窄的地形所阻,渐渐与他失去了联系,李世民猛一回头,发现自己赫然只剩孤身一人!

　　此时又有一支冷箭飞来,李世民把马头一提,躲了过去,坐骑却中箭倒毙,把他甩了下来,数名郑军骑兵见状一齐抢上,眼看未来的大唐太宗就要命丧此处。幸而玄甲军骑将丘行恭拍马赶到,拈弓搭箭,一连将打头的几名郑军射下马来,剩下的人被吓住了,不敢上前。此时丘行恭的坐骑"飒露紫"也已中箭,他拔去箭,又把主将从地上拉起来,将"飒露紫"让给了他,自己手持横刀,步行护卫。亏得丘行恭刀法无敌,"飒露紫"又甚能负痛,虽受了伤依旧狂奔不止。两人得以杀散追兵,一同回归本阵。后李世民为了奖赏丘行恭救主之功,将他为"飒露紫"拔箭时的一幕刻于石碑之上。这块石刻作品与其他 5 幅作品一起在李世民过世后,被置于其陵墓——昭陵之畔,合称"昭陵六骏"。

唐军虽勇,但王世充也是孤注一掷,打得顽强无比。郑军几次被打散,又几次重新聚合起来,与唐军大战。因而不单是李世民,唐军众多骑将亦是险象环生,例如骠骑将军段志玄也是犯了鲁莽的毛病,冲得太前,结果坐骑被射倒,本人被俘,两名郑军骑士抓住他的发髻,打算把他拖回城里。段志玄羞愤难忍,突然暴喝一声跳起,赤手空拳打倒两人,夺得马匹后与大部队会合。

这场恶战从上午七点一直打到中午,郑军最终不支而退,李世民追杀到洛阳城下,俘斩 7 000 多人,遂围洛阳。

谷水之战后,王世充无力再组织大规模反击了,李世民日夜攻城不止,城内绝粮,连树皮草根都吃尽了,死者无数,此时天险虎牢关也被郑军部将献给了李世民。王世充几乎到了撑不下去的地步,但他仍不肯投降,而是致信夏王窦建德,让他赶紧拉兄弟一把。窦建德并不喜欢王世充,但唇亡齿寒这句成语他还是懂的,很快就带了十万大军赶来,在坂渚布阵,与王世充遥相呼应。

夏军号称 30 万,李唐方面有些人害怕起来,建议撤军,李世民却完全不当一回事。他留弟弟李元吉继续围困洛阳,自己带了 3 500 名精锐骑兵前去会会窦建德。几天后,这个天不怕地不怕的家伙居然把谷水之战遇险的教训忘得一干二净,只带了 500 玄甲军就去挑战。更大胆的是,他连这 500 人也分给了李世绩、程咬金和秦叔宝,让他们埋伏在道路两侧。自己只和尉迟敬德等 4 人大摇大摆地来到夏军军营外,夏军侦察兵还以为他们是唐军斥候,李世民竟大叫:"我乃秦王也(李世民时封秦王),谁敢来拿我的头就上来!"这下可捅了马蜂窝,56 000 夏军骑兵涌出,想抓住这个不要命的家伙。李世民不慌不忙,和尉迟敬德手持弓箭在后面慢慢地走,谁追上来了就将谁射杀,接连射死了十多人,夏军始终不敢逼近,只在背后不远不近地跟着,就这么跟到事先设置好的埋伏圈里。李世绩、程咬金和秦叔宝猛然暴起,大破追兵,斩首300余,狠狠给了窦建德一个下马威。

说句题外话,虽然李世民这招是骑兵战术中典型的诱敌深入,但笔者并不赞同他亲身犯险的做法,毕竟这样太冒失了,万一夏军中有那么几个尉迟敬德级的狠人,后果可是不堪设想的。

挨了当头一棍后,窦建德和唐军打了几场,都输了。而洛阳城内的王世充被李元吉围着出不来。就这么过了几个月,窦建德担心王世充再也坚持不下去,打算渡过黄河以北,突袭唐军背后的虎牢关。李世民觉察到了,于是也移营到荥阳东北面的广武山上。第二天窦建德果然到来,夏军西薄汜水,南属鹊山,绵延20余里,鼓声震天。而李世民只是登高一望,就拿定了破敌良策。窦建德派了300骑兵来挑战,李世民也只用小部队应付了事。

夏军到底是乌合之众,训练和纪律性都很差,在与唐军对峙了几个时辰后就觉得又累又渴,有的坐下休息,有的跑到汜水河边去喝水,有的干脆想回大营去,队列一下子就散乱了起来。此时李世民又派部将宇文士及带了300人从西边绕到窦建德军的南边,骚扰不止,窦建德大军更乱。李世民见机不可失,迅速率领轻骑渡过汜水,从东面直薄夏军大营。

李世民出击的时机把握得特别准,窦建德正在自己临时盖起的"行宫"之众召见"朝臣",打算研讨下一步的方案。唐军这一冲锋,众人都慌乱了起来,四散乱跑,倒把路都给堵住了,夏军骑兵不得出。窦建德只得亲自指挥大臣们给骑兵让路,这些没有上过战场的文人更无任何纪律可言,等他们乱哄哄地从骑兵们的马下挤过去的时候,时间已过去老久。唐军窦抗部早已冲进夏军大营,夏军骑兵还没来得及列阵,如何抵挡得住。窦建德只好指挥部下边打边撤,窦抗一时也无法前进。李世民立刻带了玄甲军前往支援,淮阳王李道玄更是生猛,单枪匹马从夏军军阵后面杀进,又从前面杀出,然后再返身杀回。如是几进几出,虽然他全身上下中箭累累,但仗着盔甲厚重(明光铠可以申请质量专利了),并未重伤。反而箭无虚发,连射多人下马。将领的表现起到了极好的带头作用,唐军勇猛地冲锋向前,带起的尘埃把天空都遮蔽住了。李世民与史大奈、程咬金、秦叔宝等猛将挥舞大旗,随后杀入,径直撞开夏军军阵,在夏军大营后方将手中军旗一齐插在地下,旗帜随风飘扬,上面的"唐"字在日光下变得格外刺眼,敌军一见再无斗志,大溃而走。窦建德也中了一马槊,带伤逃向渡口,被唐军骑士追上擒获,连同他一起成为战俘的有5万多人。

几天后,李世民将包括窦建德在内的夏军俘虏带到洛阳城下展示,冲着城内高呼:"你们的援军比你们还早完蛋,你们还不投降吗?"绝望的王世充大哭不已,只好开城投降。"大郑"、"大夏"政权几乎同时覆灭。

战术评述:疲敌以致败不仅只有先断敌补给而已,扰乱敌阵而后乘虚击之,同样可以收到意想不到的效果。

从水淹刘黑闼到与突厥开战

窦建德投降后,被李渊下令斩首,然而这是不折不扣的失策。窦建德在河北素得人心,他的惨死让其余部怒不可遏,加之唐朝派去河北的官吏又在当地搜捕他们。于是众人拥前夏军大将刘黑闼为首,再度造反。刘黑闼极会用兵,先后大败唐军大将李神通、罗艺等,连名将薛万钧、薛万彻、李世绩都被他俘虏。他又学刘武周,勾结突厥,突厥不但派兵支援,还大举袭击代州、并州、原州等地,迫使唐军难以全力组织反击。不到半年,"大夏"故地全部被其收复,刘黑闼自立为"汉东王",以洺州为"国都",山东、河北又一次沦陷。

敌势汹汹,秦王李世民又一次责无旁贷地披挂上阵了,刘黑闼对他也有几分忌惮,放弃了刚刚攻取的相州,退守洺州。双方隔着洺水相对列阵,数月之间互有胜负,唐军大将罗士信身亡,但刘黑闼输得更多。武德5年(公元622年)正月,洺水也丢了,唐军进逼洺水南岸,但就此不进了。刘黑闼派人骂阵,李世民装聋。

明眼人都可以看出,李世民这又使出老办法来了:坚守疲敌以致败。可刘黑闼并没有吸取薛仁杲、宋金刚和王世充的教训,对自己的粮道保护并不得力,3月,他的运粮队遭唐将程名振率轻骑袭击,粮食全沉到水里去了。此时李渊又通过外交手段与突厥修好,于是刘黑闼的外援也断绝,实力进一步被削弱。

两个多月后,刘黑闼粮尽,只得渡河与唐军交战,李世民早算准了,一面命人在洺水上游筑堤坝阻断河水,一面亲率精骑出战。这次李世民再也不绕弯子了,而是从正面直取刘军前列的骑兵,刘黑闼虽勇,但骑兵根本不是玄甲军的对手,不久就败下阵来。李世民又接着冲撞刘黑闼的步兵方阵,刘军拼死作战,从上午一直坚持到黄昏,尚未分出胜负。此时洺水上游水势已然暴涨,唐军挖开堤坝。隋唐版的"水淹七军"在洺水河岸上演,滔滔洪水汹涌而来,战场顿时尽为泽国,水深达一丈之多。唐军早有准备,加上皆为骑兵,走得快,预先撤到了高处,来不及逃跑的刘军步兵全见了龙王,大部分被淹死、杀死。刘黑闼带着200余人逃亡突厥,山东悉平。

刘黑闼本人未被当场擒住,给唐朝带来了很大麻烦,没多久,得到突厥支援的他发兵南犯,淮阳王李道玄败死,齐王李元吉战败,河北诸多州县再次沦陷。但不久就被大唐太子李建成击败,刘黑闼在逃跑途中被人绑了送交唐军。这股对大唐危险最大的势力就此被平定。

北方诸多反王大多被击败,南方的割据势力如萧铣、杜伏威、辅公祐等也一一被肃清,李家终于统一了全国。然而对于刚刚饱受战火蹂躏的中国而言,和平还很遥远,因为一个更危险的敌人冒了出来,它就是远在关外的突厥汗国。

突厥民族来自阿尔泰山一带,据说是狼与人的后代。喝着狼奶长大的突厥人也继承了狼心狠手辣、六亲不认的本性。蛰伏多年后,他们先灭掉了长期奴役自己的草原霸主柔然,而后东破契丹、西征高昌、吐谷浑。公元567年,突厥著名首领阿史那室点密联合萨珊波斯帝国攻灭当时的中亚巨无霸嚈哒。至此突厥帝国达到了极盛,东至辽东,西控西域,"北狄悉归之"。

强大的突厥对当时的中原形成了绝对强势。当时北齐和北周政权争夺北方统治权正达白热化阶段。为取得突厥的支持，两国争相向突厥献媚，年岁贡礼无数，突厥佗钵可汗为此得意地说："我在南边有两个孝顺崽子，根本不担心会饿死！"

要将这一强势保持下去，必须让中原陷入无休止的混乱之中，自南北朝起，突厥就时时干涉中原内政，企图将乱世永远持续下去。杨坚建立隋朝后，在名臣长孙晟的策划下，用离间、攻打等各种手段对付突厥，弄得敌人国内四分五裂，可汗之间攻伐不已，势力迅速衰落下去，沙钵略只得请和。从此，突厥反而沦为隋朝的保护国。可惜好景不长，隋末燃遍全国的农民起义让杨广自顾不暇，突厥势力乘机再度崛起，不但统一了漠北，还故技重施，不断煽动各股割据势力彼此攻伐，刘武周、梁师都、刘黑闼都受过突厥的恩惠。李渊起兵之初也得到过突厥助力，但随着李家一步步一统天下，突厥看不下去了，于是先是援助其他反王反对李渊，见不能奏效，干脆直接光着膀子下了场。就在刘黑闼覆灭的那一年4月，突厥可汗颉利撕毁刚刚与李唐签订的和亲协议，攻杀唐代州总管李大恩；8月，又亲率15万骑兵侵犯雁门，攻陷大震关（今甘肃清水），后虽在唐使者郑元璹的劝说下退兵，然而当年冬天即在梁师都的指引下围攻灵州。此后突厥的侵犯越发频繁起来，关中面临严重的威胁。李渊甚至一度考虑要迁都，后被李世民劝而止。武德9年（公元626年）8月，突厥大举入寇，前锋直至武功地区（今陕西武功西北），京师大震，此时已经当上皇帝的唐太宗李世民亲率6骑赶往长安西面的渭水桥，与颉利亲率的突厥大军迎头撞上。无所畏惧的李世民不畏突厥兵多势众，在渭水河畔直斥颉利全无信义，屡犯唐境，大大打击了突厥人的嚣张气焰。此时唐军主力也随后赶到，盔甲旌旗漫山遍野，颉利以为唐朝方面早有准备，于是在渭水的便桥之上与李世民歃血盟誓，随后收兵。

大唐政权虽躲过了最大的一次危机，但却被迫向突厥支付大批财物以换取和平。这让军人皇帝李世民深深引以为耻，以后他不但整军备战，还时不时亲自在宫中教习武艺。李世民知道要彻底制伏来去如风的突厥骑兵，就必须直捣突厥巢穴漠北，而这件艰巨的任务只能由骑兵来完成，因此李世民将马政建设提上了议事日程的重点。他在陇右、金城、平凉、天水、楼烦等地设置了大量监牧场,还将军镇、监牧、屯田相结合,建立起了"三位一体"式的边防体制。

经过3年多的卧薪尝胆,唐军骑兵无论是在装备还是素质上都有很大提高。而突厥国内却天灾人祸不断,先是薛延陀、回纥等附属部落不堪压迫,纷纷反叛,颉利发兵征讨,却被打得大败;接着漠北遭遇雪灾,雪积数尺,突厥牛羊多死,经济遭遇沉重打击。此时颉利可汗之侄突利又因讨伐叛变部落不利被颉利责罚,心怀怨怼,两人竟反目成仇,突利率部投唐,颉利势力更加衰微。

李世民知时机已然成熟,遂大举出征。贞观3年(公元629年)秋,李世民以李世绩为通汉道行军总管,兵部尚书李靖为定襄道行军总管,华州刺史柴绍为金河道行军总管,灵州大都督薛万彻为畅武道行军总管,合兵十余万,分兵进攻突厥。

突厥骑兵概况与突厥汗国的灭亡

突厥骑兵的装备有弓矢、长矛、刀剑等。弓矢为突厥骑兵头号武器,突厥弓和匈奴弓一样为木质复合弓,两端用骨强化,长度为1.52米,拉满时呈M形。箭镞为三角形,铁质,镞身钻有小孔,因而射出时伴有尖利的响声。

突厥骑兵所用长矛矛尖、矛柄都很长,矛尖为狭长的棱形,十分利于破甲。短兵器有厚重的柄部缠有丝线的马刀、直柄的匕首、铁剑和套马索等。甲胄没有出土,但在文献中经常可见记载。

突厥人的马匹身高134~142厘米,为哈萨克马种,素质十分精良,唐人称赞其"技艺绝伦,筋骨合度",能忍受长距离行军,无论狩猎用还是作战用都极其适合。马具有铜、铁、骨制的马衔和八字形、宽镫板的马镫。

唐代突厥仍是游牧部落联盟,组织结构十分简单,部队以十进制为单位(即十人一组),布阵时按可汗在中、两设(突厥最高统兵官)分列左右翼的方式作战。突厥骑兵没有专门的战术,唯一的作战方式就是等到秋高马肥的季节，大举集中突袭，形势有利就继续深入，形势不利则立刻退走。

  这次远征的总指挥李靖很清楚，要对付这种流寇式的军队，最好的办法莫过于远程奔袭，出其不意。于是他挑选了 3 000 名精骑，夜袭突厥军队把手的定襄。与此同时，李世绩率领另一路唐军出云中，在白道（今呼和浩特北郊坝子口）大破突厥军。颉利万万没想到一直被动挨打的唐人居然开始反击了，认为唐军肯定倾国而来，赶紧退兵碛口，队伍一夜数惊，看来欺软怕硬是草原民族的本性。

  突厥跑了，李靖继续追，贞观 4 年 2 月，他在阴山追上颉利，又痛揍了他一次。颉利逃到阴山以北的铁山，这时候他才相信李世民来真的了，赶紧以执失思力为使前往议和，并答应率领族人归附大唐，自己亲身来到长安请罪。

  颉利是真心想投降吗？当然不是，突厥人一贯言而无信，说翻脸就翻脸，在草原称霸多年的颉利怎么会甘心做唐朝治下的一名臣子？他不过是想借助议和为自己争取到时间，然后举族逃往碛口以北，依附于回纥九姓部落。那时唐军想追也追不上了。此时突厥尚有部众数万，只要休整个几年就可以重新回到漠北，为祸唐境。

  李靖和李世绩都是经验丰富的老将了，很清楚颉利的如意算盘。两人一商议，决定再挑选出一万精锐骑兵，带上 20 天的干粮奔袭铁山，一举解决颉利残部。从太原起兵之初，李渊砸锅卖铁也才凑了 3 000 骑，现在精挑细选都能整出一万人，可见大唐这几年骑兵建设工作成效之显著。

  二李的计划遭到副总管张公瑾的反对，因为唐太宗李世民已经批准了颉利的请求，还派来了鸿胪卿唐俭作为议和使者。如果此时发动袭击，不但是违背圣意，还会危及唐俭的生命。但将在外君命有所不受，李靖以韩信破齐（秦汉时期汉朝名将韩信征讨齐国，齐王求和，汉王刘邦遣使议和。韩信不顾和议继续攻打齐国，导致使者被杀，但齐国也被征服了）的典故一口回绝，可见李靖根本没把唐俭的命放在心上，但为了大唐边境千万百姓的安宁，牺牲一个唐俭也确实值了。

却说突厥这头等来了唐俭,颉利自以为缓兵之计成功,放下心来,殷勤招待来使。一连几天突厥牙帐内歌舞不断,宾主推杯换盏,欢声笑语。突厥官兵也以为这下安全了,完全不加戒备,就在这种一片祥和的氛围之中,李靖的计划得以顺利实施,一路上有千余帐突厥人被俘,颉利一点也没察觉。

这天晚上,一队突厥斥候从牙帐内出发,巡视四周。尽管可汗说过大唐皇帝已经答应和解,不会再有危险了,但今晚突降大雾,一个突厥骑将还是带人出来看看了。

渐渐地,他已经来到了牙帐7里以外。能见度很低,这个骑将在白天的酒宴上也喝高了,现在还没全醒,但在恍恍惚惚中,他还是发现远处出现了许多黑影。等到这些黑影来得近了,他才意识到,这些人的身形绝不像自己的族人。

"唐……!"刚喊了半声,他就哑了,一支射地奇准得箭贯穿了他的喉咙。

突厥牙帐内大乱,颉利也顾不上找唐俭算账了,骑上自己的千里马溜之大吉。可汗一去,突厥人更乱,日后的大唐名将、李靖先锋官苏定方率领数百骑兵撞进来的时候,几万突厥人竟一并四散逃走。

李靖的后军很快赶到,如同捕羊一样捕房着惊惶的突厥骑兵,斩首万余级,俘突厥人口十余万,获杂畜数十万。颉利带了剩下的一万人打算从碛口逃走,谁知李世绩军早就等在那里了。颉利夺路而去,部下的酋长们全部投降。

颉利好不容易逃到了突厥小可汗(突厥官名,仅次于可汗)苏尼失部。唐任城王李道宗赶到,要求交出颉利来。颉利乘夜又逃亡附近的荒山之中,苏尼失怕李道宗问罪,赶紧派人把颉利从藏身之处揪了出来,交给唐军。称雄漠北、不断戕害中原的突厥汗国就比灭亡。消息传到长安,李世民喜形于色,在朝堂亲自起舞。而回纥、铁勒等原突厥属部为大唐天威所震慑,纷纷派遣使节入长安朝见,尊唐太宗为"天可汗",自此大唐疆域才真正得到了安宁。

而唐帝国的征服事业又上升到了一个新的高度。

什么,灭了突厥,唐朝还要继续出兵?没错,如果李世民的胃口仅限于守土的话,那大唐也不可能成为后世那个辽阔的大帝国了。守土向来是和开疆连在一起的,因此大唐的骑兵们的脚步仍不能停息,他们的下一个目的地是位于青海一带的吐谷浑。

追杀吐谷浑

吐谷浑人是鲜卑人的后裔(说来和李家还有点远亲?),原在辽东生活,两晋时期迁至西北。后逐渐壮大起来,统治了青海及甘肃、四川一部,南北朝末年和隋朝时期曾先后被突厥和隋朝击破过。后中原大乱,吐谷浑势力逐渐恢复,开始袭扰凉州、兰州一带。大唐要打通河西走廊,与西域取得交通,就必须制伏这个对手。贞观8年(公元634年)7月,吐谷浑再犯凉州,唐太宗下诏大举征讨吐谷浑。

此时李世民已经贵为天子,不能再以身犯险。况且李靖在对突厥战争中的表现也令他很满意,于是这次又任命他为总司令。吐谷浑可汗慕容伏允觉得李靖好生厉害,连突厥那样的大国都被他三下五除二干掉,自己的实力远不如突厥,还是尽量避战的好。他一逃就是几千里,走入库山一带。

唐军将领们见慕容伏允跑得这么远了,而且嶂山一带的道路又不熟悉,便主张回师,唯有擒获颉利的功臣李道宗主张追击到底。由于其他人都不肯动,他就独自率部追了下去,快马加鞭走了十天后,总算望见吐谷浑人的帐篷了。慕容伏允一看来的不是李靖,胆子大了起来,据险坚守。

大家还记得上次大破东突厥,唐军缴获了几十万头牲畜吗?这里面突厥马肯定不在少数,李道宗当时也在场,估计也分到了不少战利品。这次他就把这些马带了来,哈萨克良马有个优点,登起山来如履平地。李道宗派一部分军队吸引住慕容伏允的注意力,自己带着1 000多骑兵换乘哈萨克马翻过山去,绕到了伏允可汗的背后。吐谷浑人大惊,一时奔溃。慕容伏允逃进了青海的大漠,走之前他放了把火,把沿途的野草全烧了。

这一烧,又有些人想打退堂鼓了,他们的理由是人还有得吃,但马没得吃了,没法再用骑兵追击。这时倒是先前对李道宗的追击计划持坚决反对态度的唐将侯君集站了出来,认为吐谷浑主力已被击散,必须抓紧时机消灭之。李靖批准了,他带着薛万钧、部将李大亮为一路,李道宗和侯君集为一路,分别往北南两个方向追击。过了不久,李靖一路在曼头山、牛心堆(今青海湟中)两次追上吐谷浑军分部,皆大破之,斩杀吐谷浑酋长,缴获大批牲畜,缓解了军粮问题。

到现在为止,唐军一路取胜,渐渐产生了轻敌思想。谁知兔子急了还咬人一口,吐谷浑别部被追击了,也打算报复一次,他们在赤水源设下了埋伏圈。唐军前锋薛万钧、薛万彻兄弟只顾埋头追,正好中了敌人的埋伏,吐谷浑天柱王亲自上阵恶战。两兄弟先后中枪落马,麾下兵士战死大半。眼看这一路唐军就要覆没,此时李大亮部将契苾何力率骑兵数百赶来,竭力奋击,总算把两兄弟救了出来。天柱王率众逃走,在蜀浑山被赶来复仇的李大亮追上大破,属下著名酋长20余人被俘。与此同时突厥籍唐将执失思力(就是上次议和的那位老兄,此时已经投唐)也在居茹川取得了胜利,唐军全线告捷,一气直追到吐谷浑的西部边境且末。

侯君集和李道宗的南路军也取得了很大战果,他们冒着盛夏时节降临的霜冻(别笑,青海那就是这气候)直追2 000多里,途经破逻真谷,水源断绝。唐军人吃冰,马啃雪,硬是坚持了下来。当年5月,他们在乌海追上慕容伏允本部,又是一顿好打。打得慕容伏允逃到了突伦川,准备逃往西域的于阗国(今新疆和田)。

此时唐军已经横扫半个吐谷浑,也已人困马乏,有些人觉得已经把分进合击战术贯彻得够彻底了。但契苾何力不干,他认为吐谷浑居无定所,如不给一次狠的,以后再要追击就难以捕捉了,于是他决定把"穷寇必追"战术贯彻到底,精选熟悉大漠环境的本部骑兵(契苾何力为铁勒部落首领,此次是带着族人来参战的)1 000多人,冲进了突伦川。薛家兄弟为报其救命之恩,率军跟进。途中唐军水源再次断绝,沙漠中又找不到水,契苾何力下令刺伤战马,用马血止渴。燥热的马血让唐军骑兵兴奋难当,为了宣泄,他们一气追到了慕容伏允的牙帐。慕容伏允这下真傻眼了:"怎么我都逃得这么偏僻了,这些唐人还是一口死咬啊？"只好接着跑路了,这次他只剩了孤身一人,妻子儿女连同部众全丢给了唐军。几天后他与另一路被打得够呛的人马汇合,正商议去路之时。他的儿子慕容顺觉得再这样逃下去没个头,干脆造起老子的反来,他杀掉了一直怂恿伏允侵犯唐朝边境的天柱王,带着剩下的族人向李靖投降。伏允哭丧着脸,带着1 000多人又跑到了沙漠里,没几天就被部下干掉了。国人拥立慕容顺为可汗,唐太宗命令李大亮带数千唐军常驻,作为他的"后援"。吐谷浑就此成为唐朝的属国,河西走廊打通了。

平吐谷浑一战也是大唐头号将星李靖一生最后一场辉煌演出了。此后,这位64岁的老将潜心养老,并将自己戎马生涯的全部经验总结成书,这就是后世闻名的《李卫公兵法》,可惜原本早已散失,今天我们只能从通典里收录的某些残篇,领略着这位水平不在卫青、霍去病之下的骑兵战大师的智慧。

东征薛延陀和高句丽

茫茫草原上是永远不会缺乏主人的。再庞大的游牧帝国灭亡后,只要肥美的草场还在,就永远有新的游牧部落前来填补留下的真空。漠北突厥灭亡后,继而崛起的是薛延陀汗国。

薛延陀为铁勒部落的一支,突厥汗国强盛的时候,所有铁勒部落被被迫臣服于它。后突厥分为东西二部,薛延陀奉西突厥为主。不过西突厥实在不是一个好主人,对自己的臣民勒索不已,久了铁勒各部首领难免有怨言,西突厥的处罗可汗竟将他们全部斩杀,至此铁勒人打定不再跟他们混了,后来乘西突厥国内混乱之机,投奔了东突厥,也就是后来的漠北突厥汗国。

可是天下乌鸦一般黑,东突厥对铁勒人也好不到哪去,除了刮钱还逼着他们服兵役。被奴役的人们忍不下去了,前文提到的叛乱就是这么爆发的。颉利派兵征讨,结果却屡战屡败。即便如此,铁勒各部还是畏惧漠北突厥资本雄厚，于是搞了个被压迫者大联盟，也不知为什么，反抗突厥最给力的回纥部落并未去争联盟首领的位置，而是让给了薛延陀部落酋长夷男。此时唐太宗正计划对突厥大用兵，认为这帮梁山好汉可以从内部牵制颉利，立刻派人册封夷男为真珠可汗，并赐给他象征权力的鼓和旗，薛延陀势力名分俱有，实力迅速膨胀起来，以郁督军山（今外蒙于都斤山）为中心建立了汗国，取代了突厥的位置。

然而唐朝政府支持薛延陀只是为了压制突厥而已，可不是为了再造一个突厥汗国出来。唐军擒获颉利后，为了制衡薛延陀的力量，太宗将夷男的两个儿子分为小可汗，各给了旗鼓，目的是为了将薛延陀汗国一分为三。这还不算，太宗将投降的东突厥部众全部交给突厥贵族李思摩，让他们在黄河以北安家，摆明了打算用对付过颉利的那一套再用来对付薛延陀。

唐太宗的这些举措让夷男非常不爽，但碍于大唐的军力，也只得暂时忍耐。贞观15年（公元641年），唐太宗为了纪念自己登基以来的功绩，打算前往泰山封禅（古代统治者昭告天地的仪式）。真珠可汗认为有机可乘，征发铁勒各部20万人，由自己的儿子大度设率领攻打李思摩。李思摩抚众无方，不得人心，无法抵御，只得撤入长城内向太宗告急。

夷男太低估唐廷的行政效率了，长安很快就知道了他的行为。太宗立刻取消封禅计划，派遣李大亮等将领，兵分几路进军薛延陀。同时太宗又命令李思摩将附近的野草烧光，以削弱薛延陀骑兵的马力。

然而太宗这一招和慕容伏允一样并没有起到多大作用，倒不是薛延陀骑兵有着和大唐骑兵一样出色的顽强精神，而是他们为了对付突厥骑兵，早已发明出了一套新的战术：以5人为基本单位分成许多小组，其中一人负责照管5匹马，其他4人一等接近突厥骑阵，全部下马使用长矛步战。这让习惯性以为铁勒人还是和以前一样用骑兵和他们对冲的突厥人完全没有防备，往往还没来得及收住战马就迎头撞上了薛延陀军的矛尖。而一旦他们被刺落马下，想后撤的时候，薛延陀军又跨上战马追击。先前李思摩就是着了这一道儿而大败亏输的。不过这一招用来对付突厥人可以说是屡试不爽,可用来对付唐军呢?那可不一定,更何况此次唐军的总指挥是李世绩。

无论是指挥骑兵作战还是在战场上的随机应变,李世绩都不亚于李靖,因而他时常被后人与李靖合称"大唐双李"。他出色的应对能力在对薛延陀的战斗中体现无遗:大度设见把李思摩赶得没影了,正在高处一边狂笑一边叫骂呢。眼见前方尘土大起,无数身着明晃晃的明光铠的唐军骑兵蜂拥而至,还没出口的粗话顿时咽进了肚子,上了马就拼命朝来时的路逃去。可是一贯死咬到底的唐军哪是那么容易被甩掉的,李世绩挑选轻骑和突厥骑兵6 000人,抄小道狂追数日,在诺真水(今内蒙乌兰察布一带)赶上了敌人。大度设见溜不掉,只得回身迎战,突厥前锋赶的快先上,但他们仍敌不过薛延陀军的长矛阵,乱纷纷地败了下来。大度设一下恢复了信心,反而追了下去,与李世绩撞了个正着。

薛延陀军在兵力上明显占优,下马布阵后,战线竟有10里来长。即便如此,大度设知道唐军骑兵善于绕道从背后侧袭,因而并未立刻摆出长矛方阵,而是命令属下一齐放箭,但不是瞄准唐军,而是专射他们胯下那些没有马甲防护的战马。要说这些铁勒人和突厥人一样,整天也是在草原上狩猎为生的,箭术真不是盖的,万箭齐发之下,唐军战马瞬间死伤无数,骑手们防护严密,摔下来也未受重伤,但再想迂回突破可是没门了。

大度设正得意洋洋,却见李世绩露出个不慌不忙的冷笑,只见他一声令下,所有唐军不管马匹完好与否,全部跳了下来,然后统一换上了马槊,组成了惯用的六花方阵,踏着整齐的步伐朝薛延陀军阵地逼来。你小子不是喜欢玩步战吗?那你李家爷爷今天就陪你玩到底,让你见识一下。

在介绍唐军战法的时候已经说过,唐军一旦以防御状态迎敌,所有马军必须先下马,配合步兵精锐一起战斗,所以他们平日里肯定做过大量的针对性训练。薛延陀将骑兵步兵化也才没多久,这方面哪里比得过已有数十年作战经验的唐军?何况步行肉搏战讲究的是先下手为强,中原骑兵所用的马槊足足有一丈八长,比铁勒矛要长得多,因此可谓是处处占得先机。薛延陀兵虽众,这下也只能节节败退了。

既然打不过,就跑吧,薛延陀人一面抵抗,一面招呼管马的同伴把马牵来,可嗓子喊哑了也没见个回应,转头一看,我靠,马怎么全不见踪影了?!原来他们在和李世绩交战的时候,唐军副总管薛万钧早带了几千人偷偷绕到他们背后去了,但薛万钧没有立即夹击敌人,而是专门把负责牵马的铁勒士兵全俘虏了起来,马也一道牵走了。铁勒人这下傻了眼,步战打不过,跑又跑不掉,怎么办?只有降了呗。诺真水一战,薛延陀军战死者只有3 000来人,被俘者却有5万多人,比例差距也太明显了。

大度设想必一直没下马,所以还能开溜。薛万钧还打算连他一起俘虏了来,但老天不作美,突然降起了大雪,内蒙那嘎达一下雪可不得了,唐军本来就损失不小的马匹又冻死了一大批。大度设这才逃了回去。

尽管没抓到主将,这一通好杀把薛延陀人打得也够痛了。李世绩不过用了几千骑兵就灭掉了20万铁勒人,那要有讨伐东突厥的规模,薛延陀还不当下就被灭掉吗?打这以后真珠可汗老实了不少,还主动向太宗请婚,但薛延陀国力比不上当年的突厥,根据地离长安又太远,作为聘礼的牛羊走到半路就死得差不多了,太宗本就没打算真应许婚事,这时乘机一口回绝了。

薛延陀人觉得在铁勒各部面前折了面子,心中更加怨恨,此后又开始侵犯边境,惹火了唐太宗。又命李世绩发兵征讨,薛延陀再次大败,损失数万人口。此时薛延陀属下的回纥、同罗等铁勒部落也乘机来打劫,薛延陀势力越发衰弱,贞观20年(公元646年),这个只存在了十七八年的汗国也步了突厥的后尘,灭亡了,看来大唐确实惹不起啊。

薛延陀不是唐朝的对手,还主动生事,简直是犯蠢。可还有人想引诱薛延陀一再犯蠢呢,谁?高句丽人。

高句丽是西汉末年由扶余贵族(东北少数民族之一)高朱蒙在辽东一带建立。东汉时期它开始了集权化统治,并与中原政权以及相邻近的由马韩、辰韩、弁韩等半岛原住民建立的百济、新罗两国不断发生军事冲突。公元 4 世纪左右,高句丽在传奇帝王好太王的统治下先后击败后燕、百济、契丹等强敌,使领土达到前所未有的广度。隋文帝杨坚一统中国后,高句丽入侵辽西一带,杨坚曾一度想亲征高句丽,但因遭遇风暴而未成。大业 6 年(公元 610 年),高句丽私下勾结突厥被发现,隋炀帝杨广一怒之下三次亲征高句丽,结果指挥失当,丧师无数,还导致国内叛乱四起,最终亡国,这个前面已经提到过了。

隋炀帝征高句丽失败后,高句丽人将阵亡的隋军将士尸骨筑成京观,令中国人愤怒不已。唐太宗早想惩戒一下这个狂妄的国家,但高句丽国王、荣留王高建武很聪明地放低姿态,再三与唐朝交好,这让太宗一时找不到出兵的理由。

公元 642 年,情况变了,高句丽大对卢(官名,等于高句丽的丞相)泉盖苏文擅权。荣留王打算除掉他。泉盖苏文得到消息,抢先发动政变杀死了荣留王。此后泉盖苏文自封为莫离支,更加大权独揽,俨然他才是真正的高句丽王才是。

与低调的高建武不同,泉盖苏文根本不把唐帝国放在眼里,当上莫离支后就联合百济攻打唐朝在半岛的盟国新罗。唐太宗警告盖苏文别太过分,盖苏文不但不听,还扬言新罗不把以前占领高句丽的土地归还他就不会停止战争。

除此之外,盖苏文还计划勾结薛延陀,在唐的北境生事,但当时夷男刚被李世绩痛殴一顿,无论如何利诱都不敢动,反而让太宗觉得,该是狠狠教训教训盖苏文的时候了。

贞观 19 年(公元 645 年)春,唐太宗李世民亲率十万大军远征高句丽,自从他登上帝位后,已经近 20 年未再亲自统军。但这次东征意义非同小可,不仅是为了辽东边郡和盟国,更是为了隋炀帝时期惨死在高句丽土地上的无数中国人复仇,因此,年近五旬的唐太宗再一次跨上了马背,引领着身经百战的宿将李世绩、李道宗、程名振等人和骑兵军团踏上了前往异国的路。

与隋炀帝东征时大规模强征壮丁形成鲜明对比的是,唐廷在对民力的使用上相当谨慎,加之唐军中颇多主动参军人士,本身在士气上就不可同日而语。而太宗又起到了极佳的领导榜样：例如攻城时，车驾始终位于第一线；李思摩中箭，太宗亲为其吸出污血；契苾何力被刺伤，太宗又亲自为他包扎。因此唐军作战时人人奋勇争先，完全压倒了高句丽兵的顽强。东征军入高句丽仅两个月，就先后拿下了盖牟、卑沙、辽东、白岩等好几座城池。6月20日，唐军挺进到安市城（今辽宁鞍山及海城一带），高句丽人急了，北部酋长高延寿、高惠真率领高句丽和靺鞨（东北少数民族，女真人的祖先）联军15万前来救援。东征军团陆军本就只有6万（其余4万由大臣张亮统率，从海路进发），其中还要抽出一部分运送辎重，一部分用于镇守已经攻下的城池，实际可用之兵不过3万余人，但李世民认为敌人最好的选择是坚壁清野，截断唐军粮道。在野外寻求与唐军决战实为下策。而此时唐军接连得胜，战意也极为高昂，听说高句丽军主力前来，皆拔刀结袥，喜形于色。

本书主题为骑兵战，所以这里先穿插介绍一下高句丽骑兵的情况：从现有的考古资料来看，高句丽人狩猎传统浓厚，骑兵为主力兵种。且装备不弱：有弓箭、刀、矛、甲、胄和钉履等，大多为铁制。

高句丽弓未见实物，形制并不清楚。箭矢出土不少，按箭镞形状可分为蛇头形、燕尾形、长剑形等多种，最有特色的为铲形镞（如箭头为梯形、倒三角形的箭镞），看过《最终兵器·弓》的读者想必对电影中的头号反派所使用的箭支印象深刻——即为铲形镞的一种。

刀分长短，长的有近30厘米，短刀长度只有前者的一半，多为环首刀，想必是汉代流传过去的。

矛有铜铁两种，矛头有柳叶形、十字形、枣核形等，一般长一尺左右。

铠甲都是铁甲了，甲片呈矩形、长方形和正方形，多为锻制而成，硬度高但韧性差。

头盔制作精细，铆接用的圆弧形铁片足有20多片，根据壁画显示高句丽骑兵头盔和日耳曼人一样，带有一对牛角，就这点而言电影《渊盖苏文》考证还算不太离谱。

钉履可以说是高句丽骑兵的特色装备，由于高句丽多山，为了防止打滑，所以人们多穿钉鞋，可能是从汉代的"木屐"发展而来的，只是鞋底装的是铁钉。

高句丽的多山地形还导致高句丽出产的马匹甚是矮小，据说只有3尺高，可以从果树下钻过去，故被称为"果下马"，别看它个头小，翻起山来真不是盖的。

高句丽马具资料暂缺，但从墓葬壁画上看，4世纪时高句丽已经出现了和北魏重骑兵一样的具装骑兵，马鞍和马镫肯定是存在过的。

高延寿、高惠真选择了位于安市城东南8里的一座无名山峦作为驻军地点，后来战场也位于这里。他们之前曾与唐将阿史那社尔的1000名先锋骑兵交过手，没两下就把唐军打得只有跑路，先前对对手的那些小心一下就收起了，原来唐军就这点能耐啊，看俺们怎么为盖苏文大人建功，于是高句丽这边也是磨刀霍霍。

显然，阿史那社尔的败退只是太宗的骄敌之计罢了，李世民一边公开示弱，一边做好了布置：李世绩率领15 000步、骑兵驻于无名山峰的西边，迎战高句丽军。而国舅长孙无忌则带了11 000名精骑，绕道北边的山谷进行奇袭。唐太宗亲自带领4 000人马登上峰顶，等御营这边发出信号，分进的各部一起合击。

根据朝鲜史书记载，战斗爆发前夜，一颗巨大的流星从天而降，不偏不倚落于高延寿部的军营中。上天也在预示着，明日必将有一场恶战。

高延寿、高惠真显然没把这件事放在心上，6月22日一早，他们就信心满满地把部队拉出了军营。只见群山环绕间，众多唐军将士正在李世绩的指挥下忙着布阵。再一看，唐人的人数比俺们少得多，哈，他们兵力又处于劣势，又没做好准备，现在不打，更待何时。孩儿们，听令，给我上，活捉李世民！

10多万高句丽人争先恐后地朝西岭涌来，李世绩镇定自若，指挥兵士们摆出六花阵，用弓弩手、马军、步兵来回交替上阵的方式抵御着10倍于己的敌人。此时天空中阴云密布，不时伴随着几声惊雷，须臾间，长孙无忌的奇兵已经完成了迂回，向敌人的背后猛扑过去。位于最高处的唐太宗见尘土大起，立刻下令吹响号角，擂响战鼓，这是事先约定好的总攻信号。

"啪嚓……轰隆隆!"一道明晃晃的闪电突然在云层中闪现,紧接着就是几下震耳欲聋的雷声,随后一场暴雨倾盆而下,大自然也来助战了。

"陛下,你看,那是什么?"一名玄甲军骑士指着山下叫道。

李世民顺着他指的方向一看,但见一团白影从唐军骑兵队伍中疾驰而出,犹如脱弦的利箭一般射向敌军。再定睛一望,却是一名身着白袍、手持长戟、腰别两把弓的唐军骑将。天昏地暗间,他的这身打扮格外显眼。

一眨眼的工夫,白袍人已冲入敌军之中。此人功夫好生了得,长戟起处,如银蛇乱舞,高句丽骑兵一个个被刺落马下。摘下弓来,箭似流星,敌人无不应弦而倒。电光映照下,他的英姿时不时在敌阵中闪现,所过之处无不披靡。唐军骑兵受其鼓舞,纷纷呐喊跟进,敌军大败。

正在高处的唐军全看呆了,好半天才反应过来,急忙吹号擂鼓,各路唐军一齐发动猛攻。高延寿、高惠真慌忙下令分兵迎战。怎奈大军背后突遭重创,早已不成队列,很快就全线溃败,唐军斩首2万余级。

战后,李世民命人召来那名白袍小将,方才得知此人姓薛名仁贵,为南朝宋国名将薛安都六世孙,为应募参军者之一。太宗大喜,当即给予重赏,还提升其为游击将军。未来在演义话本和真实历史上均人气极高的薛仁贵的初次登场虽有故意炒作之嫌,然仍不失为一次出色的表演。

高延寿等收拾残军,仅余3万多人,又被唐军围困,思来想去还是选择了投降。唐太宗将首领3 500人流放中国内地,其余的除3 000名靺鞨兵予以坑杀外,全部放走。高句丽全国震惊,黄城、银城军民不战而走。为纪念这次大胜,唐太宗将作为战场的无名山峰命名为驻跸山。

唐第一次远征高句丽虽然取得了驻跸山之战等一系列胜利,但在战略上过于保守(如李道宗和降将高延寿多次提议放弃坚城,用奇兵袭击高句丽心脏地带,太宗担心后勤接济不上均未同意),最终困于安市城下,加之寒冬很快来临,只好草草收场。尽管唐军前后攻取高句丽大小城池十多座，歼敌 4 万余，俘虏人口 7 万，就战果而言还算不错。可太宗未能达到事先预定的战略目的，心中还是失落不已。同时他也明白了，拥有完善的行政机制和组织动员体系的高句丽不比突厥、薛延陀那样的松散的游牧部落联盟，没那么容易征服。此后太宗改变战术，多次小规模入侵高句丽，不在占地，旨在破坏其国内生产。这招果然奏效，高句丽在唐朝的持续骚扰下一天天衰弱下去，最终在高宗朝被灭。灭亡高句丽之役中，大唐骑兵在血气方刚的薛仁贵的率领下，多次以少胜多，为最终胜利立下了汗马功劳，这是后话。

武 街 之 战

每当翻阅唐史，读到高祖及太宗朝时，相信很多人都会涌起一股赞叹不已的感觉：那时咋那么多能征善战的武将呢？的确，高祖、太宗朝无论文武，可谓是群星璀璨。但人品是定量守恒的，头两朝的大量"预支"导致高宗时期人才开始逐渐凋零。武则天当政后将重心放在夺权上，残杀将才，加之她只顾内斗，荒废马政，军马大量丧生，导致大唐骑兵的战斗力严重衰退。此时在西南边陲，一个可怕的敌人——吐蕃乘机崛起，成为帝国新的劲敌。

吐蕃是藏族的祖先，自称神猴与魔女的后代，公元 6 世纪起强盛起来，逐渐统一了青藏各部。贞观 8 年（公元 638 年），他们就试图挑战大唐的权威，但被击败后转而请求和亲。太宗将文成公主下嫁吐蕃赞普（国王）松赞干布，并送去大批工匠作为陪嫁，根据教科书上的说法，是"有力促进了汉藏民族的交流"。

太宗的做法其实是养虎留患，获得了大唐技术援助的吐蕃实力迅速膨胀，并于 7 世纪后期对亲家发动大规模战争。来自雪域高原的藏族战士彪悍勇武，失去强力骑兵支援的唐军无法抵挡，屡屡战败，刚在西域建立不久的军事基地（安西四镇）也多次得而复失。

唐玄宗继位后，一扫前朝弊政，整军经武，认真备战。他特别狠抓骑兵的重建工作，在玄宗的努力下，唐马政迅速复兴，开元年间马匹曾达百万之多。实力逐渐恢复的唐军展开对吐蕃帝国的反击,频频取胜,其中开元2年(公元714年)的武街(甘肃临洮以东)之战尤为出彩。

九曲,今青海东部贵德一带,本为唐朝之地,该地水草丰美,地理位置重要,吐蕃早已垂涎不已。景龙4年(公元710年)借助与唐朝和亲之机,提出用该地作为和亲公主的嫁妆。昏庸的唐中宗竟同意了,此后吐蕃不断利用九曲作为战略基地发动进攻,开元2年8月,吐蕃大将坌达延、乞力徐又率10万人马入侵临洮,掠取军马,武街之战就在这一背景下爆发。

吐蕃军队亦以骑兵为主,其特色装备有锁子甲、藏刀和抛石兜。

锁子甲在西方出现得很早,但7世纪才由吐蕃人传入中原。吐蕃铠甲采取冷锻技术打造,强度极佳,通典记载吐蕃骑兵人马俱披甲,只露出一双眼睛。即使是强弓利刃也难以造成伤害,看来蕃军以重骑兵居多。

藏刀分为尚玛、索波、甲热等五类。表面有银白色纹路,经防锈处理后刀刃呈暗青色。削铁如泥。

抛石兜,藏语叫"俄儿多",是一种用兽皮、毛线制成的中间宽、两面狭的绳带,使用时利用离心力甩出削尖的石块,杀伤半径可达150米。

吐蕃骑兵其余装备有双血槽的铁矛、甲胄、弓箭等,糅杂了唐朝技术制成,因此外形与大唐骑兵的类似。这就给了唐将王晙一个机会。

什么机会?王晙从部下挑出700人,让他们扮成吐蕃骑兵于傍晚混进敌军中去。由于唐甲和吐蕃甲本就相似,天色一黑,吐蕃人根本觉察不出来。

夜里,吐蕃军营突然大乱起来,许多人在营地中奔走,见人就杀。此时王晙事先安排在吐蕃驻地五里外的一批人又开始拼命吹鼓击角,与营地内的人相互呼应。吐蕃人以为唐军已经闯进了己方军营,又搞不清对方在哪里,慌乱之下竟不分青红皂白自相残杀起来,死者数万。

其实王晙下辖的兵马只有2 000人,本是去接应另一员唐将薛讷(薛仁贵之子)的主力的,一时心血来潮发动了奇袭。但他的人毕竟太少,吐蕃军队很快恢复了镇定,这时薛讷离这里还有一段路程,王晙这支小部队随时有被吞掉的危险！

王晙也真是胆大包天，他乘吐蕃军尚未搞清己方虚实的时候，挑出数百精骑，人衔枚马束口，悄无声息地接近吐蕃人后，再次发动奇袭。原先潜伏在内的勇士们也再次响应，蕃军本已是惊弓之鸟，黑暗中又不知来了多少敌军，惊恐之下撤出武街，向洮水方向逃去。

王晙与薛讷合兵一处后，方才追击，双方战于长城堡，已几受重创的吐蕃人军心不稳，又被唐军打得大败，损失数万人。唐军擒获吐蕃将领六指乡弥洪，缴获有如山积。当然他们并非全无损失，丰安军使王海宾冲锋在前，战死，其子王忠嗣作为烈士孤备倍受玄宗优待，后也成为威震边关的名将。

武街之战后，吐蕃无力再镇守九曲，唐军乘虚挺进，将吐蕃人设在那里的城堡、桥梁等军事设施全部烧毁。这一军事基地受到严重削弱，最终在公元753年被唐将哥舒翰收复。

武街战斗发生于玄宗执政初年，此后随着大唐在这位明君的治理下国力达到极盛，唐军特别是大唐铁骑的实力也蒸蒸日上，在青海和西域两线均对吐蕃形成全面压制之势。可惜好景不长，由于玄宗过于好大喜功，导致地方军人权力急剧膨胀而失去约束，最终酿成"安史之乱"，中央权威受到沉重打击，节度使们纷纷在各地自形扩军，搞独立王国，其中又以河北藩镇格外跋扈。而吐蕃也乘机大举反攻，攻陷西域和河西、陇右等地。幽燕、河陇等养马重地就此丢失，大唐马政衰退到无以复加的地步，再也无力组建大规模的骑兵集团了。而没有了这扫荡边疆的一利器，唐廷也只得改变了原有的军事战略。中原政权的对外扩张就此停止，进入了全面收缩防御的阶段。

蒙古骑兵

一 统 漠 北

公元3世纪,匈奴人在首领阿提拉的带领下,横扫了东、西罗马帝国,令当时的欧洲人惊恐万分,"黄祸"这个名词就此产生。一千多年后,"黄祸"这一观点再度大行其道,而且达到无以复加的地步。

因为这一次,来自遥远的东亚的野蛮游牧部落变得更加凶悍、更加残忍,扫荡的范围也更大,不仅东欧和中欧深受其害,连高加索地区甚至北非都为之波及。传教士们用颤抖的双手写道:"一支可憎的撒旦人,也就是无数的鞑靼人马,从他们群山环绕的家乡杀出……像魔鬼一样涌出地狱,因此他们被恰当地称作地狱的人……他们残酷不仁,与其说是人,还不如说是怪物……"字里行间,深深的恐惧感明显可见。

这些"涌出地狱的魔鬼"不是别人,正是来自中国北方的少数民族蒙古人,或者说蒙古铁骑。

蒙古人自然不是怪物,也不是地狱里的魔鬼。关于蒙古人的起源,千百年来一直争论不休,有东胡后裔说、匈奴后裔说、突厥后裔说(这个似乎比较靠谱)。可以肯定的一点是,直到12世纪,漠北草原的蒙古部落尚且处于互不统属的状态,各部落之间互相攻伐,永无休止,根本谈不上对任何政权构成威胁。直到一个人的出现,才彻底改变了这一切。这个人的名字叫铁木真。

铁木真是蒙古乞颜部人,这个部落与另一个名叫泰赤乌的部落在当时的蒙古诸部中最为强大。铁木真的父亲也速该是乞颜部有名的勇士,后不幸为敌对部落塔塔尔部毒死。年幼的铁木真只得和母亲兄弟等一起逃亡深山中。后又遭到泰赤乌部的攻击,铁木真被掳走,他乘人不备打晕看守逃走,跳进河里才躲过了追捕。

苦难的生活使铁木真惊人地早熟,他随后向与其父有旧交的克烈部首领王罕求援,在克烈部的帮助下,铁木真当上了乞颜部的首领,又先后击败塔塔尔、蔑儿乞、泰赤乌等部,势力逐渐壮大起来。

在与各部的战斗中,铁木真不但渐渐摸索出了一套指挥骑兵作战的方法,还意识到散漫是蒙古人最大的缺点,他颁布了一系列扎撒(法令)来严格约束部下。严明的纪律,成为日后蒙古骑兵横扫天下的重要保证。

铁　木　真

乞颜部的壮大是不合王罕的心意的,这对昔日盟友之间出现了隔阂。在儿子桑昆和札只剌氏贵族札木合的撺掇下,王罕竟打算请铁木真赴宴的时候暗杀他,幸而被后者发觉,两部战争随即爆发,1203年的合兰真沙陀之战中,尽管乞颜部人奋勇作战并射伤桑昆,但克烈部到底兵多势众,铁木真不支败走。

吃了败仗的铁木真认识到,与强大的对手光斗力是不明智的,还要斗智。他派人扮成自己弟弟的使者,假意来投奔王罕。当他探明克烈部正在设宴欢娱、毫无防备之时,立刻率领部众偷偷包围了他们的驻地彻彻尔温都尔山(克鲁伦河上游以南),双方大战三天,王罕父子不支败走,后均被人杀死。这一战,可以算是铁木真对骑兵战的基本战术——长途奔袭的首次成功应用吧。

随后铁木真又击败了另一强敌乃蛮部,统一了所有漠北部落。乞颜、泰赤乌、克烈、蔑儿乞等部落名就此从历史上消失了,取而代之的是"蒙古人"这一称呼。而铁木真的部下,也不再是乞颜骑兵、泰赤乌骑兵或克烈骑兵,而有了共同的名字"蒙古骑兵",未来在伟大首领铁木真的带领下,原本默默无闻的蒙古骑兵将走出漠北老家,走向中原,走向欧洲,直到令整个世界为之震惊。

蒙古骑兵的编制和装备

宋人赵珙在《蒙鞑备录》中称:"鞑人……无步卒,悉是骑军。"另一南宋史学家也记载道:"其军,即民之年十五以上者,有骑士而无步卒。"也就是说每一个15岁以上的蒙古男性都是军人,而且是清一色的骑兵。

蒙古骑兵的单兵兵器分为投掷性和近战性两种,投掷性兵器有弓、标枪、套索等,近战性兵器则有长矛、马刀、战斧和狼牙棒。

弓是蒙古骑兵的头号武器,蒙古人从四五岁起就开始用小弓和短箭练习射猎了。因而个个都使得一手好箭法。每名蒙古骑兵一般要备有2到3张弓,均为竹、牛角、筋胶结而成的反曲复合弓,弓身很大,比当时闻名于欧洲的英国长弓还重,需166磅拉力才能拉开,射程可远达200到300码。

每个蒙古骑手携有3个箭囊,每个箭囊内盛30支箭。箭矢长2尺左右,箭杆多为柳条或树枝制成,箭头则为铁质,末端有一指来长的尖尾以固定于木质箭杆中。蒙古骑兵皆随身带有一把锉刀,所以他们的箭头的两边通常极为尖利,如同一把双刃刀一般。箭支分为两种:一种为轻箭,箭头小而锐利,便于远射;另一种箭头重而阔,用于近战。后一种箭支的箭头往往在锤炼到炽热的时候丢入卤水之中,因而质地坚硬,破甲效果甚佳。箭翎用的是鹰或大鹏的羽毛。

标枪长而轻,枪头有四角形、三角形、圆头钉形等,枪尾亦可用于杀敌,形状和枪尖类似。标枪除了能投掷外,还能用于近战。

长矛矛头为凿形,不易刺偏,可透重甲,并带有倒钩,刺入敌人体内的时候不易拔出,强行拔出的话,将加重受害者的伤情。

套索为马鬃制成,前文已有介绍,自不必说。

蒙古马刀融合了阿拉伯弯刀的特色,单刃,刀身不长,带有一定的弯曲度,切割力强于直刃刀剑,给敌人造成的创口也更大,也不易在劈砍时折断。刀身很轻,刀把小而狭,使用起来极为方便。

蒙古斧为短柄,可以和日耳曼战斧一样投出。狼牙棒亦不必赘述。

蒙古人征服了中原后,吸取了中原的武器制造技术,宋人的神臂弓、突火枪,金人的震天雷、飞火枪均为蒙军所采用,在实战中起到很大作用。

蒙古骑兵所披铠甲分为躯干、胳膊、手腕3个部分,多为皮质鳞甲。按1245年来到蒙古的教皇使者加宾尼的描述,甲片有巴掌宽,用柏油将三四片粘在一起,再用细绳相连。上一层甲片的细绳扎在边缘,下一层甲片的细绳则扎在中央,这样人在弯腰屈体时,三四片甲片就会重叠在一起,增加防护厚度。

实际上,即使是皮甲,其形制也比加宾尼所写的要复杂。身甲、背甲和腿裙是连成一整片的,在上端开口处用铁搭扣和肩带相连。肩部各有一片带帛带的披膊,前者是交叉系在胸前的。护臂是用一片织物做衬里,上面再编缀甲片。所有甲片边缘都有织物包裹。此外,完整的蒙古皮甲还附有护喉和抱肚。护喉,顾名思义,就是防护喉部的甲片,多为一片金属虎头。袍肚见"大唐骑兵"章。

蒙古骑兵也装备有少量铁甲,主要是网状锁子甲。表面垫有一层皮革,上涂黑漆,无袖。甲身长64厘米。

元代中后期,蒙古人发明了新型铠甲——布面甲,其材质为布帛。表面钉有无数甲泡,要害部位内衬铁片。布面甲在形制上有连体对襟长袍式(即躯干、胳膊、腿部连为一体)和分片式(与头一种皮甲结构相似,无护喉,腋下有护腋,表面饰有龙纹)。这种铠甲在明清时代仍被广泛应用,特别是八旗骑兵装备极多。

此外,蒙古骑兵在铠甲内部还穿有一件长袍,袍子用生丝制成,十分细密,很难穿透。士兵一旦中箭,绸子会裹着箭头嵌入体内,不仅可以减缓伤口深度,也便于拔出。

蒙古头盔主要是铁盔,也有少量皮胄。就盔顶而言,有半球形、斗笠形和塔形三种。半球形头盔高18厘米,前额带有屋檐状护眉。护颈和第一种皮甲的结构一样。锁子甲所配头盔也是半球形,但护颈则用网状铜丝编成,无护眉,却装有一很大的船锚形面甲,佩戴者仅露出眼睛和嘴巴,看起来十分诡异,据说蒙古军征印度时,沿途吓倒无数百姓。

斗笠形头盔的盔顶类似于元朝贵族上朝时戴的有檐笠形帽,一般与布面甲配套使用,所以护颈也是布帛泡钉式。

塔形头盔的防护最严密,不仅带有护眉和小半片护面,护颈也更宽,可以将下巴和脖子整个包裹起来。塔形胄的护颈仍是布帛泡钉式,有的饰有龙纹,盔顶有盔缨。

除了甲胄外,蒙古骑兵的防护性装备还有盾牌,盾牌为圆形,用皮革或柳条制成,面积约为200平方厘米,可以绑在臂上。重骑兵有少量铁盾,代替铁盔使用。

说到蒙古骑兵,不能不提提他们的战马。蒙古马是世界上最优良的马种之一,个头很小(高130~140厘米),但腿部极为壮实。耐力强、速度快、生性温和,不用缰绳也能进退自如。蒙古马从小就处于放养状态,因此极能吃苦,必要时可以连日行走而不吃一点东西。即使在冰原上也能自己刨雪觅食,无须精心喂养。从3岁起就开始骑马的蒙古人对亲密战友——马儿有深厚的感情,直到现在,他们还把马匹视为最宝贵的财富。

更为难能可贵的是,蒙古马还能为骑手提供食物——马奶。一般而言,三匹马就能供应一名骑兵的一日饮食,由于每个蒙古骑兵往往携带五六匹战马,所以他们根本不需要特别供应粮草。少了后勤的拖累,多了善驰的良驹和随时备用的副马,再加上装备的轻便(即使是锁子甲,也只有6公斤重),蒙古骑兵的优势——机动性得以发挥到最大。据统计,急行军时,蒙军一天可以行进80公里远!

阵 型 和 战 术

蒙古人的全部生活除了作战外,就是狩猎。在狩猎时,蒙古部众往往也按照不同分工排成各种队形,因而这其实是日常的军事训练。在长年累月的游猎中,蒙古军队总结出了特有的战斗阵型:鸦兵撒星阵和五横阵。

鸦兵撒星阵为四列阵,第一列为探马赤军(负责侦察的斥候骑兵),第二列则为左右两队轻骑兵。第三列是主帅率领的中军,为重骑兵,第四列则为左右后翼,也是重骑兵。作战时由探马赤军先攻,第二列右翼前队继之,再接下来是左翼前队——右翼后队——左翼后队。按这个顺序接连攻击7次,若还不能取胜,则主帅将率领中军冲击敌军正面,而左右后翼骑兵则迂回包抄敌后。每列骑兵排为半圆形阵或横队。

五横阵较简单,所有骑兵一律以五列横队出战,其中前两列为重骑兵,后三列为轻骑兵(这也比较符合蒙军中轻重骑兵六四开的比例)。探马赤军在侧前方负责掩护。每个横队之间间距很大,当敌人逼近的时候,后三排轻骑兵就穿过前两排重骑兵的空隙,使用投射性武器打击敌人。而后重骑兵先退,轻骑兵随后再度穿过空隙撤回重整队形,准备下一轮的打击。如果轻骑兵无法击溃敌人,重骑兵将发动攻击。

无论是哪一种阵型,蒙古骑兵的战法都是灵活多变的,鸦兵撒星阵更注重轻骑突击,倘若敌阵被冲开口子,则全体蒙军将一起撞入。如果未能冲散,他们就不断重复上述的冲击顺序,为友军的包抄争取时间。此时他们往往在战场上点燃大量浓烟,或让探马赤军来回奔驰,制造尘土飞扬的景象,以掩护左右后翼的迂回。一旦合围完成,蒙军将发出一声诡异之极的呼啸,各路军一齐发动总攻。

五横阵更重远程打击,除了骑射外,蒙军有时会命令轻骑兵下马,用盾牌翼护全身,一齐放箭。步射的时候,蒙古人两脚呈八字开立,马步半蹲,这样射出的箭矢极为有力,敌人往往难以抵挡。

敌人的护甲和盾牌如果质量极佳,无论冲阵还是排箭都奈何不得咋办?不要紧,蒙军另备有秘密武器。他们行军不是带有大量牲畜作为军粮吗?其中夹杂有不少未驯服的劣马,此时他们就把这些家伙给放出来。成千上万匹劣马乱冲乱撅蹄子,不由得敌阵不乱。

有人可能要问,要敌人摆出长矛阵,与拒马相配合,那即便劣马再多也没用啊。这种情况蒙古人也自有妙计,他们会全体活动起来,组成一个广阔的环形阵,把敌人包围在当中,但就是不攻击,或者偶尔冲过来射几箭,让你的神经随时处于紧张状态中。再强的敌人也是凡胎肉体,久了绝对撑不下去的。一旦敌阵因此出现破绽,蒙古人绝不会放过的。

蒙军的战术更是丰富无比,老规矩,还是结合战例来分析吧。

大 汗 初 征

公元1206年,当已步入中年的铁木真来到斡难河,在众多部落首领的欢呼中被拥戴为大汗的时候,他却望向了遥远的天际。父仇已报,但蒙古人的世仇之国——大金还在,下一个目标就是那里。

公元12世纪,一个叫黑水靺鞨的女真部落在首领完颜阿骨打的带领下,掀起了反抗宗主国辽朝的斗争。来自白山黑水的女真战士强悍敢战,不仅很快灭亡了巨无霸辽朝,还连带干掉了另一个巨无霸宋朝,压服了西北巨无霸西夏,建立起了大金政权。大概是在老家的穷山沟沟窝太久了,中原的富庶繁华很快迷乱了这些乡下佬的眼睛,在丰厚的物质条件的吸引下,女真人迅速腐化堕落,几代金朝皇帝的汉化政策更加速了这一进程。不到一个世纪,他们就变得和以文弱著称的宋人差不多了,人人以获取科举功名为荣,以当兵入伍为耻。在这种情况下,蒙古等边境少数民族的时时抄掠就是不可避免的了,金军疲于应对,只好筑起长城以御之。到了金世宗当政时,不知这位先生哪根脑筋没搭对,居然想出个"减丁"的创意来,金军年年深入漠北烧杀,企图一点一点把蒙古人"减"光。问题是草原游牧民族哪有那么容易被灭绝的？金军虽然取得了斩杀包括成吉思汗始祖俺巴孩在内的不少战绩，蒙古部落却照样繁衍生息，徒然与大金王朝结下了不可化解的仇怨。

世仇归世仇，金国现在的实力还是很强的，铁木真（现在该叫成吉思汗了）觉得还是先稳固下自己的侧后方比较好，于是西北各个部落成了蒙军铁骑下的第一批牺牲品。

首当其冲的是西夏王朝，这是党项人建立的政权。西夏军队同样以骑兵为主，每名正规军均拥有一匹马、一匹骆驼。兵器有弓、枪、剑、刀、铁连枷、板斧、五寸叉等。其中刀剑和弓箭是夏军的杀器，西夏马刀有两种：一是宽面双刃长刀，环首，刀身微弯；二是短而宽的弯刀。无论刀剑，质量都很高，连宋钦宗也佩带西夏宝剑。

西夏有神臂弓，其实是一种弩，以铜为弩机，麻索为弦，射程达240步，"中之必贯甲"。宋人叹服不已，曾加以仿造，成为宋军守御的利器。

夏人的甲胄有2种：一种是只护前后胸的短甲，一种是晚唐式的（见大唐骑兵章）全身甲。无论短甲还是全身甲，均为长条柳叶形甲片组成的鳞甲。西夏继承了吐蕃的冷锻技术，铠甲冷锻形变量在70%左右，表面坚滑光莹，即使是劲弩也射不透。凭借优良的铠甲，西夏王国组成了一支名叫"铁鹞子"的重骑兵，人人皆用铁索系于马上，即使战死其尸也不堕，作战时迅捷勇猛如鹰鹞，是夏军的头号精锐。

西夏政权地处河西，自古即为产马重地。夏人得其便，以河曲马、浩门马、大宛马杂交培育出新一代的西夏骏马。夏人乘之，百里而走，千里而期。

靠着利弓好马，西夏曾一度是辽国和北宋的劲敌，但到了成吉思汗时代已然没落。蒙军的两次试探性抄掠几乎没受什么阻碍，倒是震慑了西北一些游牧部族，斡亦剌、吉尔吉思、失必儿、畏兀儿等部落先后归降，壮大了成吉思汗的实力。

1210年，成吉思汗出黑水城北，由兀剌海关口入河西，夏襄宗李安全以儿子李承祯为主将，大都督高逸为副，率兵五万抵御，结果大败，高逸被俘，不屈而死。

蒙军挺进克夷门(今贺兰山一带),此地是西夏都城中兴府(今宁夏银川市)的外围要冲,李安全不敢掉以轻心,派大将嵬名令公率军五万镇守。

克夷门地形险要,两山对峙,四周都是悬崖峭壁,险不可登,只有中间一条山道可以通行。嵬名令公把住要路,蒙军不得进。铁鹞子骑兵身披金光耀眼的铠甲(西夏铠甲多镀金),从险要处下驰击之,锋不可当。西夏步兵"步跋子"继而乘之,处于不利地形的蒙军大败。

吃了一次亏,成吉思汗不再登山强攻,而是将克夷门包围了起来,围而不击。双方对峙了两个多月,夏军的防备渐渐松弛。成吉思汗派出探马赤军上山挑战,夏军跳起反击,蒙军败走,夏军憋屈了老久,把敌人一路撵下山去。哪知蒙古人打了败仗还不老实,不时回身放冷箭,伤了夏军不少人马。嵬名令公大怒,猛追不休,誓要把这些草原狂徒消灭在西北的深山中。

西夏马脚力强健,但蒙古马也不弱,双方打打停停,一下就是好几十里地。嵬名令公一下觉得不对,想要回军,为时已晚,蒙军骑兵从四面八方涌了出来,把夏军团团包围。

夏军追得太狠了点,一气追到了山下的平地,这正是蒙古骑兵发挥其特长的好去处。蒙军来去纵横,箭如雨下,即便是西夏宝甲也经不住蒙古利箭的一再刺击,许多铁鹞子骑兵被生生"磨"死在战马上,夏军就这样被全歼,嵬名令公被俘。

克夷门一下,中兴府再无险可守,夏襄宗还算有点勇气,亲自登城督战。将士振奋用命,加之此时中兴府到底是西夏都城,城高墙厚,蒙军尚无攻城机械,一时不能下。成吉思汗眼珠子一转,瞥见爱伊河正好绕城而过,遂下令在上游筑坝蓄水。正好遇上雨季,河水暴涨,蒙军引水灌城,城中居民溺死无数。

夏襄宗被泡得受不了,朝金国求救,金国皇帝竟说:"敌人相攻,我国之福。"拒绝出兵,把李安全气个半死。

也算夏人的运气,水位一时涨得太高,把蒙古人的堤防冲垮了,河水反而倒灌蒙古军营。成吉思汗只好下令退军,李安全把自己的女儿嫁给大汗,换回了一纸和议和勇将嵬名令公。

这次虽未能灭夏,但至少短时间内他们无法再对成吉思汗的后方构成威胁。第二年,成吉思汗登上克鲁伦山,昭告天地,放心地兴师攻金。

大 战 野 狐 岭

此时的金国皇帝是卫绍王完颜永济,此人懦弱无能,目光短浅(从他拒绝援助西夏就可以看出),成吉思汗对其鄙夷至极,这也是他敢大胆伐金的原因之一。果然,卫绍王一听蒙古入侵,吓得赶紧遣使求和,自然,只碰了一鼻子灰。

前面说过,面对蒙古人的抄掠,金国曾筑城墙以应对。自金世宗起已经修建了600多里,卫绍王这个软蛋根本没勇气主动出击,只好让大臣独吉思忠在城墙中段加盖一些城堡。问题是这种被动守御的办法根本无法解决问题,金国边境太长,能突破的点太多了,独吉思忠刚盖完乌沙堡,蒙古轻骑就飞速杀到,独吉思忠措手不及,弃守而去,乌月营被蒙军夺取。蒙军兵分二路,一路由成吉思汗长子术赤、次子察合台、三子窝阔台率领,由西南路进军,在投诚的蒙古汪古部落指引下,先后攻下了云内(今内蒙托克托县东北古城)、东胜(今托克托县)、武(今山西五寨县)、宣、宁、丰(今呼和浩特东白塔镇)、靖等州,进逼西京(今山西大同)。西京留守纥石烈执中迎战于大胜甸(今山西大同灵丘县以东60里)。西京是金朝五都之一,守军有一定的实力,纥石烈执中也是老将,双方连战3天,不分胜负。

但纥石烈执中并非忠臣,常有自立之心,因而始终不肯全力作战,他的部下也开始观望起来。蒙军组织精锐骑兵3 000人,驰冲突击,纥石烈执中无心恋战,率随从百骑先走,金军大败。蒙军没有占领西京,抄掠后退去。

另一路由成吉思汗亲率,连下昌州(今内蒙太仆寺旗西南九连城)、桓州(今内蒙正蓝旗北四郎城)和抚州(今河北张家口西南),卫绍王见和解无望，派招讨纥石烈九斤和监军万奴领军屯驻于野狐岭（今张家口万全县以北）备之，金军号称40万，声势浩大。

再来说说金国骑兵的装备。金国同样以骑射起家，女真人儿童时代就练习射击，因此弓箭同样是金国骑兵的主要武器。金军所用箭支长5到17厘米不等，按箭镞形状可分为燕尾分叉式（多用于火箭）、扇形铲式（杀伤面积大，对无铠敌人很有效）、人字形或剑形矛式（破甲用）、双翼凿式（射程很远，冲击力大）等几种。

近战兵器有矛、骨朵、铁锏、流星锤、钺、刀、剑等。矛为金国骑兵一号近战兵器，长30厘米。金国铁矛颇有特色，矛柄尾部连有一柄弯刀，这种复合型长矛既可击刺也可砍削。

骨朵头呈球状，上有10多个铜质锥刺，长约6厘米。铁锏有三楞锏和四楞锏两种，常为骑兵背于背后，交手时能出其不意给予杀伤，故有杀手锏一说。

流星锤长约8厘米，形制为一条金属链一头连接一短木柄，一头连接一椭圆形或六棱形铜锤。铁钺为一端有弧的短斧，斧头扁平，较轻，可投掷。

战刀也是金国骑兵常用兵器之一，有长短两种，长支为18到100厘米不等，皆为厚背直刀，前半部微微上翘，有铁板护手。

剑为铁剑，长76～84厘米，剑头为三角形，剖面为菱形，有护手。

女真甲胄亦为鳞甲，形制与蒙军相同，只是外面多了一层罩袍。甲片为长方形或圆头形，金军主力部队甲片多为金、银色，按连接的丝带颜色不同分别称为"紫茸军"、"青茸军"和"黄茸军"。金国有具装重骑兵，称铁浮屠，时常下马作战，但轻骑兵战术以交替冲锋为主。女真骑兵作风顽强，常说："不能连打100个回合，算什么马军？"

但多年的和平生活已经大大消磨了这支昔日的铁骑的作战意志，如今的金军祸害百姓在行，到了上阵的时候往往畏首畏尾。典型体现就是坐拥数十万大军的纥石烈九斤大人，竟不敢采纳部下的意见，对蒙军采取先发制人战略。其实当时蒙军连战连胜，开始有些轻视金军，竟将马匹四散放养，此时金军若以精兵突击，纵使成吉思汗也难以抵御。

纥石烈九斤的理由是野狐岭的道路太险峻了,他手下只有一帮骑兵,现在就攻未免不够保险,不如等后军的步兵团到了再说,听起来似乎有点道理。问题是后军统领完颜承裕的胆子更小,当当地土著以熟悉路况为由,请为前军的时候,完颜承裕大人却只想打听退兵的小道在哪里。还没开打就想着逃,如此废物,怎么能指望?

纥石烈九斤左等右等,等不来只想逃跑的完颜承裕,只好硬着头皮先上。此时成吉思汗早已收拾停当,只等吃完午饭就进军,一听金兵来了,二话不说摔下筷子就出发了。都是主帅,这表现可谓是天壤之别。

要说纥石烈九斤什么也没做,倒也不然,至少他还是先打发了个叫石抹明安的人去蒙军军营。明面上让石抹明安借着和成吉思汗的交情,对蒙军的侵略行为进行一番道义上的谴责,实际上是让他暗中刺探蒙军的情况。可这招如何瞒得过成吉思汗(别忘了他对阵王罕时早用过了)。大元太祖根本不管什么旧相识不旧相识,把石抹明安先捆了起来,然后出阵迎战。

纥石烈九斤是个懦夫不假,但野狐岭的山路确实险得出奇,元人周伯琦曾作诗形容:"高岭出云表,白昼生虚寒。冰霜四时凛,星斗咫尺攀。"已经陡到高耸入云、伸手摘星的地步了。金军还抢先占据了所有要地,看来这仗元军很被动。

不过再荆棘丛生的道路也阻挡不住真正的勇者,大将木华黎眼望险处,豪情顿生,他知道现在敌众我寡,除非大家一起死命向前,否则蒙军绝对无法取胜。

"蒙古的勇士们,腾格里(蒙古神话中的主神)保佑,冲呵!"木华黎率先下马,手执战刀向金军阵地杀了过去。

按蒙军布阵的传统,主帅统领的中军前面往往部有一队"阿把秃儿"(蒙语,勇士的意思),在危急时刻,他们负责用生命保卫主帅的安全。实际上就是蒙军中的敢死队,这些敢死队员被木华黎的悍不畏死精神所鼓舞,也纷纷跳下马来,跟着冲了上去。

野狐岭的山道用一个字来形容就是"狭",狭路相逢勇者胜,比起根本不敢向比自己少很多的蒙军进攻的金兵而言,不畏矢石,敢于登险陷阵的木华黎和阿把秃儿们无疑是真正的勇者。金军顶不住这些猛汉不要命的狂攻，像波浪一样被劈开。木华黎直直朝金军主帅阵营杀去，纥石烈九斤吓得目瞪口呆，赶紧丢下军营逃走，成吉思汗率领两翼、中军的骑兵跟着杀了过来。金军大溃，伏尸遍野。

前军的失败给了完颜承裕一个逃跑的理由，他赶紧撤往宣平（今河北张家口西南），与纥石烈九斤的败军会合。但蒙军可不会就这样放过他，而是一路跟踪，最后在浍河堡（今张家口怀安县）追上了他。金军早已兵无战心，自然又是一场大败，整个原野都充满了血腥气——金人的血。

野狐岭和浍河堡两场大败，葬送了金国几乎所有的精兵猛将，卫绍王再也无力阻止蒙军了。蒙古大将哲别攻入居庸关，掠取中都附近的牧马监而回。成吉思汗也克宣德州（今河北宣化）、薄德兴府（今河北涿鹿），尽拔境内诸堡，全歼金将奥屯襄的援军，乘胜再攻西京，西京新留守抹燃尽忠极力抵御，成吉思汗中了守军的流箭，暂退。

那边攻西京受挫，这边哲别却拿下了金朝的东京城（今辽宁辽阳）。东京也是金国五京城之一，守御坚固，哲别是怎么拿下的呢？原来哲别见强行攻城不能下，就引军撤去，直到他们已离城数百里远，东京军民这才真信蒙军已经走了，纷纷弹冠相庆，大开城门，任人出入。

哪知哲别突然下令把辎重全部留下，每名将士换乘一匹好马，备上副马，重新折回东京。没有任何负担的蒙军日夜兼程，以一天80公里的速度向前推进，没几天就赶到东京城下。守军哪里想得到敌人这么快又回来了，还在揉着眼睛，确定自己有没有看错的时候，哲别已经风驰电掣般地冲进了尚未来得及关闭的城门……这一仗可谓是蒙军将机动力发挥到极致的经典战例。

骑兵战高手：哲别与木华黎

半年多后，养好了伤的成吉思汗又生龙活虎地杀回来了，攻下了德兴府。哲别略地怀来（今张家口市怀来），金将完颜纲、术虎高琪来援战败,哲别追打到居庸关北口,与成吉思汗会师。金人怕居庸关有失,除了调拨重兵把守外,还把关口的铁门焊死,又在关外上百里的道路上都撒上铁蒺藜,蒙古骑兵一时不能进。

正路不通,就走歪嘛。成吉思汗探知居庸关以北的森林中有一条仅容一人一骑通行的小道,就留下一名部将在关前吸引守军的注意力,自己挑选精锐士卒,与哲别一起从那条羊肠小道翻了过去,等天蒙蒙亮的时候,蒙军已入紫荆口,在五回岭痛歼金军。

哲别顾不上休息,与另一员蒙将速不台抄小路急袭居庸关南口,南口地势也很险,哲别佯败而走,守军上当,一齐涌出关来追杀蒙军。

古罗马有一个传奇故事,有兄弟三人与别人家打起架来,对方也是三兄弟,但拳头硬一点,头一家有两人一下子被打死了,而后一家三兄弟虽然受了伤,但都还活着。头一家剩下的一个人要一对三,肯定赢不了,咋办呢? 他转身就逃。后一家三兄弟来追,由于人的脚力是有差别的,三人之间渐渐拉开了距离。前一家的幸存者见状马上回身作战,先一对一干掉了最前面的敌人,接着杀掉了第二个刚追上来的人,第三个敌人的命运也一样。这种利用转移来分化对手实力的办法是以少胜多的经典战术之一。哲别不知道罗马是个啥地方,但他一定知道蒙军对金军有着速度优势,金军漫山遍野追来,不但没能追上,步兵和骑兵之间反而出现了严重脱节。这时就到了哲别反击的时候了,他先轻松消灭了金军骑兵,而后向金军步兵逆袭过去,后者跑得大汗淋漓,还没来得及歇口气,就见蒙古骑兵杀了过来,自然被冲得大乱。此时成吉思汗带领的蒙军中军又从侧面杀到,金军彻底崩盘,被一直追杀到了居庸关南口,战死者层叠起来,如烂木堆一样高。

南口已失,守卫北口的将领是契丹人,本就不想为女真人卖命,干脆献了关隘,金国的长城防线全面沦陷。蒙军兵分三路:术赤、察合台、窝阔台的右路军循太行山南下,攻取河南汲、孟一带;成吉思汗的弟弟哈撒儿的左路军循海东进,掠天津、河北北部一带;成吉思汗与第四子拖雷自领中路军攻掠河北东路、山东北部而还。木华黎另领军一支,转攻密州(今山东诸城)。这几路军连克 90 多座城市,河南、河北、山东数千里地,望风瓦解。当年(1213)10 月,众路军在大口会师,一齐围攻中都(今北京)。守军连战连败,形势岌岌可危。

形势危急的时候,金朝高层又发生了内乱,先前从西京败回的金将纥石烈执中反心彻底暴露,杀了卫绍王,另立卫绍王侄完颜珣(金宣宗),大权独揽。中都城防司令术虎高琪老败在蒙古人手里,怕纥石烈执中怪罪,又起兵杀死了后者。连续不断的政变更加削弱了金国的抵御力量。

但中都毕竟是金朝五京中最为重要的一个,经过金历代君主的苦心经营,守御工事极其完备。蒙军攻城多日,损失不小,金宣宗又献公主及大量金帛求和,成吉思汗见一时也拿不下中都,应许后退去。

蒙古第一次伐金,就取得了如此丰厚的战果,大大出乎成吉思汗的意料,也让他对金朝更加轻视,灭金之心更加坚定。和约刚缔结了两个月,金宣宗竟弃守坚固的中都,南迁汴京(今河南开封)。这样一个和卫绍王不相上下的脓包,为什么要放过?成吉思汗当即撕毁和议,再度南侵。不过此时已入夏,他没有亲征,而是派遣部将统军,即便如此,蒙军的进展也很是顺利,到了1215年秋,包括中都在内,已有800多座金朝城池被攻陷。这其中又以野狐岭之战的头号功臣木华黎的表现尤为卓越,他在辽西诸路闹得天翻地覆,攻克了东京、平州、顺州等要地。金朝政府的腐朽无能被天下人看透了,锦州、高州的地方豪族卢琮、金朴、张鲸等皆降。

哪知张鲸并非真心投降蒙古,不久就萌生了反意,木华黎察觉了,诛杀了他。张鲸的弟弟张致愤怒不已,据守锦州自立,国号汉兴。

汉兴汉兴,有着复兴大汉的意思,名号取得是挺威武,可惜在骑兵战高手木华黎面前,根本兴不起来。他一率军来讨,原本依附张致的各个州县复又投向蒙古。张致知道以自己的实力根本无法和蒙古骑兵对抗,于是学着纥石烈九斤,据险而守。他也不想想,他的效仿对象就是败在木华黎手上的!

这次木华黎没有硬攻,而是分遣一支别动队,攻打溜石山堡,他知道张致肯定不会放弃这个重要据点的。

这是很明显的围魏救赵计,但张致还是跳了进去,他派侄儿张东平率领38 000人来援。木华黎早命部将蒙古不花屯驻在永德县(今辽宁朝阳市南)以西十里地,见锦州城内兵出,立刻截断了他们的去路,同时派人报告了木华黎。木华黎半夜拔营疾出,天刚亮的时候,在神水县东边拦住了张东平军。

此时成吉思汗的全部兵力也不过10余万人,木华黎所率并非蒙军主力,再加上一再分兵,数量不会超过1万来人,远少于张军。然而后者皆由辽西的民兵组成,人虽多,素质和装备却根本不怎样,他们的步兵竟然连盔甲也没有。木华黎针对这一弱点,摆出五横阵,让队列最后的三排轻骑兵先迅速插上,乱箭之下,张军死伤枕藉,阵列一下子乱了起来。木华黎乘势率领前两排的重骑兵从正面突阵,此时蒙古不花也从后面杀来,前后夹攻之下,张军完全崩溃,主将张东平以下一万三千人战死。

神水一战吃掉了张致的主力,木华黎兵围锦州,一个多月后,张致部将高益绑了主子出降,汉兴政权覆灭。蒙军乘机再拔苏、复、海州等地。

木华黎的出众表现让成吉思汗赞赏不已,他封木华黎为太师、国王,将太行山以南的所有军队都调拨木华黎麾下。从此一直到病逝,中原战区的最高指挥权都掌握在木华黎手中。

当然,成吉思汗这样做也有别的原因,他要向西进军了。西边是哪?花剌子模。

复 仇 之 战

花剌子模位于阿姆河下游,领土包括今天的乌兹别克斯坦和土库曼斯坦一部,是中亚交通要道之一。公元前6世纪起,它先后被阿契美尼德波斯、马其顿王朝、塞琉古王朝、帕提亚帝国、贵霜王朝、阿拉伯帝国以及其后兴起的如塞尔柱等诸多突厥王朝所征服。13世纪时,辽国大将耶律大石进入中亚,先后击败了当地的喀喇汗王朝和塞尔柱帝国,花剌子模沙摩诃末在西辽的帮助下自立，并朝阿富汗等地扩张。1209年，摩诃末联合逃到中亚的乃蛮王子屈出律，一起灭掉了西辽，占领了西辽部分领土，随后他又攻取了撒马尔罕、伊朗、阿塞拜疆的一部分，疆域达到极盛的地步。摩诃末野心勃发，竟一度想攻占阿拉伯帝国首都巴格达，自己当上哈里发（伊斯兰世界的最高领袖），后虽未成，但此时的花剌子模已是中亚最强大的国家。

或许是事业太顺，自我感觉过于良好，摩诃末竟愚蠢地招惹了他最不该招惹的对象——成吉思汗。公元1218年，蒙古商团400多人来花剌子模贸易，被讹答剌地方长官亦难出扣押并全部杀害。成吉思汗遣使抗议，要求交出亦难出，摩诃末不但加以拒绝，反而又杀死了为首的使者，这下两国的战争不可避免了。

悲愤的成吉思汗决定亲自西征为使者和商人们复仇，他先派哲别去消灭占据西辽故地的屈出律以消除侧翼的威胁。屈出律在以伊斯兰教信仰为主的当地强行推行佛教和基督教，很不得人心，蒙古军一到，百姓们就自发行动起来，消灭了屈出律的大部分军队。屈出律单身逃走，半路上被人捉住，献给哲别砍了头。

与此同时，另一支由术赤和速不台统率的蒙军正奉命攻打畏兀儿以北的蔑儿乞人残部，速不台事先派人带了许多运载婴儿的大车过去，沿途不断丢下这些车。蔑儿乞人以为这只是一些逃难的蒙古人，不设防，速不台乘虚进军，击败了蔑儿乞人，在回来的路上却和花剌子模军队撞上了。原来摩诃末以为蒙古军队也和他以前打败的那些中亚王国一样虚弱，亲自带兵出击，从蔑儿乞伤兵口中得知了蒙军的动向，已经跟在速不台背后好几天了。

此时成吉思汗尚未与花剌子模彻底破脸，术赤打算和摩诃末言和，摩诃末却轻蔑地说："是真主让我来消灭你们这些异教徒的。"术赤盛怒之下，不顾速不台劝阻，领军出战。

此战蒙军摆出的是鸦兵撒星阵，术赤暗中加强了右翼的实力，在蒙军发动的排山倒海一般的冲锋下，花剌子模军左翼很快就被打败。暴怒的术赤亲领中军和右翼军直薄敌军中军，想把这个狂妄的苏丹揪出来看看到底长的什么模样。摩诃末吓得魂不附体，但术赤过分重视右翼,导致了左翼兵力被削弱,花剌子模王子札兰丁所统领的右翼击退了蒙军,一连几次在危急关头支援了中军,才算把摩诃末救了下来。术赤觉得反正父亲也不是让自己来灭花剌子模的,也就见好就收,在撤军途中,他烧起了许多火堆,让人看上去觉得蒙军兵力很大的样子(这是蒙古人常用的疑兵计之一),摩诃末不敢来追,狼狈逃走。

公元1219年,成吉思汗在教训了不听话的西夏人一顿后,统率一支由多民族组成的(有契丹人、女真人、汉人、畏兀儿人)的大军进军花剌子模。尝到蒙古军厉害的摩诃末再也不敢说大话了,他拒绝了大臣们的各种建议,而采取了自以为稳妥的一招:分兵守御各个战略要地。

摩诃末的计划看起来很明智,实际上很蠢,花剌子模到底是个大国,全国军队集合起来有40来万,如果集中在忽章河(今锡尔河)一线的话,胜负还很难预料。层层防御的做法固然能利用国土广阔的纵深抗击蒙古人,但却将各地花剌子模军的实力削弱到无以复加的地步,实为下下策。

当然,摩诃末这样做也有他自己的苦衷,他的母亲秃儿汗合敦是个强势的女人,又有诸多军事贵族的支持,处处和摩诃末为难。苏丹怕军队集中在一处,将领们会和太后乘机联合起来反对他,因此只能选择把他们打散了。唉,家庭矛盾真是害死人。

有人可能要问了,花剌子模军队坚守不战,蒙古人都是骑兵,攻城并非其所长,如何应对?答案很简单,用哲学的话来说就是任何事物都不是静止不变的,成吉思汗伐金时,在坚城下屡次受挫,早已针对蒙军这一弱点进行了改进。总的来说,蒙军对花剌子模的高壁深垒战术,有这么几种解决办法。

一、架炮攻城。蒙军遇到坚城就吃瘪是因为没有多少攻城机械的概念,而他们在扫荡中原时俘获了不少金国工匠,学会了制造投石机、撞城器、云梯、猛火油等工具,还从俘虏中招募了不少善使这些器械的人,组建了专门的攻城部队。从此,厚重的城墙不再是蒙古骑兵的障碍。

二、诱敌出战。这一计在对付金军时已用过多次,对付花剌子模守军一样有用,如攻打撒马尔罕时,就是用的一队游骑引诱城中守军出战,而后用伏兵将他们全歼。城内十余万守军一见,登时勇气全无,两天后就开城投降了。

三、以夷制夷。蒙古军在攻打中原时,使用了一种非常残酷的战术,每下一城,必将城内丁壮强行签发,在攻打下一城的时候,就驱使这些临时征集来的可怜人冲在最前头,作为炮灰消耗城内的守备力量。有时这些"签军"和守城军民彼此认识或有亲戚关系,守军不忍下手,蒙古军就乘机越城而入。征服花剌子模的时候,蒙古人把这种战术应用到了极致,几乎每座抵抗坚决的城池的护城壕都是被花剌子模人的尸体填平的,蒙古人却并未受到多大损失。

四、降者生,逆者死。这应该不用多解释。每座城池稍有抵抗,陷落后除了工匠和奴隶外,全城居民不论僧俗皆被残杀,而立刻投降的城池居民只要缴纳赎金就行了。这种杀戮和宽容相结合的手段让花剌子模许多堡垒望风而降。

利用以上几种战术,蒙古大军多路并进,攻无不克。而花剌子模守军兵力分散,哪都想守,却哪都守不住。到了1220年,这个王国的大部分领土已经沦陷,秃儿汗合敦被俘,王子们大多被杀,摩诃末只带着几个随从,逃到里海中一个小岛上,后来悲惨地病死在那里。

先前救驾有功的摩诃末之子札兰丁在八鲁湾的作战算是花剌子模抗蒙战争中为数不多的一个亮点,他继承了父亲的王位后,来到自己的封地哥疾宁。花剌子模残余的反抗力量闻讯相继来投,札兰丁很快拥有了近十万人马,他先是击溃了围攻瓦里延堡的蒙军,歼敌1 000。接着又打败了前来征讨他的蒙军将领失吉忽秃忽,取得了花剌子模方面第一场大捷。

然而,花剌子模军内部的种种不和严重妨碍了札兰丁的进一步胜利。八鲁湾之战后,札兰丁部下两员突厥大将阿明灭里和阿格纳黑为争夺战利品发生争执,阿明灭里鞭打了阿格纳黑,后者一怒之下竟率部径直离去,大大削弱了反抗军的实力。

成吉思汗亲统大军来为失吉忽秃忽报仇,札兰丁弃哥疾宁而去,打算渡河前往印度,结果在申河一带被蒙军追上了。札兰丁军背靠着河流,已无路可退,正如志费尼所说的那样:"苏丹(札兰丁)被留在水深火热之中,这头是申河水,那头是一支像烈火的军队……"花剌子模新苏丹唯一的出路就是打垮蒙军,他披上战袍,亲率麾下700勇士扑向成吉思汗的中军,像一头蹲着准备打掉敌人面罩的豹子一样凶猛作战。蒙军从左右朝札兰丁扑来,几次想包围他,但都被舍命而战的苏丹打退。据札兰丁秘书奈塞维记载,蒙古中最精锐的中央军阵在札兰丁的狂暴打击下陷于混乱,甚至成吉思汗本人都打算退出战场,这也许是夸大其辞,但札兰丁在这场战斗中展现了大丈夫一般的风采是肯定无疑的。

然而,一人之力扭转不了战局,蒙军将一万名阿把秃儿集中在右翼,很快击垮了由阿明灭里指挥的左翼,这个抢占战利品时勇气十足的家伙面对蒙军只是吓得跑路,半路被追上杀死。蒙军右翼得胜后,又与左翼一起击溃了抵抗军的右翼。札兰丁陷入重围,只得向后杀条血路,跃入申河之中,好在那匹中亚宝马还算给力,驮着主人过了河。札兰丁部下想效仿,却被蒙军一一射杀于河中。

札兰丁败走,花剌子模也丧失了最后的抵抗希望,成吉思汗镇压了本地的全部起义后,于1222年东归。这个在几年前还是伊斯兰世界最强的国家,就这样如冰雪消融般迅速灭亡了。

与俄罗斯人的交手

成吉思汗在围攻撒马尔罕的时候,曾分兵三万人,由哲别、速不台统领,追捕摩诃末,并以三年为期限。摩诃末后虽病死,这两员蒙古名将却并未停下前进的脚步,一路攻入伊拉克、阿塞拜疆、格鲁吉亚,击溃格军3万人,后见格鲁吉亚国境地形险阻,也不深入,朝着此行的既定目标——钦察部落前进。

钦察人是突厥人种之一,俄国人称为波洛伏齐人,他们金发碧眼,曾多次突袭俄罗斯境内。要到达他们的居住地,必须越过环境险恶的太和岭(高加索山脉)。蒙古人以和议为名,骗来当地人,胁迫他们为向导才解决了这个难题。

尽管过了高加索这一关,哲别、速不台却过不了下一关:钦察人联合阿兰人与蒙军交战,这两个部落皆善骑射,作战时能以一当十,双方鏖战多日,胜负未分,蒙古人见硬的不行,就用软的。他们派人对钦察人说:"俺们都是突厥老乡,这次是来对付阿兰人的,你们帮他们干吗?你们要金子衣服尽管拿去,把阿兰人留给我们就成。"头脑简单的钦察人竟相信了蒙古人的鬼话,收取了贿赂就撤军了,结果势单力孤的阿兰人遭到了"命中注定的掠夺和屠杀"(《史集》)。

事实上速不台就是主动申请来打钦察人的,当阿兰人被击败后,钦察人如何能幸免?他们还在把玩蒙古人送来的金珠宝贝时,"突厥同乡"突然掉转马头,恶狠狠朝他们冲杀过来,毫无准备的钦察人步了被他们出卖的阿兰人的后尘。蒙古人见一个杀一个,不但夺回了全部送出的东西,还把幸存的大部分钦察人和阿兰人一起送往蒙古,日后蒙军扫荡中原的精锐部队阿速军,就是由这两个民族组成的。

后悔到肠子都青了的钦察酋长忽滩逃进了基辅罗斯境内,朝他的女婿——罗斯王公姆斯季斯拉夫求援。13世纪,曾经称霸于黑海地区的基辅罗斯大公国早已解体,分裂为数十个大大小小的公国,姆斯季斯拉夫就是其中一个名叫加利奇(今乌克兰境内)的公国的首领。这几十个公国之间平日里为了争夺霸权,互相攻伐不已。但加利奇公国还算比较有号召力的,在姆斯季斯拉夫的主持下,基辅、佩列亚斯拉夫、斯摩棱斯克、切尔尼戈夫等一些公国的王公们还是坐到了一起,召开了罗斯人的临时会议。忽滩绘声绘色地描述鞑靼人如何残暴、狠毒,王公们不由得出了一身冷汗,在未知的敌人的可怕威胁下,罗斯王公们暂时抛弃了仇恨,组成了一支联军,据说达8万人之多。他们杀掉前来威胁的蒙古使者,开往蒙军驻地卡尔卡克河(今乌克兰日丑诺夫北卡里奇克河)。

拜占庭骑兵一章已经提到过,罗斯人没什么骑兵,但他们的步兵大多是出色的战士,善使沉重的战斧和阔剑,拜占庭皇帝欣赏他们的勇武,曾大量招募罗斯武士,组成了禁军精锐"瓦良格卫队"。优秀的罗斯步兵,再加上善战的钦察骑兵,完全可以和蒙古人一战。但可悲的是,罗斯联盟虽然暂时形成,但缺乏统一的调度,王公之间又貌合神离,这就注定了他们要重蹈花剌子模人的覆辙。

战斗于1223年5月末打响,一开始罗斯—钦察联军占了上风,蒙军在步、骑兵种强强联合的打击下节节败退。姆斯季斯拉夫大喜:"哼,什么狗屁鞑靼魔鬼,我看也就这熊样。泰山大人,我都想不明白你咋输得那么惨,不过不要紧了,看小婿给你报仇。"越说越兴奋的他也不顾什么与切尔尼戈夫、基辅王公联合进兵的约定了,自顾自地追了下去。等这一仗打完了,功劳全归俺,到时候我要做基辅大公,看你们这些怕死鬼还有什么理由反对。

"没脑子的莽汉,没看出这是鞑靼人的圈套吗?也罢,既然你那么想争功,我就看着好了。人不吃点教训是不行的。"基辅王公罗曼诺维奇的大营就坐落上河畔的一座高冈上,蒙军的动态他看得一清二楚,却根本不去提醒姆斯季斯拉夫,只是冷笑不止。加利奇人要死去死好了,死光了我倒省心不少。

不出罗曼诺维奇所料,没多久蒙古人就乱逃了,进入预设的阵地迎击联军,此时伏兵尽起。联军军心大乱,姆斯季斯拉夫还有点勇气,结阵迎战,怎奈钦察人早被蒙古人打怕了,见已被包围,纷纷夺路而逃。他们的逃跑冲乱了加利奇军队的阵列。姆斯季斯拉夫坚持了几天,也只好丢下部队逃走。蒙军冲散了加利奇军,挥师直冲其他罗斯王公的大营,将他们逐一击破。基辅王公罗曼诺维奇在姆斯季斯拉夫失败的时候见死不救,这时自食其果,蒙军消灭了大部分俄军,把他的大营层层围困,罗曼诺维奇只好投降。蒙古人用石板将他和他的两个女婿活活压死。

由于姆斯季斯拉夫逃跑时把大部分渡船都烧毁了,其余罗斯联军无船可渡,死伤惨重,单王公就阵亡了6个,8万大军十不存一。蒙军攻入俄罗斯南部,拿下了克里米亚半岛的苏达克城,烧杀抢掠不止。由于先前缔结的三年期限已到,哲别、速不台没继续深入就匆匆东返了,留给俄罗斯人的,是无数伤痛的回忆。

三峰山之战(上)

回头再说说成吉思汗,他在1222年就急匆匆赶回是因为听说西夏又起来反对蒙古人了。宝庆2年(1226),他又一次亲征西夏。第二年,西夏全境降服。这也是成吉思汗最后的壮举了,在夏末帝李睍被迫出降的几天前,一代天骄驾崩于灵州(今宁夏吴忠市西北)。他的部将按他的遗命,杀死了夏末帝,又进入中兴府大肆屠杀,传国近200年的西夏王朝消失在历史的迷雾中。

成吉思汗死后,他的第三子窝阔台继承了汗位(元史称为元太宗)。此人对金人的憎恨不亚于其父,当金使来贺并送上祭奠成吉思汗的礼物的时候,窝阔台冷笑一声:"你们这些金狗总也不肯投降,害得我爸活着的时候尽在战场上奔波了,现在送这些东西就能让我忘了这事吗?"随后将礼品全部退回。

话说得倒是强硬,可真到动起手来,窝阔台发现问题没那么简单了:相比软弱无能的卫绍王和金宣宗,也是新继位的金哀宗(巧的是,他在金宣宗诸子中也是排行老三)算是比较有作为的。求和的道路已被堵死,野战又打不过蒙古人,金哀宗索性将防线全面收缩,将绝大多数机动兵力调往两大战略要地:一是黄河沿线(自洛阳、三门起,直到最东头的邳州)二千余里,每500里设一行省专门负责守御任务,共计4行省,单所统辖的正规军就不下20万人,民兵还不算在内。二是潼关一线的36处大小关口,总共1 000余里,也设了4个战区司令部,守御兵力在10万以上。这两个地段的地势均极为险要,易守难攻,再布以重兵,简直是固若金汤了。

更让窝阔台吃惊的是,蒙军主力不在中原的这段时间内,金人不但乘机重整军力,还组建了一支特种部队:忠孝军。这支新军人数不多,只有18 000人,但全部由从蒙军战俘营里逃回来的回纥、乃蛮、羌人组成,这些人的家乡大多惨遭蒙古人血洗,自己也被掳走,备受虐待,因此对蒙古人可谓怀有切齿深仇,打起仗来根本不需动员。哀宗也十分看重忠孝军,下令用最好的军器、战马武装他们。这支精锐骑兵在良将完颜陈和尚的统辖下,作战时抢先登阵,疾若风雨,很快成为蒙古骑兵的劲敌。

在这种情况下,蒙军虽然仍能攻克凤翔等一些城池,所花费的时间、代价却大大增加了。更糟的是,吃到的败仗也比以前多了,连名将速不台也在潼关失利,遭到窝阔台的斥责。而老将赤老温在大昌原更以8 000众不敌完颜陈和尚的数百忠孝军,创造了蒙金开仗以来的最耻辱记录。

局面变得严峻起来,窝阔台知道中原天险非中亚那些简陋城池可比,不得不考虑改变战略了,就在这时父亲临终前的遗言浮上他的心头。

"金人把精兵都调到潼关的话,千万别硬来。我们可以和南宋借道,他们和金国是世仇,多半会答应我们。如果能从他们的地盘绕道唐州、邓州的话,那我军就可以威胁到汴京了。那时金人将不得不将潼关守军调来救援,而潼关离唐、邓之地可有1 000多里远呢,等他们赶到了肯定也累得打不动了,那时我军就可以一举歼灭他们。"

恰好金朝降人李国昌也提出了"由宝鸡入汉中,直趋唐、邓"的建议,与成吉思汗的想法不谋而合。太宗3年(1231),窝阔台指派能征善战的拖雷率领3万余蒙军精锐执行这一计划。为了配合拖雷,窝阔台又兵分两路:一路由皇弟斡陈那颜率领,向济南进发;另一路由窝阔台亲统,由碗子城南下渡过黄河,朝洛阳进军。窝阔台的目的很简单:用这两路军从东西夹攻汴京,迫使金国引兵来救,让拖雷一军可以不受阻碍地行动。

蒙古重骑兵

窝阔台的东路军很快抵达饶风关,由金州往东推进。金哀宗果然上当,下令将潼关、黄河天险的军队全部调往襄、邓。枢密院官员提议坚壁清野,固守不战,哀宗却认为这样对农业损伤太大,对不起百姓,不予批准。由于黄河沿线守军的内调,窝阔台得以顺利渡河,金哀宗此举可谓是妇人之仁!

拖雷一路的进展却并不顺利,"靖康之变"的耻辱固然并未从宋人的心目中抹去，但多年对金作战的失利也让他们对是否帮助蒙古人顾虑重重。正商议间，蒙古人爱抢劫的老毛病又犯了，连掠南宋17州，南宋军民义愤之下，杀死了蒙古使者搠不罕。拖雷闻讯暴跳如雷，遂决定加以报复，蒙军入大散关（今陕西宝鸡西南）、破凤州（今凤县东北）、径出华阳、出武休（今四川留坝县南）、围兴元府（今汉中）、屠洋州（今洋县），又分一军直取大安军、拆民居为木筏、横渡嘉陵江，至西水县，连破城寨140座。宋军无力抵抗，军民死伤数十万。四川制置使桂如渊被打怕了，被迫答应借道并提供军粮，拖雷得以挺进到光化（今湖北光化县）。这次武力"借"道令蒙古人看透了南宋的腐朽无能，为日后的蒙宋战争埋下了伏笔。

拖雷军前锋很快渡过汉水，金人这才知道中计，金将完颜合达、移剌蒲阿率领步、骑十五万人火速赶往禹山（今河南邓县以西），统带这支金军的除了以上2人外，还有完颜陈和尚、勇将杨沃衍、恒山公武仙等，可以说云集了金国的精兵强将。可惜在指挥上所用非人，部将张惠曾提议可以乘蒙军未全部过来，扼住汉水沿岸。知蒙军当时并无强力水军，此计若能得用，拖雷军主力只怕很难抵达唐、邓，但金军总司令移剌蒲阿瞧不起张惠，予以否决，错失了一次良机。

12月23日，拖雷军尽数过河，完颜合达、移剌蒲阿则将大军布置在禹山山下，结为圆形阵，并以木栅自守。金军尽管在人数上占优，但对蒙古骑兵还是心存畏惧，完颜合达下令不得擅自出击。拖雷则将军队分为三路：一路留守辎重，一路以雁行阵向山前的金军步兵阵地推进，另一路则迂回到山后，攻击金军骑兵后方。双方先以弓箭对射，很快短兵相接。金军的抵抗十分顽强，左翼的移剌蒲阿军被第三路蒙军一部成功包抄，亏得将领蒲察定住死命抵御，血战三次后才击退了蒙军。而同时金军后军高英部遭到另一部蒙军的袭击，阵线开始动摇，在完颜合达的军法处置的威胁下才算稳住阵脚，这支蒙古骑兵稍却，转而袭击金军樊泽部，樊泽部下的一个千夫长畏敌退缩，被完颜合达当场斩首，其余兵士毛骨悚然，拼死奋战，蒙军退走。

战斗结束了，双方各有死伤，但终究还是蒙攻金守，完颜合达、移剌蒲阿召集众将开会，张惠再次建议乘蒙军退却之机追击，却又被自负的移剌蒲阿驳回——这位老兄真是该杀：蒙军当时可战之兵只有两路 2 万来人，与金军的比例是 1 比 7。而蒙军自入关以来走的都是山路，补给不继（再好的马的产奶量也有限啊），很多人只能咽咬草根，甚至以人肉为食，这又连打了几天仗，若被金军在屁股后面来这么一下，只怕未必能坚持多久。总之，金军最好也是最后一次取胜时机就这么溜走了。

几天后，两员金军主将突然得知一个惊人的消息：蒙军大营突然空了。"难道去抄截我们的后路了？"完颜合达惊道。

可一连 4 天下来，从邓州到禹山的后勤供应一直良好，未见蒙军来袭击。完颜合达、移剌蒲阿搞不清拖雷的动向，一直不敢轻动，心里直希望蒙军渡河退回去才好。

拖雷到底去哪里了？其实他并没有走远，一直埋伏在光化对岸的森林里，蒙军昼夜不下马，行动极其隐秘，金军根本没察觉。拖雷又派出 10 名骑兵，假装投降，把金军大营里的情况全摸清了。

15 万金军逗留在禹山，粮食消耗极为惊人，光靠往来运输不是个办法。合达和蒲阿决定回师邓州就粮，当金军行进到光化近郊的时候，潜伏多日的蒙军突然出击，金军被打晕了，队伍几不成列。但蒙军的目的并不是金军本身，而是他们的粮草，由于先前已经探明了敌军辎重队的位置，目标明确的蒙军突击队顺利得手而去，而金军却被吓个半死，直到晚上才乘黑摸进邓州城。

拖雷一下解决了困扰已久的粮食问题，精神一振，围定邓州攻打。但这时邓州已有十余万大军守备，蒙军连攻 3 日不能下。拖雷觉得屯兵城池之下实为下策，就假装撤军北上。果然，合达、蒲阿唯恐京城有失，赶紧出城尾随。拖雷以三千骑兵殿后，被金人设伏在五朵山击败。

五朵山之战只是场小胜，不过干掉了 40 来个蒙古人，比起辎重被劫来说简直不值一提，两员主将却添枝加叶，吹成一场大捷。汴京城信以为真，设宴庆贺，有的官员喝着喝着竟激动到哭了起来，可见金人这几年憋屈惨了。可惜假的就是假的，弄虚作假只是害人害己而已，先前不少当地百姓为了避战都躲到山上的碉堡中去了，合达、蒲阿这么一吹，他们也以为蒙军真被打跑了，纷纷返乡，结果拖雷主力一来，这些人全部被俘。

当然，百姓的死活和金军是不相干的，蒙古军队北上途中一路"就地征发"，只留下一片白地给屁股后面的金军。因此，将军们再虚报他们的战功，还是解决不了大兵们的肚子问题。恰好申州和裕州的守军在几天前献城投降，带着城中老幼打算转移，不幸撞见了合达、蒲阿的军队，后者竟然不顾同袍情义，把申、裕人携带的牛羊、粮食全部抢走……军队沦落到抢劫友军的地步，这仗还有得打吗？

三峰山之战（下）

1232年正月12日，金军总算撑到了沙河，拖雷早就在那里等了，金军在将领的督促下，夺桥渡河，蒙军不战而退。而金军过了河，打算安营扎寨的时候，蒙军又跑回来骚扰他们。到了晚上，拖雷又整夜地在金营附近使劲擂鼓……就这么反复了几天，金军饭也吃不成，觉也没睡好，又累又困。再加上天气突变，雨雪交加，其士气可想而知。当汴京来人传达圣旨，要合达、蒲阿火速援京时，先前还大大咧咧、信心十足的移剌蒲阿此时已是双目无神，什么主意也拿不了了。

相比金军的丧魂落魄，蒙军却是高歌猛进，窝阔台已攻下河中、郑州，前锋直抵汴京城下，又调了一万多生力军来援助拖雷。这支援军探明金军必定要经过三峰山（今河南禹县西南20里），便砍树伐木堵塞了金军去路，又想抢占三峰山东北、西南的山头。金军以猛将杨沃衍强行开路。武仙、高英进兵西南，杨沃衍、樊泽进兵东北，被蒙军搞得狼狈不堪的金军把肚里积压了几天的火气全发泄了出来，蒙军全部被击退。张惠抢占了山顶的制高点，朝东头一望，顿时倒吸一口凉气，只见蒙古大军川流不息，看上去足有20来万人。

其实拖雷部下不过3万来人而已，加上窝阔台的援军，也只有4万多人，但蒙古军队善用疑兵计：就是把事先准备好的假人绑在马上，和真人一起行军，所以看起来队伍显得特别庞大，不明就里的敌人往往没打就被吓走。但这招对张惠不灵，这名忠心耿耿的将领脑子里只有一个想法：为了国家，有死而已，他当即率军下击，由于张惠是抱着必死的决定来战的,再加上金军骑兵已获得冲锋速度加成,蒙军又没扛住,金军士气一振,至于三峰山,营地前后百匝相回环,蒙军被包围了起来。

现在轮到拖雷犯愁了,他问计于随军的老将速不台,速不台微微一笑:"莫忧,这些住在城里的娃子娇贵得很,咱们和以前那样,隔三差五使坏一把,没多久他们自己就不行了。"拖雷大喜,从此每天都派小股部队夜袭敌营,金军在沙河就没睡过安稳觉,现在还是没法睡个安稳觉,被折磨得憔悴不堪。

也是天欲亡金,先前就没停过的雨夹雪,现在越下越大,以至于雪没人膝,金军不耐寒苦,士气更加低落。拖雷抓住机会,组织了一次大反攻,当时有人劝他还是等窝阔台来援再说,拖雷摇摇头:"机不可失,如果金军走入邓州城,再想吃掉他们就难了。再说了,做臣子的理应为大汗分忧,怎么反倒把困难留给他呢?"

正月16日,拖雷全身披挂上马,对着部下喊道:"蒙古勇士们,现在正是你们展现自我、赢取荣誉的时候,上吧!"在主将的激励下,蒙军爆发出惊人的勇气,一齐向山下金营压过去。反观金军是连累带饿,有的人已是三天没有粒米下肚,很多人兵器上结了像柱子一样粗的冰,枪使不动,弓也拉不开,这样军队如何能抵挡得住早已习惯了草原风雪的蒙古人?拖雷轻轻松松就冲垮了金军防线,反而将敌人包围了起来。

形势扭转,金军更受打击,就连忠孝军也是士无战心了。而拖雷则更加从容,他下令将所有马匹都牵进附近村庄的屋内,士兵则轮流出战,更替休息。山脚下蒙古人大营里篝火熊熊,大家烧烤牛羊肉,欢歌笑语不止。而金军军营内烟息灶冷,没人脸上有一丝笑意,许多人甚至活活冻倒在地上,再也爬不起来。

"弟兄们,有救了,蒙古人的包围圈开口子啦。"一个士兵欢快地叫着,跑上山来。

"真的?"人们都一下来了精神,同时也有些不敢相信自己的耳朵。

"是真的,杨大人的人马打了老久,总算杀出了一条路,是通往钧州方向的,我兄弟在那里,他亲口告诉我的。"

"那还等什么,弟兄们走……啊!"所有的人抓起军器,一起向那个兵所说的方向跑去。道路状况很糟,大多是被翻耕了几遍的麻田,泥泞不堪,许多人没跑几步就连摔跟头,但谁也顾不得这些了。

"拖雷大人,我们追上去宰了他们?"金军万人狂奔的丑态被高处的蒙军尽收眼底,有人提议道。

"不用,狗要是急到跳墙的时候你去抓,它会把你的骨头都咬烂的。就让他们跑上个几天再说,我在前面早安排好了,没人溜得掉的。"拖雷轻松写意地道。

不用多说,这道缺口是蒙军故意让出来的,这又是他们惯用的手段之一:开口战术。我们已经知道,蒙古人的军事思想是在日复一日的狩猎中总结出来的,打猎中常见的情况是野兽被猎人们团团包围,这时它们往往会为了死中求生而做极其凶狠的困兽之斗,很可能重创猎人队伍。

如果猎人们这时有意"网开一面",留条路让猎物逃走的话,那它们见有活下去的希望,就会把求死之心用在夺路而逃上。此时猎人们只要尾随其后,等它们逃到脱力的时候再发动攻击,就可以用最小的代价获得最丰厚的战果。

三峰山的十余万金军现在俨然成了蒙古猎手们手中的猎物,人在溺水的时候如果看到有一片漂浮物,会不顾一切地抓在手里,而不管上面是否盘着毒蛇。金军也是如此,一个月以来不人不鬼的日子他们早忍够了,他们现在什么也不管什么也不顾了,脑子里只有一个念头:逃,快逃,赶紧逃。

这样一支为了逃生而丢盔弃甲,完全没有任何队列纪律可言的队伍就像一堆流动的沙子,只需一阵大风就能把它吹得四散飘零。

当金军狂奔到第三天,山路的尽头似乎就在眼前的时候,道路两侧埋伏的蒙古骑兵突然一起出现,雪崩一样朝这些人压了过来。

绝望,完全绝望了,最后一丝希望一旦出现又复而破灭,人会觉得全身的气力都一下蒸发了,而后就是彻底地放弃。更遑论现在蒙军是吃饱喝足,精神饱满,而金军是冻饿难当加疲惫不堪。许多金兵干脆丢下手中的兵器,闭上眼睛,等着蒙古人用马刀结束自己那无休止的痛苦。

屠杀,完全是一边倒的屠杀。太阳已经升了起来,大地上的积雪和无数条生命一起飞速消逝,雪水和鲜血融合在一起,浇灌着三峰山的每一寸土地。15万金军几乎全部丧生,樊泽、高英、张惠战死。移剌蒲阿朝京城逃跑,半路上被金军抓住。完颜合达、完颜陈和尚逃入钧州,旋即城破被俘,不屈被害,杨沃衍自杀身亡。史称金国"健将锐卒俱尽,自是不可复振矣"。

三峰山一战后,潼关、许州、商州、虢州、汝州、陕州等地的金将纷纷献城,金哀宗万念俱灰,丢下家眷和汴京逃走,留守元帅崔立随即投降,完颜守绪孤身逃往蔡州。此时一直保持中立的南宋也发扬了破鼓万人捶的精神,派兵北上。1233年,宋蒙联合攻打蔡州,1234年正月城破,金哀宗自杀身亡,金朝灭亡。金国宗室、后妃尽被蒙古人掳走北归,一百多年前金人一手导演了"靖康之变",今天终于一点不剩地报应在了他们身上,"君取他人须如此,今朝亦是寻常事"!

宋人借蒙古人之手复仇成功,举国欢腾。然而他们也没得意多久,金灭亡当年,蒙古就发动了对南宋的战争。尽管南宋军民一致坚持抗战,也涌现出了孟珙、王坚这样的名将,但42年后,这个政权还是亡于成吉思汗之孙忽必烈之手。

拔都西征

端平2年(1235),挟灭金余威的蒙古大军又出动了,这次的既定目标是上次还未彻底打服的钦察人和基辅罗斯人,实际上是能打到哪算哪。西征军团的主帅是术赤长子拔都和老将速不台。而窝阔台长子贵由、拖雷长子蒙哥、察合台长孙(察合台长子战死于花剌子模,由其长孙继位)不里等均随同出征,因而这次远征也被称为"长子西征"。

由速不台和蒙哥统领的蒙军前锋很快击败了保加利亚人和钦察人,下一个遭殃的是基辅罗斯,卡尔卡克河的悲剧看来并没有打醒他们,罗斯王公之间仍各自为战。蒙古军队旋风般地拿下了北罗斯的梁赞、弗拉基米尔、莫斯科、罗斯托夫、苏兹达利,基辅大公尤里二世在西齐河抵抗,败死。但蒙军在攻打科泽利斯克的时候损失不小,不得不退回休整。

1239年,蒙古骑兵的铁蹄再次踏入罗斯境内,这次他们改道南下,佩列亚斯拉夫和切尔尼戈夫首先沦陷,紧接着蒙军直扑基辅,拔都对罗斯都城的宏伟惊叹不已,本想保存它,但守将德米特里却杀使拒降,于是蒙军用投石机攻城数日,将其夷为平地。1241年蒙军又蹂躏了当时罗斯最强的加利奇—沃伦公国,丹尼洛王公逃亡匈牙利。

还记得那个忽滩酋长吗?哲别速不台撤走后,他又回到原居住地,现在又得逃命了。这次连俄罗斯都没得去,只好学着丹尼洛,来到匈牙利避难,拔都要求匈牙利国王贝拉四世把忽滩交出来,却碰了一鼻子灰——忽滩带来了几万钦察勇士,贝拉正与国内领主们不和,很需要这支外军的帮助。不过他嘴上硬,对蒙古人的报复却也害怕得很,于是他向自己的女婿——波兰国王博列斯拉夫五世求援。此时蒙古人对俄罗斯的征服也震惊了整个欧洲,在贝拉的号召下,波兰、神圣罗马帝国、摩拉维亚、巴伐利亚公国以及条顿、医院、圣殿骑士团都出钱出力,组成了一支抗蒙联军。

可悲的是,13世纪的欧洲各国的情况比起花剌子模和基辅罗斯来简直是同病相怜,就拿波兰来说吧,曾短暂统一的它现在已经分裂为西里西亚、大小波兰、马佐夫舍四个部分,4个小国之间为了争夺地盘也打得很凶,因此这次参加联军的只有西里西亚大公虔诚的亨利二世以及大波兰军一部。

而作为西欧主力的神罗帝国更好不到哪儿去,神罗人和罗马教廷之间的恩怨还在蔓延,当朝天子腓特烈二世正专注于与教皇格列高里九世的兵戎相见中,因而只提供了一支很小的部队——还不如巴伐利亚公爵大方。

总而言之,欧洲联军的参战阵容看似气势不凡,实际上穷酸得很,据史学家估计,总兵力最多不超过8 000人——这还比不上蒙古大部落之间的内战规模。不过东欧那穷地方，也别要求太高啦。

1241年，拔都和速不台分别率领两支军队分别由加利西亚和特兰西瓦尼亚进入匈牙利；而蒙古大将拜答儿和合丹、斡尔答（本为拔都的大哥，但自知才能不及后者，故将长子位置让之）则入侵波兰，以策应匈牙利方面军。即使拜答儿统领的只是一支偏师，其人数也远远超过了所谓"欧洲联军"。

13世纪的欧洲尚无任何常备军制，即使是国王，打仗时靠的也是部下领主的私兵，而领主们的私兵队则由下属的骑士加雇佣军组成，当然也有一部分服徭役的农民作为步兵，但这些人无论是训练还是装备都可怜得很，因此战斗力几乎可以忽略不计。说到底，他们的主力还是骑士及其侍从组成的骑兵队，他们的装备是带风兜的锁子甲、十字护手的长剑、长枪和风筝形盾。最常用的战术是由枪骑兵排成1到2列冲锋，两翼布置弓箭手负责火力掩护，而后步兵跟进。但不同兵种之间的位置并不是固定不变的，比如蒙古人与欧洲联军的里格尼亚战役就是这样。

斡尔答和拜答儿、合丹分别朝波兰北部及立陶宛西南部边境、波兰南部进军，他们先后在图尔斯克和赫尔梅尼克击败波军，火焚波兰首都克拉科夫。正当他们商议是否强攻西里西亚首府佛罗茨瓦夫的时候，探马来报：波西米亚（今捷克）国王文西劳西斯一世亲率5万大军，企图与正在里格尼亚的抗蒙联军会合，蒙军立刻抢先赶往里格尼亚。

4月9日，里格尼亚城内钟声长鸣，当钟声停歇了以后，城门大开，欧洲联军陆续涌出，他们不是一齐出动，而是先后分为4队：打头阵的是由摩拉维亚大公博列斯拉夫统领的巴伐利亚步兵，其次为苏列斯拉夫的大波兰军和少量克拉科夫士兵，接下来是条顿骑士团和奥博雷—拉布齐日公爵"胖子"梅什科的部队——这位老兄前几天刚被赶出自己的领地；最后是由总指挥亨利统辖的西里西亚骑士以及医院、圣殿骑士团的部队。不难看出，亨利的策略是田忌赛马式的，将最差到一般的部队先顶上去，消耗敌人的力量，最后才投入精锐部队。而蒙军则摆出了五横阵。

按照既定的策略，首先出击的是巴伐利亚步兵，身材高大的日耳曼人大概一出场就把矮小的蒙古人吓着了,探马赤军一箭不发就撤退了,紧接着后面的蒙军也开始后撤。

很明显,这又是诱敌的老伎俩,在欧洲也并不新鲜了,但毫无组织观念的欧洲骑兵见状,立刻策马追逐了上去。很快,第二队和第三队的骑士们就和己方步兵队拉开了一段距离。

此时,战场上突然黑烟冲天,遮天蔽日,欧洲人搞不清这是咋回事,一下子惊慌了起来,有人甚至认为这是鞑靼人在施放巫术(波兰编年史就这么记载的:鞑人出一大旗,旗上绘一怪兽,口喷浓烟,恶臭难当)。当然我们知道,这只是蒙军骑兵点燃了先前在战场上堆积好的许多捆稻草,再加上他们在马尾巴后面拖上一段木头,来回奔驰引起的尘土的混合物罢了。借着这些"妖术"的掩护,蒙军轻骑兵完成了对欧洲联军的迂回,重骑兵则开始从正面强突。欧洲骑兵的锁子甲根本挡不住蒙军利箭和倒钩长矛的攻击,阵脚大乱起来。亨利只得提前将第四战队投入战场,然而蒙军根本不和他们正面交锋,而是一面快马加鞭,一面不断射出准得要命的箭矢,波德联军赶又赶不上,躲又躲不过,只能徒呼奈何。

此时,另一股蒙军包围了已经失去骑兵保护的步兵,这些巴伐利亚人并非正规军,而是从当地矿洞里临时招募来的工人,连防护的甲衣都没有,很快就被蒙军屠杀殆尽。

最终,欧洲联军也没能逃脱金、花剌子模、西夏、罗斯人的悲惨命运,摩拉维亚大公博列斯拉夫当场战死,亨利二世带着4名随从逃离战场,被蒙军轻骑赶上,一枪挑于马下斩之,就连圣殿骑士团死者亦不下500人,其中包括大团长的9个兄弟和2名侍从。据说战后仅蒙古人割下来的欧洲人的耳朵就装了整整9个麻袋!这支蒙军在波兰、波西米亚和摩拉维亚三光一番后,穿过匈牙利北部与主力军团会师。

拜答儿、合丹一军在波兰告捷的同时,拔都、速不台也在匈牙利取得了重大战果。

探马赤军天天来到佩斯(今匈牙利布达佩斯)城下叫嚣谩骂,贝拉四世尚能保持冷静,指示等各地援军到齐了再说,科罗契大主教乌古兰却忍不住了,骂骂咧咧地集合自己的手下就冲了出去,结果被蒙军引入一片沼泽地中。主教的亲兵皆身着重甲,陷进去就再也拔不出脚来,全成了活靶子,被蒙古人用弓箭一一轻松点杀。只有大主教和另外3名人逃脱,事后他们不反省自己的冒失,却到处宣扬蒙军中有不少钦察人(使用被征服民族为兵本就是蒙古人的习惯),到时候很有可能和城内的钦察人串通一气。早已对贝拉不满的领主们乘机煽动佩斯的暴民攻杀忽滩,各地的钦察人闻讯悲愤不已,高举为酋长报仇的旗号在匈牙利境内大肆残破一番后离去,贝拉一下损失了数万名盟军,痛心地直捶自己的胸膛。

好在援军不久就到齐了,这下贝拉拥有了40万人马,拔都、速不台见敌军势大,开始后退。贝拉吸取了乌古兰的教训,没有贸然追击,而是在塞育河西岸以环形车阵结寨,同时派出1 000精兵扼守河上唯一一座桥梁。拔都用布袋结筏,在夜间强渡,同时使用7架投石机进行火力掩护,多日以来,蒙古人战无不胜,不免产生了轻敌心理,各部争相渡河,混乱不堪。守军乘机进攻,蒙军拥挤在一起,无法反击。拔都麾下将领八哈秃和30名士兵被赶下水去,活活淹死。

蒙军正没做理会处,老将速不台却已从上游偷偷过河,并迂回到了桥梁后面,一下射杀了大批守军,剩下的人抱头鼠窜,蒙军这才得以全部过河。

天刚破晓,匈牙利人才发现他们的大营已被包围,顿时大乱起来。贝拉的弟弟柯罗曼——乌古兰大主教连同前来增援的圣殿骑士团硬着头皮出战,结果失利而回。他们重整队形再战,结果比上次败得更惨,圣殿骑士全部战死。这下其他人都不敢动了。

日头已经升到中午了,蒙古人仍围而不攻,柯罗曼咬咬牙,第三次出击。战斗正酣时,蒙军将领不剌勒登上高处,望明了贝拉国王的御帐所在地,率领一队阿巴秃儿猛地冲进匈军车阵,一下砍倒了御帐的绳索,帐篷仆倒在地,匈牙利士兵以为国王遇害,纷纷丧气溃逃。然而车阵内帐篷林立,像一道道帷幕一般,人们心急之下根本找不到出路,和没头苍蝇一样四处乱窜。

此时蒙军并未全面进攻,反而在车阵一头拆开一道出口,匈军不明就里,争先朝那里挤过去,没跑出几步就傻了——沼泽,又见沼泽,这下可真是进退失据了。此刻,蒙古骑兵们已经高举着马刀和狼牙棒杀了过来,三峰山一战的血腥一幕在佩斯城外再度上演,不过略有不同:许多匈军是被蒙军赶进沼泽里活活溺死的。

乌古兰大主教和三名主教当场被杀,柯罗曼逃回自己在达尔马提亚的封地,伤重而死。贝拉侥幸得脱,合丹却不打算放过他,从匈牙利一直追到达尔马提亚、斯洛文尼亚、克罗地亚……贝拉东躲西藏,最后逃到一个海岛上才保全了性命。

蒙军攻入佩斯城,把居民杀得一个不留,随后在各地肆意焚杀,再加上突如其来的瘟疫打击,匈牙利人口一下减少了一半,自建国以来,马扎尔人还从未遭受如此浩劫。

蒙古大军在东欧的行为,震惊全欧,贝拉四世那充满哀求的求救信更将恐惧迅速扩散。教皇格里高利九世一度想组织十字军讨伐鞑靼人,他也不想想,如果真那样做了的话,只怕西欧腹地也要遭到蒙古人的报复了。好在这一切并没有发生,就在里格尼亚之战后的第二年,窝阔台大汗驾崩的消息传到了西征军中,合丹穿过塞尔维亚与拔都会合后,收兵回国。拔都于返程途中,在基辅罗斯国的废墟上建立了钦察汗国。1252年,拖雷之子旭烈兀发动西征,这次的目标是小亚细亚。旭烈兀于1258年攻陷巴格达,处决了末代哈里发,灭亡阿拔斯王朝,并于1237年在已征服的土地上建立了伊尔汗国,再加上窝阔台孙海都建立的窝阔台汗国以及察合台建立的察合台汗国以及一统中原的蒙古本部(于1271年建国,国号大元),蒙古人的统治范围至此达到极限,西至匈牙利,北到俄罗斯,东至太平洋,南到大理(云南一带),总面积达2400万平方公里,实为人类史上之最。

然而,如此庞大的帝国,却是兴也勃焉,亡也忽焉。元朝的国运仅有97年,窝阔台汗国和伊尔汗国也只持续了不到一个世纪。察合台和钦察汗国虽寿命较长,但大多数统治时间都是在无休止的分裂和内战中渡过的。蒙古民族虽然可以用无敌的骑兵先后击败数十个大大小小的文明,但却解决不了自身最致命的痼疾——没有独立的文化体系。

无论是在东欧,还是在花剌子模、金国、南宋、西夏、基辅罗斯……随处可见蒙古人肆意屠杀的记载,他们每下一城,不但经常杀得鸡犬不留,不时还回来二屠乃至三屠……动机很简单,他们想要的不是文明的城市,而是人烟稀少的牧场。甚至一统中国后,还有蒙古贵族建议将北方改为牧场的。

即使在四大汗国建立后,蒙古人对其征服的领土的建设贡献也为之甚少,以钦察汗国为例,绝大多数时候它唯一感兴趣的事就是征税和劫掠。以至于普希金评价道:"蒙古人是没有亚里士多德和代数学的阿拉伯人。"说白了就是蒙古人的价值观始终停留在游牧部落时代,而游牧部落是没什么自身文化可言的。一个没有文化内涵的民族,其结果只能是要么被淘汰出局(比如元朝和钦察汗国),要么被更先进的文明同化(比如改宗伊斯兰教的伊尔和察合台汗国)。

汉代儒生陆贾曾说过:"可以在马上打天下,却不能在马上治天下。"蒙古骑兵的强悍和蒙古政权的脆弱所形成的鲜明对比,应该是这句名言的最好注解吧。

马穆鲁克骑兵

起源：从"古兰姆"到"马穆鲁克"

奴隶起义在历史上并不鲜见，一群处于社会最底层的人，干着最脏最累的活，却忍受着最贫困最艰苦的生活条件，心中的怨愤自是可想而知的，怨气积累到一定程度，就会和火山一样凶猛地爆发出来。例如公元前73年爆发的斯巴达克斯大起义，几乎摧毁了整个古罗马帝国。

然而奴隶起义凶猛则凶猛矣，却鲜有成事的。这个问题的答案，中学时的政治课本已经告诉了我们：奴隶们不代表最先进的生产力，因而他们的目光是短浅的，战略目标是有很大局限性的。这些因素导致了他们无法获得最后的成功。

真是这样吗？历史上有这么一群奴隶，他们用自己的实际行动，有力地否决了这个论断。这群人不但成功地推翻旧主，建立了自己的政权，实现了劳动人民当家做主人的宏伟目标，更成功捍卫自己的斗争成果达近3个世纪之久。这个由奴隶建立的王朝，就以其建立者的身份命名——马穆鲁克。

其实从严格意义上说，马穆鲁克并不能算是真正的奴隶。至少正式的马穆鲁克(团体)的成员不算，顶多就是奴隶出身的军人罢了。这一军事团体的具体起源时间是个富有争议的话题。如果从它的前身——古兰姆算起，甚至可以追溯到9世纪的阿拉伯阿拔斯王朝。

众所周知,阿拔斯王朝是推翻了阿拉伯倭马亚王朝后建立的。在推翻倭马亚的过程中,隶属原波斯帝国的呼罗珊行省出钱出力甚大,这导致阿拔斯王朝建立以后,大批来自呼罗珊的波斯人进入原先由阿拉伯人牢牢把持的政府高层。新来者和旧阶层之间展开了激烈的权力斗争,导致阿拔斯首都巴格达一直处在动荡不安中(就和现在一样),弄得哈里发觉得自己的个人安全都没保障。不得已之下,他只得招募一支新的私人卫队,这支私人卫队的成员必须同时与波斯人和阿拉伯人毫无瓜葛,这样才能保证完全听命于哈里发。就这样,一批来自中亚的突厥人进入了哈里发的考察范围。

在本书的大唐骑兵章中已经对突厥人做了简单的介绍。东西突厥汗国于7~8世纪相继被唐帝国灭亡后,余部大规模朝中、西亚迁徙。这些突厥人个个都是出色的骑兵和弓箭手,又并非波斯或阿拉伯地区出生,正符合哈里发的要求。于是,一支完全由他们组成的哈里发禁卫军诞生了,它的名字叫"古兰姆"。

"古兰姆"在波斯语中是"受过训练的奴隶"的意思。缘于其成员都来自中亚人口市场上出售的突厥裔青年奴隶。哈里发买下他们后,便有专人负责对这些人进行军事训练。由于突厥人大多为骑兵,因而"古兰姆"卫队均为清一色的骑兵。后世的"马穆鲁克"亦是如此。

古兰姆骑兵

哈里发组建"古兰姆",原本是想建立一支只效忠于自己的奴隶军队。可事与愿违,随着时间的推移,这些军事奴隶在帝国境内扎下了根,并开始逐渐扩张自己的势力。很快,他们就控制了帝国军队的领导权,形成了独立于波斯人和阿拉伯人以外的第三股力量。这股新势力与巴格达的旧有阶层之间频频发生冲突,致使首都局势更加动荡。古兰姆卫队的创立者——第八代哈里发穆尔台绥木一度被迫迁都于撒马拉。然而,没有了政治对手的掣肘,古兰姆突厥人变得更无法无天起来,最后连哈里发的生杀、废立大权都操纵于他们之手。迁都之后,竟一连有4任哈里发死于"古兰姆"卫队将领手上,哈里发们终于是搬起石头打了自己的脚。

阿拔斯帝国的领导人们觉得不能再这样下去了。9世纪末期,出身著名的塔希木家族的阿拉伯名将穆瓦法克对"古兰姆"卫队动了番大手术,他不再招募成年突厥奴隶,而用突厥幼童代替。这些男孩从小就在军营里长大,所能见到的人除了朝夕相处的同伴和教官外,就是时不时来巡视的哈里发。因此在成人以后,他们和买主(哈里发)之间已经建立起极其深厚的感情,他们脑海里只有这么几个想法:是我的主人把我从贫穷的家乡带到富庶的这里来。是我的主人让我摆脱了奴隶的卑贱身份(每名马穆鲁克在完成了训练科目后,便不再是奴隶,而是拥有自有身份的帝国军人),是主人给了我现在的一切……他们对主人的忠诚度比起那些很早就有了自己的想法的"古兰姆"自然是不可同日而语了。

装 备 和 战 术

早期马穆鲁克骑兵的装备是阿尔及利亚和伊朗骑兵风格的混合体。兵器有长枪、弓、剑和兽头形状的钉头锤。防护性装备有盾牌、头盔和铠甲。

弓箭为中东穆斯林主要远程兵器,但规格已经发生了明显的变化,角度突出的"匈奴"式反曲复合弓为更加弯曲平滑的突厥式复合弓所取代。前者的优点是初次使用时难度并不大,但其弓耳大而重,且缺乏曲度,因而使用者在拉弓时所消耗的气力往往大半被浪费掉,严重影响弓箭的射程。新式弓的弓耳很长,较为平滑,可以保证拉弓时释放的动能尽可能地被转移到箭支上,因此射程大大提升,最远可达 480 码之多。但新式复合弓也有它的缺点:弓耳过长,骑兵携带不便。且突厥人所使用的三尖两刃刀和锐角三角形式箭镞重量较轻,这样也使得箭支更容易受到风力干扰,导致突厥复合弓的命中率很低。

突厥人所用的剑为波斯式的双刃直剑,有 1 米来长,古代资料显示这样一把剑可以从使用者的腰部一直垂到地上。

大多数突厥弓骑兵似乎并不穿铠甲,但马穆鲁克属于"重骑兵"一列,是个例外,早期马穆鲁克骑兵的铠甲叫"犹桑"(jawshan),和长剑一样起源于波斯,是一种用铁、牛角或经过处理的皮革制成的札甲式的紧身胸甲。长度很短,下摆及腰,上沿只能遮住胸口,通常是和骑兵身上穿的短上衣连为一体的。"犹桑"的表面时常镀金、上漆或上色,甚至涂成五颜六色(不同排的甲片涂上不同的颜色)。尽管外表看起来很花哨,但防御性能相当一般(因为轻嘛)。

早期马穆鲁克骑兵的头盔也是波斯式的圆锥形,盔顶饰有羽毛,表面涂有装饰性的油彩。下部连有链甲式的护颈,有时还会在链甲护颈外再套一层皮革护颈。

盾是椭圆形的,边缘连有多根穗带作为装饰,盾有盾带,可以背在背上。

突厥人来到西亚后,主要战术还是和诸多游牧民族一样:打了就跑,要说有什么特色,那就是和虱子差不多——从头到尾一口死咬。马穆鲁克骑兵往往组成许多小分队,敌军一从驻地开拔,他们就不停地跟踪、偷袭,由于他们装备轻便,且根本不作任何近距离搏斗,敌人既打不着也追不上他们,只能一路忍受这种蚊虫叮咬一般的骚扰。等到了目的地,士气和实力早已大大受损。

一旦正式开打,那马穆鲁克们也会排出自己特有的战斗阵型:先排成一个倒过来的三角形,而后三角形的底线向前凸出,逐渐形成一个倒新月形,新月的中端前凸,这样可以将远程火力的死角减少到最小,充分发挥突厥骑兵特有的骑射优势。而当敌人朝己方逼近的时候,新月形阵还是原来的新月形阵,但已发生变化:原先向外突出的中部开始内缩,而两翼则向外延长——"倒新月形"变成了"正新月形",这样突入原新月阵中段位置的敌军的侧翼和后方就会全面暴露于突厥军的射界之中,将遭到最大程度的杀伤。

加入阿拔斯帝国军队的突厥人全都皈依了伊斯兰教,而新月图案在伊斯兰教的教义中象征着力量,因此很难说这种战斗阵型是突厥人自己摸索出来的,还是从教义中得到的启发。但可以肯定的是,新月之阵兼顾了火力密度和杀伤力强度,在日后的战斗中屡显威力。结果连带着新月图案都成了如马穆鲁克之类的绿化突厥人的所敬重的对象,马穆鲁克骑兵的盾牌上经常涂有新月形的纹章,这对后世的奥斯曼土耳其人也产生了很大影响:奥斯曼帝国的国旗,就是一个新月加一个星星。

百年帝国的没落:曼兹特克会战

自9世纪之后,突厥人如同浪潮一般,成批涌入小亚细亚地区,此时阿拔斯帝国已经开始走向下坡路,哈里发权力严重被限制,根本无力弹压这些入侵者,帝国局势更加动荡。尽管改制后的马穆鲁克部队的忠诚度很有保证,但他们毕竟人数太少,因此也无法挽回帝国大厦的倾颓。各行省的总督乘机利用手头掌握的军力,纷纷独立。9到10世纪不到100年的时间内,阿拔斯境内先后出现萨法尔、萨曼、伽色尼、古尔、图伦、哈姆丹等大大小小的王朝,这些地方政权只是名义上奉哈里发为主,实际上保持极大的独立性,甚至在主麻日时都不提哈里发而提政权君主的名字,活脱脱一出外国版的东周列国志。而哈里发竟真的和周天子一样束手无策。

突厥人大概也觉得哈里发这个名义上的君主当得实在没意思,干脆给他解脱了算了。1159年,突厥将领白萨西里攻入巴格达(9世纪70年代阿拔斯首都又从撒马拉迁回巴格达),将哈里发嘎义木赶到美索不达米亚去。亏得另一个突厥将领图格鲁尔带兵打进巴格达,将嘎义木送回,哈里发为了奖赏图格鲁尔这次救驾之功,授予其"苏丹"(阿拉伯语"统治者"的意思)的头衔。此劫虽过,但哈里发的状况不但没有任何改观,甚至还不如以前。图格鲁尔不但接管了帝国的军政大权,连同马穆鲁克部队也给接收了,昔日的哈里发近卫队,现在成了苏丹大人的亲卫队。哈里发彻底沦为名义上的精神领袖。

图格鲁尔是突厥塞尔柱部落的首领,因此他创立的王朝就叫塞尔柱王朝。塞尔柱人是突厥土库曼部落的一支,他们在来到中亚后带了不少土库曼亲戚来,这些人就成了塞尔柱王朝的顶梁柱。

塞尔柱人定居下来并建立了自己的政权后,打算过文明人的生活,可让他们头痛的是,他们治下的土库曼人依旧带着很浓的游牧部落习气,平时劫掠成性。塞尔柱人既不想得罪自己的左膀右臂,又不愿让帝国百姓遭殃。于是他们想出了一个两全其美的办法,把土库曼人安置到安纳托利亚地区西部去,那里是拜占庭帝国的东部疆界。老乡们不是喜欢抢吗?那就去抢拜占庭人好了。

塞尔柱帝国以邻为壑的做法,引发了拜占庭和前者之间一连串的冲突。

此时的拜占庭帝国在经历了马其顿王朝的辉煌后,开始日薄西山。巴西尔二世死后的几任君主均是懦弱无能之辈,他们只知挥霍,不懂建设,帝国的经济、军事实力在这些蛀虫手中渐渐没落下去。最愚蠢的是,他们为了方便掠夺亚美尼亚地区,竟下令解散这个帝国东部的百年屏障的防卫力量,塞尔柱人乘虚而入。11世纪后期,亚美尼亚大部分落入他们之手。

1068年,罗慕路斯四世登上了拜占庭皇位,这是个比较有作为的皇帝,他继位伊始就想教训教训塞尔柱人,结果却吃了个败仗。

令人惊讶的是,得胜的塞尔柱人不仅没有再进一步,反而主动提出了和议。原因很简单:塞尔柱人皈依的是伊斯兰教的正统教派逊尼派,因此他们的首要目标是消灭位于埃及的由什叶派伊斯兰教徒建立的法蒂玛王朝。现任塞尔柱苏丹阿尔普·阿尔斯兰一直以此为己任,并不想在与拜占庭的战争中消耗实力。1069年,双方正式签订和平协议。阿尔普·阿尔斯兰放心地朝法蒂玛王朝控制下的叙利亚地区进军了。

哪知罗慕路斯四世根本没真想和塞尔柱人和解,他一直将对方视为帝国东部的心腹大患。议和只是为了转移阿尔斯兰的注意力,从而乘机收复亚美尼亚的失地。

1071年,就在阿尔斯兰正与法蒂玛王朝鏖战的时候,罗慕路斯召集了一支4万~7万人的大军,进入亚美尼亚。这支远征军的组成极其复杂,由于罗慕路斯并不信任帝国的常备军,因此远征军中以外国雇佣军为主:有俄罗斯人(瓦兰吉卫队)、突厥人(乌兹人和佩彻涅格人)、诺曼人、法兰克人、亚美尼亚人等。民族成分的多样性令远征军在指挥上难以做到协调一致，为后来的失败埋下了伏笔。

6月，远征军抵达哈吕斯河，在这里召开了一次军事会议。有人主张继续进军，好打塞尔柱人一个措手不及；但尼基佛鲁斯·布兰恩努斯等几名将领建议就地休整并修筑防御工事，等塞尔柱人来攻。罗慕路斯最后采纳了第一套方案，原因有二：一，队伍规模太大，粮食补给困难，耗不起；二，他觉得阿尔斯兰还离很远，这时出击应该没什么问题。

罗慕路斯的感觉太过乐观了，事实上尚在围攻阿勒颇的塞尔柱苏丹早已得知拜占庭军队的动向并立刻撤围而去。以轻骑兵为主的突厥军队堪称神速，没多久就赶到了摩苏尔。在那里，阿尔斯兰从塞尔柱难民口中得到新消息：拜占庭人已经兵分两路，一路由诺曼人罗塞尔·德·带领，正在基拉特要塞周边地区大肆破坏；另一路则由罗慕路斯亲自统帅，朝曼兹克特城（今土耳其东部穆什省曼兹克特镇）赶来。

阿尔斯兰的应对方式是针锋相对：他将 5 000 精兵交给将军桑达克，让其去加强基拉特要塞的防卫，自己则去对付拜占庭皇帝。但等桑达克出发了以后，苏丹才发现，现在面临着一个严峻的问题。

啥问题？塞尔柱帝国的本质仍是一个以游牧部落为主体的国家，而游牧民族的特性就是散漫，毫无组织观念。由于前几天的急行军赶得实在太狠，部民们吃不消，要么远远落在后面，要么干脆散去。当下再一分兵，苏丹身边竟只剩下 4 000 马穆鲁克军人了。

从这件事也可以看出，马穆鲁克无论在纪律性还是吃苦耐劳上，都远强于一般的突厥骑兵。

此时苏丹已经没有别的选择，他只能咬咬牙带着区区 4 000 人上路。好在塞尔柱人在土库曼诸部落中的影响力甚高，阿尔斯兰沿途不断以领袖的名义发出号召，很快就招募到了一万来人。

此时罗慕路斯也已得知塞尔柱苏丹已经赶回并分兵的消息，他派遣将军约瑟夫·塔查尼奥特斯前去援助罗塞尔，两支拜占庭军队合兵一处，有 2 万人之众，是桑达克的整整 4 倍。然而就是这么一支实力上明显占上风的大军,竟很快就被打得大败,约瑟夫和罗塞尔逃走。马穆鲁克的强悍善战可见一斑(前面说过,经历几天的艰苦行军后,能坚持下来的只有马穆鲁克这样的常备军,所以桑达克的 5 000 人很可能也是以马穆鲁克为主)。

此时罗慕路斯已于 8 月 23 日占领了曼兹特克城,这位皇帝大概是感觉太好,把拜占庭军事教义中一再强调的侦察工作完全抛到了脑后,既没有派人去打听约瑟夫和罗塞尔方面的情况,也不知道阿尔斯兰所率领塞尔柱主力已经到来。结果第二天布兰恩努斯带着少量人马外出征发粮草的时候,就遭到了塞尔柱前锋骑兵的迎头痛击,罗慕路斯还以为这就是塞尔柱人在此地的全部力量,根本没放在心上,只随便派了将军巴西雷克斯率领为数不多的一支骑兵去交锋。塞尔柱人诈败,而后将敌军引入埋伏圈,拜军遭重创,巴西雷克斯被俘。

这时罗慕路斯才意识到,他面对的绝非一般的塞尔柱地方部队,他亲整队形出战,担任主攻的布兰恩努斯复仇心切,冲得太凶,差点又被塞尔主人包围,好不容易才突了出来。

罗慕路斯连折两阵,这才相信阿尔斯兰本人已经到来,此时他也得到了罗塞尔、约瑟夫那一路败北的消息。皇帝一面给两位将军发去命令,要他们赶来和自己会合,一面重整队伍再战。

吃了这几次败仗后,拜军的实力已经明显削弱,在未与罗塞尔和约瑟夫的残军会合的情况下,罗慕路斯手中兵力只有出发时的一半左右,其中还夹杂有大量非战斗人员。即便如此,当阿尔斯兰在翌日主动提出议和的时候,罗慕路斯还是毫不犹豫地予以拒绝。这次大点兵已经让帝国国库大伤元气,实在已无法组织第二支类似规模的军队,皇上必须一次性解决问题。

罗慕路斯可以在一连串的打击下坚持下去,不代表他的手下也行。塞尔柱人就埋伏在拜占庭军营附近的山丘上,用像狼一样的目光监视着对手。拜占庭士兵几乎是在惶惶不安中度过那一夜的。8 月 25 日清晨,有人再也撑不住了,一支乌兹籍雇佣军派人和对面的突厥同胞取得了联系,偷偷叛逃了。而约瑟夫和罗塞尔也拒绝了皇帝的征召,一直逃到了梅利泰内城。

8月26日，罗慕路斯四世硬着头皮率领全部兵力出战，拜占庭军队分为两列纵队，第一列纵队又分为左中右三个部分：左翼仍由布兰恩努斯统率。右翼主要为亚美尼亚人、突厥雇佣军，司令官是特奥多西·阿勒提耶斯。皇帝自己指挥着由东西部行省调来的数千名常备军和瓦兰吉卫队组成的中军。

　　第二列纵队是预备队，这是当时拜占庭战术体系中很重要的一部分，这个位置的指挥官人选也值得注意：前任皇帝君士坦丁十世的侄子杜卡斯·安德罗尼库斯。他的身份是拜占庭帝国的联合执政。然而，从政治角度而言，他还有另一个身份：反对罗慕路斯的安德罗尼库斯家族的成员，也就是罗慕路斯的政敌之一。

　　将如此重任交给自己的对头，罗慕路斯是昏了头还是为了展现自己的宽大胸怀？不得而知，但这一决定将是他在这次会战中所犯的诸多失误中最愚蠢的一个。

　　当拜占庭大军向塞尔柱大营逼来的时候，一名突厥骑兵惊恐地叫道："拜占庭人在一点一点地逼近我们。"

　　阿尔斯兰不慌不忙地回答："哦，那我们也在一点一点地逼近他们。"

　　过了一会儿，那名突厥骑兵又惊叫："他们逼得更近了！"

　　苏丹从容不迫地丢掉了弓和箭，穿起铠甲，拿起长枪和盾牌，他甚至还给自己打上香粉，而后坚定地说："如果我战败了，这里就是我的坟墓。"

　　话虽这么说，但拜占庭军队的推进并没有遭遇太大的抵抗，突厥人照例摆出了新月形的阵势，却只是把中央部分拼命后撤而未做任何反击。只有两端"月牙"部分与拜军侧翼发生了些许接触，很快他们也消失得无影无踪了。拜军轻而易举地占领了苏丹的大营。

　　虽然如此，但盘桓在罗慕路斯心头的不是胜利的喜悦，而是更加强烈的恐惧：顽强的突厥人今天的表现实在太不正常了。竟然随随便便就丢掉了军营，这其中肯定有问题。

　　更让罗慕路斯吃惊的是，在苏丹的营地里附近竟然找不到任何水源，这是严重违反驻营的基本常识的！

罗慕路斯再傻也猜得到是咋回事了,他赶紧下令,撤回曼兹克特城外的军营。

这命令一下,拜占庭军队顿时乱了起来。为啥乱?拜占庭帝国的军事体系存在已有七个世纪,无论进退都有一套严格规定的流程。现在大小军官们自然是按规定对各自的部下发号施令了。但这支拜军大多为外籍雇佣军,打完仗拿钱就走人的那种,对拜占庭人那套规矩根本不熟悉,罗慕路斯催得又急,忙中易出错,队伍不乱才怪。

更悲剧的是,战场是位于一个峡谷内的,道路极其狭窄,这令雇佣军团那本就脆弱的调度体系运作起来更加困难。许多小部队挤在一起争相过路,某些单位甚至与主力发生了脱节。

这一切都被埋伏在山上的阿尔斯兰看在眼里,他眼前一亮:出击的时机到了。

先前仿佛消失在空气中的突厥骑兵突然成群结队从山上冒了出来,朝拜占庭人冲杀下去。土库曼轻骑兵迫近到一定距离,用突厥式强力复合弓杀伤敌人后突然撤回,让拜占庭人的反击落个空。马穆鲁克们则无畏地冲进拜军混乱的队伍里,与对手展开肉搏。大地在震动,那是数万匹突厥战马踏出来的。无数光芒交织在一起,那是数千支突厥长剑映射出来的。恐惧和死亡在四处蔓延,那是无数突厥勇士制造出来的。

"皇帝陛下被人打死了!快跑啊!"夜空中,沙哑的喊声在回响着,这却是杜卡斯的声音。其实他并不知道罗慕路斯的状况,他知道的是如果仗打输了,那这个可恶的皇帝很可能死在这里,这是他最愿意看到的事。为此,他必须尽力去促成。

杜卡斯在干号了一阵后,就率领他那支法兰克、诺曼雇佣军从战场上溜走了。可他制造的谣言却已传遍全军上下,奋战中的拜军在精神上大受打击。

杜卡斯的临阵脱逃还引发了一个更严重的后果,拜军第一纵队的后部彻底暴露,突厥人乘机从那里突入,将拜军完全包围。

"罗马的勇士们!不要相信杜卡斯的鬼话,我还没死,大家勇敢地厮杀吧,敌人坚持不了多久的!"罗慕路斯及时挺身而出,令谣言不攻自破。

拜占庭一方军心大定,战斗又激烈起来。果然不出罗慕路斯所料,拜军死伤虽众,突厥军的伤亡也不小,土库曼骑兵多为新兵,见一时无法取胜开始胆怯起来,有些人竟当场逃走。

"回去!回去!我以真主的名义起誓,谁敢逃跑,就让他死在我的剑下。"马穆鲁克团见势不妙,迅速行动起来,堵死了峡谷中的所有去路。

在马穆鲁克军人们的威胁和激励下,土库曼弓骑兵被逼了回去。恶战的要诀就在于,你不垮,对手就垮。此时拜占庭军队两翼由于伤亡惨重,与中军之间渐渐出现了空隙。苏丹阿尔斯兰把马穆鲁克团和数千尚未参战的预备队员组织了起来,直插入敌军右翼的空隙中去。拜军大乱,许多人四散奔逃,拜占庭军官们弹压不住,绝望地喊道:"这些该死的突厥人和亚美尼亚人,我们被他们背叛了!"

其实最先逃跑的只是对拜军毫无好感的亚美尼亚人。信奉基督教的佩彻涅格突厥人一直坚持到这一翼全军完全崩溃为止,但在一片混乱中,谁又能搞得清状况?

击溃了拜军右翼,苏丹又横插入拜军左翼的空隙中,布兰恩努斯比阿勒提耶斯坚持得要久,但也仅仅是久一些而已。

罗慕路斯的双臂先后被突厥人轻松砍掉,他本人随即也被敌军团团包围。这位军人出身的皇帝作战倒挺顽强,瓦兰吉卫队们也没有在此役中辱没他们的名声。可大势已去,少数人的勇敢又顶什么用?最后卫队几乎全部战死,罗慕路斯本人受伤坠马,被俘。

当全身沾满鲜血和灰尘的罗慕路斯四世被带到阿尔斯兰面前的时候,塞尔柱苏丹用脚踩住拜占庭皇帝的脖子,强迫他亲吻脚下的地面,之后他们之间有这么一段著名的对话。

阿尔斯兰:"如果被俘虏的是我,你会怎么样?"

罗慕路斯:"不好说,可能会杀了你,也可能把你带到君士坦丁堡游街示众。"

阿尔斯兰:"那好,我的惩罚要可怕得多,我放了你!"

阿尔斯兰脚踏罗慕路斯

塞尔柱苏丹是在消遣拜占庭皇帝吗?非也,罗慕路斯在塞尔柱人那里不但备受优待,苏丹还和他结为儿女亲家。一个星期后,罗慕路斯就完完整整地被放了回去。阿尔斯兰还派了两个埃米尔带了100名马穆鲁克骑兵护送。昔日亲手将自己抓住的人,现在变成了贴身保镖,罗慕路斯想必心头别有一番滋味吧。

阿尔斯兰为什么如此宽宏大量?还是那个缘故:他心中的头号敌人是法蒂玛,不是拜占庭。与拜占庭保持和平关系,自己在与法蒂玛开仗时,左侧就可以免受威胁。况且他已经估计到,罗慕路斯这一败,在国内已是威信扫地,已无力再报复塞尔柱人了。

果然,罗慕路斯刚回到拜占庭,就发现自己已经面临着严重的政治危机。杜卡斯已经另立米哈伊尔为帝,并宣布废黜罗慕路斯。后者企图夺回皇位,然而杜卡斯所部并未在曼兹克特战场受损(他们既没有真正参战,又没有被追击)。罗慕路斯的残兵败将根本不是对手,接连三次被击败后,罗慕路斯被抓住,刺瞎双眼而后流放到一个叫普罗蒂的一个小岛上,不久就在重伤中去世。

罗慕路斯被放回之前,曾答应支付1 000万金币作为赎身费,并将曼兹特克、安条克、埃德萨等要地割让给塞尔柱。随着他的死,这个条约也就作废了。然而罗慕路斯的惨死却引发了一系列更严重的恶果:杜卡斯家族毫无治国能力,罗塞尔、布兰恩努斯等将领纷纷自立,拜占庭陷入了无休止的内战中。这给了塞尔柱人极大的可乘之机,曼兹克特战役结束后不到10年,整个安纳托利亚地区几乎全部被突厥帝国吞并,拜占庭失去了最好的兵源产地和最重要的牧场,从此再也无力组织起大规模的骑兵军团了,而优秀的拜占庭骑兵却正是反击入寇的游牧民族的关键。已存在了700年的拜占庭帝国,从此走向没落。

塞尔柱人从疯狂的入侵中获利颇丰,许多突厥人在新占领的安纳托利亚的土地上建立了自己的独立王国。其中最为强盛的是突厥贵族苏莱曼于1077年建立的罗姆苏丹国,这些国家深入原拜占庭东北部地区,随时可以朝北、西、南方向的拜占庭领土发动进攻。致使帝国东部防线被迫大为延长,至少是与阿拉伯帝国对峙时代的3倍,而拜占庭无法像此前一样保持前线部队,二线预备队和国家主力军三层的防守,而是要把部队摊薄在漫长的战线上,地缘形势恶劣到了极点。

边疆情况如此危急，而饱受内乱煎熬的拜占庭帝国却已根本无力做出有效还击。万不得已之下，1095年3月，皇帝亚力克修斯一世派人前往罗马，希望利用教皇的影响力，号召西欧诸王国提供援助。然而，教皇乌尔班二世却认为这是一次将天主教势力扩张到原拜占庭帝国领地的良机，开始极力在全欧洲游说。就在这一年，一场惊天动地的大事发生了：由欧洲各国组成的联军在教会的组织下开始朝安纳托利亚地区进军。由于这些军人都信奉基督教，又打着将基督教教义和十字架传播到东方、拯救圣地和"净化"那些异教徒的旗号，因而这支军队又被称为十字军，他们的行动也被史学界称为十字军东征。

伊斯兰世界的拯救者：
赞吉王朝和阿尤布王朝

安纳托利亚的易主和第一次十字军东征，可以算是曼兹克特战役引发的两大历史后果。这两大历史事件直接改变了世界历史的进程。尽管曼兹克特战役的胜利主要靠的是苏丹阿尔斯兰指挥得当，但马穆鲁克骑兵的顽强坚忍，无疑也在很大程度上决定了战役进程的走向。

第一次十字军东征的时机选择得特别好：阿尔斯兰之子——塞尔柱最后一位伟大苏丹马利克沙死后，他的继承人之间展开了激烈的夺权斗争。强盛的塞尔柱帝国至此四分五裂，再也没能恢复元气。

中东其他穆斯林政权的情况也好不到哪去，自从阿拔斯哈里发失势后，没人能镇得住场子。大大小小的游牧部落各霸一方：北方有塞尔柱、南方的埃及一带是法蒂玛王朝的势力、黎巴嫩有德鲁兹人和阿萨辛势力。不同民族、不同信仰（伊斯兰教内部各个派别）的割据势力互相攻伐不止，有些甚至向十字军求援。极大地削弱了伊斯兰世界抵御西欧入侵者的能力。

在这种情况下，十字军的进展很是顺利，不到15年的时间里，他们就夺取了地中海沿岸的大片土地，并建立起埃德萨、安条克、耶路撒冷、的黎波里4个小王国，甚至开始入侵北非。在这一过程中，大批穆斯林平民惨遭屠杀和放逐，安纳托利亚东部血流成河。

伊斯兰世界一盘散沙的状况终于在1127年结束，阿尔普·阿尔斯兰的老臣赞吉成功统一了大半个美索不达米亚，建立了赞吉王朝。赞吉王朝随即向基督教势力发起反攻，1144年，赞吉攻陷埃德萨公国。1151年，赞吉的儿子努尔丁打败了十字军的报复（第二次十字军东征）。1149年他又彻底灭亡埃德萨，俘获国君佐塞林二世。1164年，努尔丁击败、俘虏了安条克公国、的黎波里伯国的统治者伯希蒙德公爵和雷蒙德伯爵。但无论是赞吉，还是努尔丁，都不是真正从异教徒手中拯救圣地的人。1163年法蒂玛王朝发生内讧，大臣沙韦尔向努尔丁求援。努尔丁乘机将势力打入埃及，负责完成这一任务的是一老一少两名将领，老将是施尔科，年轻将领是他的侄儿，名叫萨拉丁·优素福。

未来伊斯兰世界最伟大的英雄萨拉丁就这样第一次在历史舞台上崭露头角，他的任务完成得非常出色，不但稳定了埃及局势，还和叔父一起掌握了法蒂玛王朝的大权。当施尔科去世后，萨拉丁清除了什叶派在埃及的影响力，恢复逊尼派正统信仰，并最终成为埃及的统治者。

努尔丁死后，儿子撒列哈才11岁。萨拉丁乘机反噬旧主，很快控制了叙利亚全境。1175年，他的统治权得到哈里发的承认。阿尤布王朝（萨拉丁姓阿尤布）就此诞生，这个王朝历史性地将埃及和叙利亚连成一线，奠定了对基督教敌人的主动权。

赞吉王朝的创始人赞吉是一名突厥奴隶的儿子，他对同为突厥奴隶出身的马穆鲁克在情感上的亲近可想而知，赞吉王朝上述一系列赫赫战功中，马穆鲁克骑兵起到的作用功不可没。时为赞吉王朝大将的萨拉丁对这支精锐军团的表现赞叹不已，阿尤布王朝"继承"了赞吉王朝的领地的同时，也将马穆鲁克部队一并"继承"了过来。

赞吉和阿尤布王朝时期的马穆鲁克装束比起阿拔斯、塞尔柱时代又有所不同，主要变化是多了一件制服：由厚厚的绸缎制成，叫"萨拉科齐"的外套，它是穿在铠甲外面的，样式为蒙古风格——左对襟压在右对襟上面，袖子很短。赞吉时代的"萨拉科齐"为红色，阿尤布王朝则是黄色。

除了外套外,马穆鲁克士兵还会在头上戴着一顶小小的头巾,脚蹬及膝长筒靴子。在装备方面,最值得注意的就是大马士革弯刀取代波斯式的长剑,成为马穆鲁克们除长矛之外的第一近战兵器。

大马士革弯刀与日本的倭刀、马来刀合称为世界三大名刀。打造这种弯刀的材料——乌兹钢极为特殊,钢锭外表呈蛋糕状,利用高碳坩埚通过熔化、凝固法形成。这种钢锭的碳含量高达 1.5~1.6,在凝固—冷却—加热—锻打过程中,大量渗碳体析出,在刀身表面形成白色的叫"穆罕默德天梯"的水纹状图案。此刀锋利无比,可以砍断在空中飘浮的羽毛,也可以轻松劈开坚固的盔甲。刀身韧性极强,在战斗从几乎从不卷刃、断裂,被誉为刀中之王。此刀铸造技术早已失传,后世学者一直试图仿造,但均以失败告终。

除了大马士革弯刀外,马穆鲁克的短兵器还有大马士革短剑和钉头锤。大马士革短剑长 30.8 厘米,也用乌兹钢锻造而成,表面有玫瑰状水纹。钉头锤叫"达布斯",是一种凸缘钉头锤,可以将敌人的脑袋连同头盔一起打得粉碎。

这一时期的盾牌是圆形的,盾牌表面的纹章多种多样,但最常见的还是新月形。

努尔丁时代,马穆鲁克常和步兵混编,阵型为侧翼—中央—侧翼。这 3 个部分都列为三个纵队:第一队为步兵,他们手持厚厚的盾牌,左膝跪地,将手中长矛呈 45 度角插在地上,构成长矛阵来对付欧洲厚甲骑兵的冲击,并在敌人被遏止的时候使用投枪打击敌人。

第二队仍是步兵,装备和第一队一样,但他们身后站有一队弓箭手,是提供火力援助的。

第三队就是骑兵了,当步兵成功牵制了十字军骑兵后,他们会迅速撤到侧翼的阵地上,这时就由骑兵来打击敌人。他们惯用的做法是迂回攻击敌人的侧翼,如果可能的话,就切断敌军步兵和骑兵之间的联系,分割包围敌人。当敌人实力大大削弱时,就由马穆鲁克重骑兵用冲锋解决问题。

萨拉丁仍使用传统的突厥式骚扰战术,但更加灵活化。他将马穆鲁克团中最强悍的"哈勒贾"部队中军,排成一个独立的编队。重骑兵分为许多小型方阵,和欧洲骑士一样正面冲锋。如果己方所占位置合适的话,他们必须坚决顶住敌军骑兵所发起的全面冲锋,这与先前的突厥军队有很大的不同。

但弓骑兵仍是主要战术的执行者:马穆鲁克弓骑兵在大队辅助骑兵(主要是库尔德人和阿拉伯贝都因人)支援下,快速机动地打击敌人。萨拉丁和努尔丁一样,力求切断敌军的步骑协同,但他的做法是让弓骑兵有意冲到离敌人很近的地方,用弓箭给敌军造成一定伤亡,但在敌人打算反击时集体逃逸。如果是拜占庭人的话,自然知道这是咋回事,但从未见过这种战术的十字军就会以为敌人是想占了便宜就溜,此时在绝不吃亏的骑士精神的作用下,他们往往会愤怒地策马追击,致使原本完整的队列遭到破坏。步兵根本跟不上骑兵的速度,就会落在后面。萨拉丁早已将部队分为前后两部分,前部继续诱敌,后部则打击落单的法兰克步兵,将其歼灭。而法兰克骑兵往往热衷于一对一追击敌人(受当时欧洲盛行的骑士比武之风的影响),往往被埋伏好的马穆鲁克骑兵——包围。

十字军国家的骑士们在防护上明显要强于阿尤布王朝,当时无论是穆斯林还是基督教方面的文献都记载,要把一个基督骑士从马背上打下来极其费事。萨拉丁针对这点,制定了"射人先射马"的策略。十字军的军马很少披甲,易受伤害。而一旦骑手从马背上摔下来,他就只能乖乖地被杀或被俘了,当然,落单的法兰克骑士在被包围——失去战马后也很少被杀。因为当时的骑兵多是骑士,属于小贵族一列,一旦被俘,家里人会出钱把他赎回去,这明显比杀死本人划算多了。

哈丁双角:天国王朝的末世挽歌

阿尤布王朝的首要任务就是收复圣地,其时耶路撒冷王国的统治者是鲍德温四世,电影《天国王朝》粉丝们想必对这位身患麻风病、戴着银面具的年轻国王并不陌生——萨拉丁的克星嘛。事实上此人根本不是萨拉丁的对手,即使在传奇的蒙吉萨战役中,双方伤亡也只是对等,顶多算个惨胜。第二年他就在哈马报了仇,随后又在泉水谷等多场战役中击败鲍德温。后者被一名骑士背着才逃得一命,不得不向萨拉丁主动求和。萨拉丁向来是个守信的人,而且此时他又忙于稳定自己的后方,消灭赞吉王朝的残余势力,因此耶路撒冷王国暂时得到了安宁。

可来之不易的和平却被某些野心家破坏了,基拉克要塞的守将雷纳德(就是《天国王朝》中那第二号大反派雷纳尔德的原型)是个狂热的基督徒,誓与穆斯林不两立。1181年,他攻击了途经自己领地的穆斯林商队,抢走大批财物。萨拉丁提出抗议,鲍德温命令雷纳德归还货物,后者却拒不服从。不仅如此,第二年他又组建了一支舰队,攻击了伊斯兰教发源地麦加和麦地那。萨拉丁怒不可遏,亲率大军前来报复,于是,《天》剧中那最经典最震撼人心的一幕在历史上真实上演了:阿尤布军队排山倒海而来,面对着同样排山倒海般的耶路撒冷军队。最终萨拉丁考虑到备战不足,选择撤退。不过,率军和萨拉丁对峙的并非像电影剧情那样是鲍德温本人,而是他的姐夫盖伊。因为鲍德温本人已经病重,卧床不起了。

1185年对于耶路撒冷王国来说是不幸的1年,国内瘟疫、饥荒流行,大批人民死去,鲍德温国王也于这一年病死。第二年,他的外甥鲍德温五世又短命而死。盖伊和他的妻子西比拉共同继承了王位。

如果把艺术和历史做个对比,我们往往有一种错位的感觉,《天》剧中那卑劣残忍、无恶不作的一号反派盖伊,现实中其实是个软弱的法国贵族。能戴上耶路撒冷的王冠除了靠他和鲍德温的姐姐西比拉的夫妻关系外,还有雷纳德和圣殿骑士团大团长杰拉德的支持,所以此人对雷纳德和杰拉德是言听计从。鲍德温死前曾指定的黎波里伯爵雷蒙德为摄政王,此人看出盖伊不是当君主的料,一直拒绝承认盖伊的继承权。这下耶路撒冷王国一下分裂为两派:以盖伊、西比拉、雷纳德、杰拉德为首的朝廷派和以雷蒙德为首的贵族派。两派彼此仇视,甚至闹到几乎兵戎相见。

萨拉丁知道,灭掉耶路撒冷王国的时机已经成熟了。1187年,阿尤布王朝和雷蒙德单方结盟,并出兵增援的黎波里。盖伊在另一个摄政王——伊贝林的巴里安的劝说下,也想和雷蒙德和解。结果使团在克勒松遭遇阿尤布军侦察部队,被击溃。

这下雷蒙德开始惶恐不安了,出于愧疚,他毁弃了和萨拉丁的和约,亲身前往阿克里与盖伊和解。萨拉丁却不想就这么撤回,援军变成了敌人,开始围攻的黎波里。

与此同时,盖伊也在齐布里集合军队,他知道,这次战争决定着耶路撒冷王国的命运,所以将境内所有能调动的兵力全抽了来,总共约2万人。

耶路撒冷王国的军队除了来自意大利和突厥的雇佣军外,总共分为3个部分:王国自己的军队、军事修会圣殿骑士团和医院骑士团的部队。

耶路撒冷王国缺铁,兵器多从欧洲进口,因此耶路撒冷骑士的打扮与当时欧洲骑士类似:一件链甲、一件亚麻布内衣、一面圆桌形或卵形盾牌、一件宽松的罩袍,一顶头盔。兵器有一把剑、一支用云杉或冷杉制成的长枪或短步兵矛,有时携带一把匕首和一个凸缘钉头锤。

十字军骑乘的马匹大多从欧洲进口,高度为1米5左右。马鞍前后都有很高的鞍桥,后部高度增加,表面用象牙装饰。下面垫有毡垫和一件厚厚的纤维马衣。鞍鞯上用带子系着一件包括护胸的马铠,12世纪末期起欧洲人受伊斯兰世界影响,开始使用马甲。但昂贵的造价使得它在十字军国家中非常罕见。

圣殿骑士团和医院骑士团都成立于1099年,主要职责是保护基督教堂、医院和前来耶路撒冷朝圣的信徒的安全,后演变为十字军国家的军事同盟。在装备上他们与其他十字军相仿,只有以下几个小小的不同:1. 他们的铠甲下面穿有一件轻便的包括护腿的软甲,有时干脆只穿软甲;2. 他们的盾牌是三角形或鸢形;3. 骑兵身份尊贵,所以不屑用钉头锤这种"异教徒的低等武器",只配给步兵用;4. 按照等级不同,各人拥有的马匹数量也不同,二级骑士可以拥有4匹马,低级的兄弟骑士只有1匹马;4. 他们的罩袍和上面的纹章象征着他们的身份,圣殿骑士团的罩袍为白底红十字,医院骑士团为黑底白十字。一旦骑士团成员违反会规或在作战时被俘、逃跑,罩袍就会被没收,这对他们来说是耻辱性的惩罚。

圣殿骑士团和医院骑士团规模都不大,但成员都是些受过严格训练的职业军人,他们作战勇猛,军纪严明,是十字军中的一股精锐力量,可以说是马穆鲁克的强大对手。他们常用的作战方式是紧密靠拢,排成一长列楔形阵,而后将长枪平举,一齐发动冲锋,即我们常说的"夹枪冲锋"。这种冲锋威力巨大,绝大多数穆斯林军队难以抵挡。1177年的蒙吉萨战役中,圣殿骑士团宗师欧多·德·圣阿芒仅率84名骑士就冲垮了萨拉丁的中军防线,吓得萨拉丁骑骆驼逃走。

时隔十年,萨拉丁对这一幕仍心有余悸,因此这次他同样集中了规模空前的兵力(各种资料记载不一,有说8万的,也有说70万的,最少的也有25 000,现在一般认为在3万左右)。质量上不如对手,那就用数量来填补吧。当然,精锐部队也是必不可少的,萨拉丁仅有的2 000多名皇家马穆鲁克(近卫队)中,就有1 000余人随同出征。

当阿尤布军队洗劫的黎波里附近的城镇,并猛烈围攻太巴列的城堡的时候。萨福利亚城内的耶路撒冷军队的指挥们却在争执不休。被围困的黎波里是雷蒙德的地盘,伯爵夫人正在其中。但雷蒙德本人却表现出难能可贵的理智和牺牲精神,他认为萨拉丁对的黎波里的围攻是诡计,目的是把耶路撒冷军队从坚固、拥有充足水源的萨福利亚引出来加以歼灭,因此不妨干脆放弃的黎波里。而杰拉德和雷纳德却指责雷蒙德的做法是胆小怕事的表现。盖伊本来就是这两人的傀儡,自然而然倒向了他们一边。唉,党派之争真是害死人。

尽管盖伊站在主战派那头,但他也知道贸然出战是凶险的,沿途都是山地和沙漠,不利于十字军骑兵冲锋,而且最要命的是水源稀少,一旦半路被截住,后果不堪设想。所以盖伊并未走主要干道,而是向北行军,投瓦迪·哈曼而去,那里有一条小溪,小溪背后是一处开阔的山谷。盖伊无疑已经从斥候那里得知:萨拉丁一听说耶军已拔营出发,就留下一小队人马继续围困太巴列,而把主力带到西北方的哈丁山上。他的如意算盘是:他想把萨拉丁的军队从高地上引下来,引入事先挑选好的山谷战场,一旦得逞,阿尤布军就会被他钉死在山脊对面,这样胜利就掌握在他手里了,如果萨拉丁坚守不出,那盖伊就可以从容地把军队带回小溪休整,直到阿军蜂拥而来,最后被打散。这一赌博性战略并非自杀式的,但风险也是高到了极点。

盖伊的做法看似明智,可惜他的对手是萨拉丁,是个将穆斯林骑兵优势发挥到极点的军事天才。耶路撒冷军队从萨福利亚出发起,就不得安宁:成群结队的土库曼散兵像麻雀一样飞来,不停地骚扰着耶军的前锋和后卫。

整整一个上午(1187年7月3日)法兰克人都在行军,也都在忍受着干渴和冷箭的双重折磨,日刚过午,他们来到了瓦迪·哈曼小溪,此时他们已经受到不小损失,也渴得不轻。大家纷纷脱去铠甲跳进溪中。

目前离的黎波里尚有14公里远,正常情况下只要花半天时间就可以赶到。问题是耶军和目的地之间隔着大批阿尤布军队,因此马上离开宝贵的水源,暴露在敌人面前显然很不明智。但不知为何,或许正如萨拉丁所言,盖伊已经鬼迷心窍,在杰拉德和雷纳德怂恿下,当天下午就命令耶军接着赶路——这简直是赶往地狱。

萨拉丁立刻进攻,耶军的前锋和中卫都尝到了飞蝗般的箭雨的滋味,但他们遭受的只是牵制性攻击。阿尤布军队的两翼乘机绕过敌人,占领了刚被放弃的瓦迪·哈曼小溪,堵死了耶军的退路。接着,他们向由伊贝林的巴里安和杰拉德统率的耶军后军发动猛攻。即便强如圣殿骑士,也一时吃不住,行进的脚步慢了下来。

尽管担任前锋的雷蒙德意识到已经无法在当天赶到的黎波里,于是建议盖伊国王改道往西,前往6英里(0.7公里)开外的哈丁小溪宿营。然而盖伊看到殿后的部队有与主力脱节的危险的时候,还是停了下来,打算接应杰拉德。这一停,穆斯林们就抓住机会,把通往哈丁小溪的路也给堵死了。雷蒙德失望之余,仰天高呼:"战斗已经没有希望了,我们都要是死人了!王国也完了!"

此时雷蒙德和盖伊已没有选择,只能在一个叫马尔斯卡利亚的村子驻扎下来。他们发动了几次反击,但并未成功。

这一夜,耶路撒冷军营里到处是呻吟声、哀叹声。而周围的穆斯林军营里却是一片欢歌笑语,阿尤布士兵们一边唱着献给安拉的赞歌,一边享受着一袋袋从的黎波里湖运来的清水。

第二天上午 9 点,战斗再度爆发,阿尤布军队继续摆出新月阵,但中央部分不再收缩,而是朝耶路撒冷军队直直逼过去,两翼也不断伸展。密集的箭雨过后,大队骑兵在马穆鲁克团的引导下冲杀过来,一下子将法兰克人的步兵和骑兵撞了开去。

法兰克步兵的士气此时已经完全无法保持了,各个队列散乱不堪,许多人干脆躺在地上不起来。有人发现的黎波里湖就在他们脚下,在极度的"渴"望中,他们跌跌撞撞地朝那里跑去。结果自然只能是被赶了回来,然后堵在哈丁双峰中的一座的山脚下。最后不是被消灭就是被俘虏。

失去了步兵的配合,法兰克骑兵也很难有什么作为了。盖伊无奈之下,命令雷蒙德带领 200 名医院骑士强突出去,寻求支援(哪还会有援军),雷蒙德舍命冲突 2 次,在付出了很大代价后总算冲出了重围(穆斯林史料是有意放生)。但他的部下已是死伤惨重,雷蒙德的一个儿子被俘,本人受伤 3 处,已无力再与主力会合。最后,雷蒙德望着中军方向大哭一场,带着残兵投往提尔。

医院骑士们(11~12 世纪)

雷蒙德突围后,萨拉丁下手再无顾忌,此时的风向是朝耶军吹去的。阿尤布人立刻点燃了战场上的干草,浓烟滚滚,折磨着法兰克骑士,刺激着他们已经整整一天滴水未沾的喉咙,有些人甚至被活活熏死。有人精神崩溃,掉头逃往哈丁双角的另一座山上,盖伊下令将随军携带的"真十字架"(据说耶稣当年就是在上面被钉死的)竖起来,军心才算稍微稳定。盖伊用涂有沥青的帐篷列为障碍,掩护着残军撤向山头。

现在耶军已完全陷入重围,大多数战马也被射杀。但在真十字架的鼓励下,他们还是打退了阿尤布军队一次又一次的进攻,并集中了剩下的战马,朝山脚下发动了几次孤注一掷的冲锋。

萨拉丁 17 岁的儿子阿里·艾福达尔事后的回忆,再现了这悲壮的一幕:

当法兰克国王（盖伊）和他的那帮人被困在山顶的时候，他们出人意料地朝对面的穆斯林军队发动了冲击，这样他们就可以把我们的人赶回到我父亲（萨拉丁）那里。我望向我父亲，他正为痛苦所折磨，面色苍白。他紧紧握住自己的胡子，冲上前去，高呼"这些只是魔鬼制造的幻觉罢了，揭穿它！"穆斯林军队重整旗鼓，回身奋战，并朝山顶攀去。当时我看到法兰克人退了下去，被穆斯林们紧紧追赶着，我在欣喜之下欢呼："我们赢啦！"。

但法兰克人又集结了起来，和第一次一样朝我们冲来。我爸爸又像上一次那样振臂高呼，穆斯林们朝法兰克人发动突击，把他们打回了山上。我又喊道："我们赢啦！"但父亲转向我，呵斥道："闭嘴！在御营倒下之前，法兰克人是不会被我们击败的。"当他对我说这些的时候，御营倒了下来。撒旦从坐骑上滚落，拜倒在万能的真主脚下，磕着头、悲泣着……

试问，敢于从不利地形（山脚）向制高点的重甲骑兵发动反冲锋的，除了马穆鲁克骑士们外，还有别人吗？

当盖伊的红色帐篷垮塌的那一刻，耶路撒冷人的最后一点精神也彻底垮了。盖伊国王身边的几名护卫骑士也垮了，他们直挺挺地从马上栽了下来。任由马穆鲁克们一拥而上，将他们一一五花大绑。盖伊国王、他的兄弟阿玛尔里克二世、杰拉德、雷纳德、真十字架、红色御用帐篷以及许多耶路撒冷贵族一起成了阿尤布王朝的战利品。

当盖伊被带到萨拉丁那里的时候，后者慷慨地给了他一杯冰水，盖伊润了润满是裂口的唇，把剩下的水给了雷纳德。萨拉丁大怒，亲手处死了这个挑起战争的狂人。连同雷纳德一起被斩首的还有200多名被俘的圣殿骑士和医院骑士，这些精英的存在始终让萨拉丁觉得不安。

耶路撒冷贵族向萨拉丁投降

剩下的人，包括杰拉德和盖伊在内，全都得到了萨拉丁的宽恕。当吓得发抖的盖伊跪倒在地时，萨拉丁却微笑着扶他起来，说："一国之君从不弑他国之王。"这句名言被雷德利·斯科特完整地搬进了《天国王朝》的台词中。

2万耶路撒冷军队只有3 000人幸免于难，这个王国的军事力量几乎被一扫而空。哈丁战役结束后,太巴列城堡投降了,耶路撒冷境内的大多数要塞和城镇也投降了。然而耶路撒冷城本身却是个例外,因为有个人从哈丁战场逃得一命,一直逃回了耶路撒冷。这个人就是大名鼎鼎的巴里安爵爷。

《天国王朝》中那英俊潇洒的男主角与其历史形象差距极大,巴里安是鲍德温四世继母玛丽亚的丈夫,时年已44岁。当盖伊和雷蒙德吵得不可开交的时候,是他一直居中调解才避免了内战的爆发,现在圣城危在旦夕,他又担负起了保卫者的使命。尽管先前他为了顺利回到圣城,曾向萨拉丁许诺说会带着家小离开耶路撒冷去的黎波里。但在大主教和全城市民的劝说下,他还是留了下来,并组织了一支新的守备队。

9月,阿尤布军队包围了城池,惨烈的圣城保卫战打响了。一架架高大的投石机咆哮着,将一块块巨大的岩石甩向城楼。攻城锤轰鸣着,奋力撞向厚厚的城墙,人们在吼叫。萨拉丁的秘书伊玛丁兴奋地记载道:"让火流星从天空落下,让岩石从地下喷出,让燃烧的木柴迸出火星!没有什么比得上由投射台而来的灾难,集中火力,发出炮弹射出的呼啸声,击中目标的轰隆声。"

呼啸声和轰隆声中,圣城的城墙被打开了一个大口子,成群结队的马穆鲁克从缺口涌入,土库曼、贝都因、库尔德人继之。守备队在巴里安和大主教的率领下英勇地抵抗着,但他们多是新招募的老百姓,无法抵挡凶猛的职业骑兵队。壕沟防线被攻克,城内的土地在一寸一寸地陷落。

眼看耶路撒冷已无法再守,巴里安来到阿尤布军营,向萨拉丁乞求宽恕全城百姓的生命,但大概是出于对前者背信弃义的愤怒,一向仁慈的苏丹予以拒绝。浑身发抖的巴里安甩下这样一番狠话:"如果您不让我们活下去,你们也别想得到这座城市。我们会烧掉房子,毁掉神殿的穹顶。我们会毁掉所有的清真寺,杀光还在城中的伊斯兰战俘。我们每倒下一个,你们的人就会被我们撂倒十个!"

困兽一击,格外凶猛。萨拉丁怕守军在绝望之中真的选择与城同亡,最终做了让步。但要求全城人民必须在 40 天内支付一笔买命钱。当规定期限到了后,这笔巨款尚未缴清。萨拉丁就拿出己财为一些穷人赎了身。包括巴里安和大主教在内的大多数僧俗百姓都得以平安离去。比起 1099 年十字军占领该城时的血腥大屠杀,苏丹的做法可谓是仁慈之至。

此时基督教势力在中东的地盘仅剩下了提尔、的黎波里和安条克等区区数地。消息传来,全欧震惊,英、法、神罗三国军队很快联合组建了一支十字军以挽救危局,史称第三次十字军东征。尽管这支十字军的指挥官皆为"红胡子"腓特烈一世、"狮心"理查一世等著名军事家,但花了 3 年时间,还是奈何不了以马穆鲁克铁骑为中坚的萨拉丁军队,只得以和谈收场。尽管收复了一些失地,但耶路撒冷王国再也没能恢复元气。

令人扼腕的是,萨拉丁去世后,他的帝国未能避免重蹈塞尔柱人的覆辙:兄弟子侄之间为争夺地盘,拔刀相向。十字军乘机发动反攻,贝鲁特、萨法德、太巴列等地纷纷陷落,1229 年,耶路撒冷也回到了基督教军队手里。萨拉丁留下的大好局面几乎被完全断送。

十字军大举反扑的同时,在遥远的东方,又出现了一个更可怕的敌人:崛起于中国漠北的蒙古部落占领了中原后,开始朝西方疯狂扩张,伊斯兰化的突厥政权花剌子模是第一个受害者,此后,基辅罗斯、波兰、立陶宛、格鲁吉亚、匈牙利等国度相继惨遭践踏。在横扫了东欧后,蒙古人开始对安纳托利亚地区虎视眈眈。穆斯林世界同时遭受东西两个方向的威胁,形势危急到了极点。

萨拉丁时代的马穆鲁克,图中左为萨拉丁,右为马穆鲁克骑兵

危难之际,正是英雄扬名之时。塞尔柱时代有阿尔斯兰,赞吉时代有努尔丁,阿尤布时代有萨拉丁,现在还会有新的力挽狂澜的英雄出现么?有的,马穆鲁克们。

艾因贾鲁,世界征服者的折戟

1200 年,萨拉丁的弟弟阿迪勒在击败并处决或囚禁了自己的兄弟

和侄儿们后,成功地将整个帝国牢牢攥在自己手里。每取得一场胜利,阿迪勒就将被击败对手麾下的马穆鲁克军队并入自己的亲军。而在阿迪勒去世的1218年和阿迪勒之子卡米尔去世的1238年,这一历史进程重复了多次,阿尤布王朝愈发深陷马穆鲁克掌权者的包围中——他们将自己的领地变为半独立地区,很快他们就插手这个王国的宫廷内政之中。

阿尤布王朝的末代统治者撒列哈还算是个有点作为的君王,于1244年重夺耶路撒冷。可惜他不长命,5年后就去世了。他的遗孀舍哲尔很有野心,她暗杀了撒列哈的儿子,自己掌握阿尤布王朝的大权。因为伊斯兰世界是不承认女人为统治者的,舍哲尔便与马穆鲁克将领艾伊贝克结婚,与他共享权力。后来这个武则天式的女子发现艾伊贝克企图夺权,便又暗杀了后夫,但很快她也遭到了同样的命运。另一员马穆鲁克将领努尔丁·阿里在部下的支援下,登上了王位。马穆鲁克王朝就此诞生。这群奴隶出身的突厥士兵,终于从幕后走向了历史的前台,而捍卫伊斯兰世界的历史重任从此也落到了他们身上。

昔日的臣子成了主子,那亲信旧部的地位自然也跟着提高了一大截。马穆鲁克王朝诞生后,马穆鲁克军团的规模极度膨胀,从原来的数千人一下子扩张到数万之众。

数量上去了,质量也抓得更紧,早在萨拉丁时代,有人就专门编写了一本叫"芙鲁西雅"、内容包括伊斯兰教的教义和各种军事技能的指导的军事手册,作为马穆鲁克部队的训练教材。建立王朝后,马穆鲁克军队的训练变得更加艰苦,其主要科目有马术、枪刺、射箭、剑术四大类,每一科的课程都分为初级、中级、高级三个阶段,既严格又科学。此外,马穆鲁克新兵还要完成疗伤、支援战友、马上杂技等"副科"的培训。全部科目考试合格后,他才能蓄起胡须(不要相信什么马穆鲁克是群阉人的说法,纯属胡说八道),代表着他已是一个正式的穆斯林战士。

成为自由人战士并不代表着他们对买主的雇佣关系就此解除,事实上马穆鲁克骑士直到退役都是以军营为家的。平日里用箭术和马术比赛等体育活动作为消遣,这实际上是军事训练的延续。苏丹们经常举行阅兵仪式,检查这些精锐骑兵的状态如何。

马穆鲁克王国时代,军队的装备质量更为精良。马穆鲁克常备军分为三个部分:皇家马穆鲁克、地方(埃米尔指挥的)马穆鲁克、哈勒贾部队。此时皇家马穆鲁克已经取代哈勒贾,成为军团中的精华,装备自然也是最好的。

皇家马穆鲁克的头盔叫"麦法尔",是一种带有链甲式护颈、铰链式护颊和帽檐的头盔。盔顶是圆锥形的,用羽毛装饰。护颈则可以把整个面部都包裹起来,只露出眼睛。这种头盔的最大特色是在帽檐上装有一根长条状,底部为心形的护鼻。它是滑动设计的,不作战时就可以把它推到帽檐上面,既开阔了视野又不至于戳坏弓弦。

铠甲仍叫"犹桑",但已经演变为一种半长袖的全身札甲,下方的甲裙可以将整个大腿保护起来。它的臂甲和甲裙都是滑动式的,骑手活动起来十分方便。在马穆鲁克王朝晚期,欧洲式的混有板甲甲片的链甲和带有圆形护膝的胫甲也出现在埃及军人身上。

盾牌的样式变化不大,但欧式的鸢形盾开始流入,晚期马穆鲁克骑兵盾出于抵御火器的需要,改为铜质。

兵器仍沿用旧制,但对反曲复合弓的结构进行改进,可靠性、射程、穿透力均超过了绝大多数十字弓。在王朝后期,马穆鲁克兵器库里多了一名叫"嘎哈达拉"的成员,这是一根 30 英寸长的钢棍,沉重无比,可以一下打断敌人的胳膊。

地方马穆鲁克在威望上不如皇家马穆鲁克,但装备差不多,只是他们更喜欢把铠甲穿在红色或紫色的罩衣下面,有时也更喜欢用缴获的十字军甲胄如宽檐盔(类似二战英军的铜盘盔)等。

哈勒贾兵团在王朝时代地位一落千丈,但仍隶属常备军序列,他们的装备更轻便:旧式的头巾和尖顶帽子,旧式的胸甲。偶尔在蒙古式的衬衣里穿有一层锁子甲。由于前两类马穆鲁克均为骑兵,则步兵部队时常由哈勒贾军人担当,但仍有一定数量的骑射手。

马穆鲁克王国时代的常用战术是传统式的骑兵—步兵—骑兵,如果敌人数量少就直接围困,如果己方人数明显占优,则指挥官也不会排出让两翼延伸的新月形。在长时间的追逐战中,步兵处于左翼,以防守为主。而最擅长攻击的骑兵则置于右翼。

马穆鲁克的军马和他们的弯刀一样值得注意：阿拉伯马。这种古老的马儿以外表美观、脑子灵活著称。它的身高在1米4到1米6之间，重350～400公斤。前额宽而平，脖子很长，呈红棕色或灰色。西亚、北非的恶劣环境培养出了它能吃苦、耐热、耐劳的优点。它能一整天不吃不喝，驮着主人在滚烫的沙漠里行进100公里，无怪阿拉伯人满怀喜爱地称呼其为"风之子"。阿拉伯马的脑叶发达，对骑手的意图领略得很快，可以说是马穆鲁克骑兵最得力的搭档。

从人到马，马穆鲁克铁骑都可以说是万里挑一的。那人马合一的威力到底有多大？还是让历史演示给我们看吧。

1260年的一天，开罗来了几位特殊的客人。他们是蒙古来的使节。其时成吉思汗之孙旭烈兀奉可汗蒙古之命，率大军西征中亚，所过之处无不披靡：就连大名鼎鼎的阿萨辛组织的老巢阿拉穆特也在蒙古大军的狂攻下被摧毁。巴格达、大马士革、阿勒颇等名城更是经不住蒙军一击，阿拔斯王朝覆灭，哈里发被杀。阿尤布（留在叙利亚的）亲王纳昔尔也被俘。因此蒙古使者的口气颇为狂妄：蒙古军队是上帝选中的，地球上的土地早已赐予他们。拒绝归顺者，玉石俱焚。

时任苏丹忽都思用刀剑作为答复：他点齐兵马，直奔叙利亚前线。那名蒙古使者则为他的傲慢付出了代价：他和3名随从的脑袋一起被挂在了开罗城门上。

你可以说苏丹的做法太残忍：两军交战本是不斩来使的。但比起古代史上最凶残没有之一的蒙古军队而言还是差得远了。苏丹只不过杀了几个使者，蒙古军队所过之处一片尸山血海。他们的暴行已经把所有的人心都赶到了忽都思一边：大批阿拉伯、突厥、库尔德难民逃往埃及，并加入马穆鲁克军队；蒙古军队中基督教徒颇多，连先锋大将怯的不花也是，但法兰克人们仍视其为野蛮人，宁可与死敌马穆鲁克合作。十字军控制下的阿克做了埃及军队的中途补给站；一些将领慑于鞑靼人之威名，不敢前进，忽都思数以蒙军暴行，成功鼓起他们对敌人的愤恨，消除了他们的胆怯心理；纳昔尔部将对蒙古人的屠城行为愤慨

马穆鲁克骑兵

不已，纷纷率部投奔忽都思，其中一个人对日后战役的进程起到了关键作用，他叫拜伯尔斯，也是个突厥奴隶出身的马穆鲁克。

此时，蒙古人也越过约旦河，朝忽都思开来。1260年9月3日，两军相遇于耶斯列山谷附近的艾因贾鲁平原。史上最强的两股铁甲洪流的对撞于当日爆发。

此时由于大汗蒙哥去世，旭烈兀已经东返，现任蒙军主将为怯的不花，他的部队由蒙古、亚美尼亚、格鲁吉亚、叙利亚人混编而成，约有2万人。而忽都思从埃及带出来的马穆鲁克军队为12 000人，沿途吸收了一批纳昔尔残部后，也有2万人左右。双方实力相仿。但埃及人对战场的地形更为熟悉，特别是大将拜伯尔斯，曾在此地生活过多年。很可能他利用这一点，在战前与忽都思一道制订了一个类似于捕鼠机的计划。

捕鼠机上的那块奶酪就是拜伯尔斯和他麾下的一支小部队。他们使用突厥式的"打了就跑"战术，不住地来回袭击蒙军。埃及新式复合弓的威力不逊于蒙古复合弓，而作为职业军人，马穆鲁克士兵的箭术也绝不在以骑射见长的蒙古人之下。加之埃军规模小，行动起来更加灵活，怯的不花一时竟无法吞掉这块小小的诱饵，肚子里那股子气就别提了。

见火候已到，拜伯尔斯迅速招呼部下，朝身后的耶斯列山谷撤去。这是再典型不过的诱敌战术，蒙古人自己就是此道的行家。然而怯的不花自出征以来就从未失利过，早已滋生了盲目自大的乐观情绪。现在被拜伯尔斯撩得心头火起，更让他失去了应有的理智，不加思考就率领全军追了下去。

接下来的情形大家都能猜得到了：捕鼠夹发动，埃军主力纷纷在高地上出现，怯的不花这才后悔莫及……但蒙古人并不是胆小如鼠的耗子，而是草原上的雄狮，落入陷阱只会让它为了求生变得更加凶悍。实力相对薄弱的马穆鲁克步兵一时竟抵不住蒙古人的拼死一搏，阵型上开始陆续出现缺口，眼看形势就要被彻底逆转。

情急之下，忽都思一把拉下头盔，狠狠掼在地上，紧接着，他亲自带领"卡萨吉"部队（苏丹亲卫队）从高处冲了下来，用尽力气高呼道："啊，真主安拉,请赐福于你的忠实仆人忽都思吧!"喊声在山谷的作用下,形成了强烈的回声,刺激着每一个伊斯兰士兵的耳膜。

在忽都思的厉声激励下,埃军很快重振精神,与蒙军激烈厮杀起来。左翼的缺口也被卡萨吉卫队补上了。战场空间狭窄,包围圈又在不断收紧,战斗已经从起初的对射演化成惨烈的肉搏战,而这正是以远射为主的蒙古骑兵的最大短板。相比之下,马穆鲁克骑兵个个都接受过严格的枪术、剑术甚至步战训练,在这方面可谓是得心应手,主动权渐渐重新回到埃军手中。

鏖战持续到中午,蒙军抵挡不住,开始撤退。但以顽强著称的蒙古人只是后撤一段,就重整队形,再度发动反攻。怎奈埃军此时已将信心打了出来,那阵型排得毫无漏洞:步兵持盾、矛集中于左翼,坚决抵御着亚美尼亚铁甲骑兵的冲锋。右翼骑兵则转回山顶制高点,一次次冲击蒙军实力最弱的左翼——全部由阿尤布降军组成。这些"皇协军"战意本就不高,见局势不妙,更是脚底抹油没商量。马穆鲁克骑兵乘机迂回包抄蒙军的中军、右翼,与己方步兵及中军形成夹击之势。日头过午之时,蒙军终于再也无法支持,大败而走。怯的不花虽勇,死战不退,但还是因战马失蹄而被俘,旋被杀。蒙军残部或隐伏于草丛,或渡溪而走,拜伯尔斯以火箭攒射,悉加歼灭。

艾因贾鲁一战是蒙古西征以来遭遇的最惨重的失利。旭烈兀留在中东地区的猛将劲卒几乎丧失殆尽。新占领的伊拉克、叙利亚等地全部为马穆鲁克王朝收回,忽都思甚至一路打到亚美尼亚,狠狠报复了这个蒙古人的盟友。旭烈兀一直想为怯的不花复仇,但由于种种因素,直到去世都未能成行。

艾因贾鲁的大胜也让马穆鲁克人信心爆棚,功臣拜伯尔斯就任苏丹后,逐一清理了雅法、安条克等拉丁王国在中东内地的据点,将十字军势力压制到沿海一带,并于 1260 年在霍姆斯再度战胜了蒙古人。1291 年,随着阿克为马穆鲁克第 8 任苏丹艾什赖弗占领,十字军势力被全部驱逐出中东,持续近两个世纪的十字军战争终以穆斯林一方的大获全胜而告终。而伊尔汗国(旭烈兀在中亚建立的蒙古帝国)的几次报复行动也都告失败。马穆鲁克王国成功地捍卫了伊斯兰世界,赢得了普遍的赞颂和无上的威望,也赢得了"真主赐予穆斯林的福祉"的光荣称号,而这与他们训练出的那支精悍骑兵的浴血奋战是分不开的。

成也萧何,败也萧何。靠着更出色的骑兵,马穆鲁克人固然获得了对拜占庭、十字军和蒙古这些拥有世界一流骑兵的势力的胜利,但也让他们从此更加沉溺于对骑兵作用的盲目迷信而无力自拔。然而历史是在前进的,时代也是在迅速变化的。来自中国的四大发明在不断改变着西方世界的生活形态,而其中火药的普及更是如恩格斯所说的,"使整个人类的作战方式发生了变革",最大的变革就是骑兵再也无法像以前那样所向无敌了,欧亚的战争形态向着复杂化、多兵种协同化的趋势演变。

可悲的是,马穆鲁克的统治者们并没有意识到这一点,虽然他们也增设了某些火器类的兵种,但整体战术上仍在抱残守缺,这就注定了失败的结局。而尼罗河水位的时时下降造成埃及饥荒、瘟疫不断,更沉重打击了王朝的经济,加速了悲剧的到来。1516 年 8 月的达比克草原战役中,以清一色骑兵出战的马穆鲁克军队终于惨败于以土耳其轻、重步兵、骑兵、火枪兵、火炮兵联合作战的奥斯曼帝国军,享国近 300 年的马穆鲁克王朝也就此走到了尽头。

达比克之战的失败预示着马穆鲁克骑兵天下无敌地位的终结,但马穆鲁克人那永不服输的精神却并未被终结。王朝覆没后,一些马穆鲁克贵族通过贿赂、武装斗争等方式,在 18 世纪得以东山再起,直到 1798 年,拿破仑的入侵才彻底终结了马穆鲁克在埃及的统治。这位军神皇帝对马穆鲁克骑兵的勇毅颇为欣赏,便将部分精锐编入法军。在奥斯特里茨战役中,这支外籍兵团用出色的发挥再度重现了马穆鲁克人昔日的风采。

"老兵不死,只是凋零。"笔者认为,用麦克阿瑟的这句名言来形容马穆鲁克铁骑,是再合适不过了。

诺曼骑兵

从海盗到商人

说到"诺曼"这2个字,就不得不提到一个词:"维京人"(Viking)。

"维京人"一般指的是中古世纪生活在斯堪的纳维亚半岛的丹麦人、挪威人和瑞典人。而"维京"一词本身就衍生于丹麦语"Vik"——"峡湾"之意。而维京人确实和"峡湾"有着深刻的联系:斯堪的纳维亚半岛可耕地不多,人们多以打猎和捕鱼为业,特别是后一种活动,可以说是维京人赖以谋生的手段。常年在峡湾中与风浪搏斗的生活练就了这些北欧人敢闯敢拼的性格,这对他们日后的命运产生了很大的影响。

如果你去查阅一下现代英语词典的话,就会发现"Viking"已经演变为"海盗"的意思。这意味着在历史上,维京人曾是海盗的代名词。事实也的确如此,公元788年起,由于斯堪的纳维亚半岛人口过度膨胀,本就稀少的土地资源更加不堪重负。许多维京年轻人被迫背井离乡,前往远方寻找新的出路,这一活动很快演变为对西欧大陆的血腥洗劫。

此时正值查理曼大帝去世,其一手创立的加洛林帝国由于继承权问题,很快陷于分裂。查理曼的子孙们为了争权夺利,争相向诸侯们示好,地方权贵们乘机扩张势力,一个又一个独立王国开始出现,彼此间攻伐不休,这给了维京人的掠夺活动创造了绝佳的机会。从8到10世纪,维京人驾驶着轻便坚固的长船,挥舞着双手剑和宽刃战斧,频频入侵西欧沿海地区。整个英格兰岛、爱尔兰、法国西北部、西班牙、意大利南部……甚至北非海岸都饱受这些残忍的北欧海盗的荼毒。由于此时欧洲各国尚无建立海军的观念，维京人可以轻松地从海路进军，饱掠一番后再轻松地撤走。而受害国只能望洋兴叹，徒呼奈何。

欧洲的恐怖——维京武士

然而维京人也并非只会抢劫，在经商这一技能上他们也颇有天赋。就算在抢得最凶的时候，维京人也没忘了和西欧居民做些生意。当他们发现这样比做海盗更安全也更有赚头的时候，他们也就慢慢放弃了他们的"本职工作"，开始在欧洲各地定居下来，并慢慢融入当地人的生活中。10世纪以后，海盗活动在西欧沿海已慢慢消失，取而代之的，是新的一波波移民潮甚至殖民潮，许多维京人成了一些地区的统治者：丹麦国王克努特统治了英国，挪威人入主爱尔兰，瑞典人做了基辅罗斯的王。而挪威酋长罗洛带领的一批丹麦人用武力在塞纳河两岸打下了大片土地。公元911年，法国国王天真汉查理承认了他们的占领，这些北欧人并不满足，又接着夺取了贝叶、西斯等地，形成了后来的公国。由于西欧人把维京人叫作"诺曼人"（北方来的人的意思），这一公国被称为"诺曼底"公国。

定居下来的诺曼人连同首领罗洛一起接受了基督教的信仰，生活方式也逐渐西欧化。最鲜明的改变是他们开始学习西欧人那步、骑混合作战的军事模式，建立了属于自己的骑兵军团。诺曼骑兵就此诞生。

其实维京人虽然以海为家，但对马匹同样情有独钟，这是因为骑马更有利于实施惯用的"快抢快撤"的洗劫方式。但斯堪的纳维亚并不是优良的养马地，而当时也不存在既能搭乘大批海盗又能搭载许多马匹的远洋大船。因而维京人一般是登岸后抢夺当地人的马匹，骑到目的地后就下马步战。统治了诺曼底后，法国北部那丰美的草场为诺曼人提供了便利的驯养环境，也令维京—诺曼骑兵队的出现成为可能。

诺曼骑兵的兴起和对欧洲军事史影响极大的封建骑士制度的兴起几乎是同步的，还在法兰克王国的时代，欧洲实行的还是原始的义务兵役制，一有战事，所有的适龄男子都必须参加。他们不但没有军饷，还要自备装备和口粮，唯一的报酬是战利品。但随着战事越来越频繁，义务兵役逐渐令百姓们不堪重负。何况这种全民皆兵的制度对生产力的破坏也很大,因而到了查理曼大帝执政后期,对职业军人的需求就非常迫切了。

另外,中古时代的欧洲生产力低下,金属货币极为稀少,更无成熟的税收和货币流通体制,这使得国王们在支付臣属们的酬劳时常常显得力不从心。于是他们改用"土地赏赐法",将王国的一部分土地(通常是边远地区或王权无法直接控制的地方)分封给臣子们。而得到封地的臣属就成为王国的伯爵,拥有对封地经济、民事、军事的自治权。作为回报,他们不但要宣誓效忠主上,战争爆发时还须提供一定数量的家臣,参加国王的军队。这些家臣或是伯爵们平时豢养在庄园中的武士,或是由伯爵们的下级封臣所提供。他们日常生活的全部就是训练和狩猎,唯一的义务则是服兵役,可以说是标准的职业军人,这些人往往骑马作战,因而被称为骑士。就这样,在社会的需求和分封制度的成熟这两大因素的共同作用下,中世纪欧洲军队的核心——骑士阶层开始逐渐成型。

完全融入了西欧社会的诺曼人全盘照搬了封建骑士制度。诺曼骑士是诺曼骑兵的中坚力量,他们的培养机制也和欧洲各国一模一样:被选中的男孩从12岁起就开始住在领主的家里,一边学习服侍主人的饮食起居,一边练习刺枪、骑马、劈砍等。等到了一定年龄后,一旦表现合格,领主就会为这个男孩举行授予仪式,表示他已经成为一名真正的骑士了。诺曼人本就勇猛强悍,又接受了多年系统的军事训练,其战斗力自是蔚为可观。

装备和战术

诺曼骑士(骑兵)的装备仍保留着一部分维京时代的风格,在此基础上融合了一部分西欧风,总的来说可以归纳为这几种:头盔、链甲、盾、骑枪、剑和战斧。

诺曼人的头盔是萨尔马提亚式的星形盔,有两种:一种是用一整片铁片锻打而成,另一种则是将 4 片扇形铁片用铆钉固定在圆锥体框架上。无论是单体盔还是多片盔,帽檐下都延伸出一根长条形的护鼻。有些还带有眼圈形的护眼(类似于假面舞会上戴的面具,只是和头盔连在一起而已)。

链甲又称锁子甲,起源于古罗马时代,后来成为风靡全欧和中西亚的护具。中世纪的锁子甲制造技术更为成熟,先用工具将铁丝弯曲成铁环,再切出开口,而后在其上下各串联两个圆环,再用钉子铆接,闭合。除了质量大为提高外,其防护面积也增加了许多:除了出现短袖(覆盖到肘关节)外,下摆也延伸到了膝盖乃至小腿肚。另外还出现了单独制作的护臂,可以用皮带系在身甲上。身甲下摆的左右两侧各有一个开衩,这样他在骑上马背时,链甲就会很自然地褪到腰部以上。这样骑手上马更方便,活动起来也更灵活。

到了 11 世纪,骑士们开始身穿带有长袖(覆盖到手腕)和兜帽的全身护甲,锁子甲的兜帽看上去有点类似于今天的套头衫所带有的风兜,可以将人的整个脑袋除了面部外全部包裹起来。而贵族的兜帽下方还用带子连接着一片锁子甲式的护面(很像医生戴的口罩),等于是把下巴也护住了。

诺曼骑兵下身穿有一条通常只到膝关节的马裤,小腿则用一圈圈布袋缠绕起来(贵族则系成交叉的绑腿式)。单独的锁子甲护腿也出现了,不过只有半片,只能遮住小腿的前半部分。

盾牌起初仍是维京式的圆形皮盾,这种盾牌的防护面积很小,但很适用于骑兵。11 世纪后,带有浓重诺曼特色的鸢形盾出现了,它上端仍是圆形,下端却演变为狭长的三角形。看起来很像一个风筝,故而得名。这种新式盾牌很长,可以将骑手从肩膀到脚踝的部位都保护起来,但并不十分大,所以也不会妨碍骑兵在马上的活动,可以说同时解决了携带和防护的问题。鸢形盾的边缘安有一根长带,行军时可以挂在骑士的脖子上。而内侧则系有排成方形或 X 形的几条皮带,从而使盾牌得以固定在骑手的左臂前端。

骑枪的形制则与维京式极为接近,枪杆用富有弹性的白蜡木制成,枪头是长形叶片状或菱形。有些古老的斯堪的纳维亚"hoggspjot"骑枪在枪头底端嵌有许多镀银的几何图案,可用于劈斩。使用方式有投掷式和刺击式。贵族军官的枪头连有一面半圆形小旗,旗帜上绣有一只乌鸦,这反映了维京人的宗教信仰。

剑是维京人最为推崇的兵器,诺曼时代的剑遵循的是晚期维京样式,剑身长90厘米左右,宽5.4厘米,重1.14千克,两面开刃,材料用的是更为柔软、优质的钢铁,而在锻造工艺方面也做了改进:在原有的日耳曼式的"花纹锻接"基础上又引入了更先进的淬火技术。长剑的剑身变得更为轻便,中央带有一道沟槽。剑头更为尖锐,既可劈砍也可用于刺击。剑柄通常镀上金、银、铜或黑色合金等物质。护手起初为十字形,后两段朝剑身上翘。剑柄用两片木片胶合而成,比人手略宽,这表明剑一般是单手使用的。为了平衡重量,剑柄末端嵌有一个柄锤,一般是三角形的。

沉重的战斧是维京人第二钟爱的兵器,诺曼骑士用的是单手的短柄斧。此外根据贝叶挂毯显示,有些诺曼骑兵还装备有大头钉锤,但非常少见。

诺曼骑兵的坐骑可能是来自伊比利亚的安达卢西亚马,大小类似于现在的重型猎马(高150到170厘米)。诺曼人选作战马的一般为未经阉割的种马,这种公马性格暴烈难驯,但却拥有厚重的胸肌和强健的肌体。诺曼人挑选它们的标准一般是观察它们的额头、牙口和蹄子。

马具有马鞍、马镫、嚼头和马刺。11世纪中期时,诺曼人所使用的马鞍已经拥有加高的前后挡板,马镫很长,用一根皮带系在马鞍上。高挡板马鞍和长马镫可以保证骑手坐得很稳,而他的脚后跟部位装有一根尖刺,也就是俗称的马刺,可以起到油门的作用。

11世纪时诺曼人尚无著名的"夹枪冲锋"战术。他们的惯用战法是:冲到敌军阵地一定距离内时,就将随身携带的骑枪一齐甩出,试图凭借这种办法在敌军战线上"敲"出一个口子来。如果未能得手,他们会抽出剑来作战,但此时诺曼骑兵的风格仍以单打独斗为主,因而威胁性不是很大。

直到那场著名的征服战役——黑斯廷斯战役发生时,这一切才得以改变。

王 位 之 争

翻开中世纪的欧洲地图,你会发现,诺曼底公国虽然不大,但却处于强敌环伺之下:除了北面背靠英吉利海峡可保无虞外,西是桀骜不驯的布列塔尼公国;在东头,法国国王一直试图收复这块肥沃的失地;南边则是虎视眈眈的安茹公国……在这种严峻的环境下,诺曼底公国就像一条在波涛汹涌的大海里前行的小船,无时无刻不在忍受着巨浪的拍打。幸运的是,历代诺曼底公爵都继承了祖辈那娴熟的掌舵技术,在他们的操作下,公国虽时时遇险,却始终稳稳地在各方势力的夹缝中生存着。

公国的第 7 任统治者威廉,正是上述人杰中的佼佼者。靠着坚强的意志、卓越的军事才华和对骑兵的出色运用,他先后战胜了叛乱的封臣、入侵的法国国王和不怀好意的安茹人。不过作为一代枭雄,威廉并不仅仅满足于守成的成功,他没忘却,自己是维京人的后代,而维京精神的精髓就是不断地征服、征服、再征服。

征服者威廉雕像

下一个征服的目标是哪里?按就近原则,应该是法国才是,但自己毕竟在名义上还是法王的臣子,肆意出兵犯上将会引来各方的责难和围攻。那就换个方向吧,诺曼人是海的儿子,陆上没有什么机会,不妨到海的那一头去看看。

威廉的目光投向了一水之隔的英伦三岛,那里是盎格鲁撒克逊人的王国。

盎格鲁萨克逊人是日耳曼人的一支,其发源地也在斯堪的纳维亚半岛,说来还和诺曼人有点亲戚关系。公元 5 世纪下半叶,他们渡过英吉利海峡,击败了土著凯尔特人,征服了英格兰地区,并建立了七个盎格鲁萨克逊王国,这就是英国历史上著名的"七小王国"时期。9 世纪下半叶,七国之一的威塞克斯统一了全英格兰。然而威塞克斯人还没来得及庆祝,就不得不面对维京人的全面入侵。虽然在阿尔弗雷德等名王的带领下也取得了许多重大胜利。但丹麦人不依不挠,不断发动新的征战,而威塞克斯王朝的国王则一代不如一代,抵抗越来越弱。1016年,国王埃德蒙不得不与丹麦王子克努特妥协,与后者分治英格兰。埃德蒙去世后,克努特成了英国唯一的王,也是历史上第一位真正统治英国的国王(克努特的父亲斯温曾被承认为王,但未真正继位就死去)。

丹麦王朝的统治是短暂的,克努特死后,他的两个儿子都很短命。人民乘机推选前任国王埃塞雷德(埃德蒙的父亲)之子——忏悔者爱德华为王,于是英格兰重新回到了盎格鲁撒克逊人手中。

但盎格鲁撒克逊人没笑多久就又苦起脸来了,新国王爱德华至死无子,英国人可不想再把王冠交给丹麦人,于是选择了英格兰第一大家族戈德温伯爵的第三子哈罗德为王。

哈罗德一继位,威廉乐得夜难眠,为啥?攻打英格兰的借口有了。

爱德华的母亲叫埃玛,是前任诺曼底公爵罗贝尔一世的妹妹、威廉的姑姑。凭着这层关系,威廉主张自己也有权继承英国王位。据他所说,哈罗德当初也亲口承诺,等爱德华死了,不和威廉夹争王位。可那个誓言是在哈罗德出游时船只被一阵邪风刮错了方向,结果沦为威廉阶下囚时,为换得自由而被迫许下的。人家怎肯遵守?眼见英国人民都认咱,自然就弃之如敝屣了。

哈罗德也知道威廉饶不了他,赶紧在全国下动员令,征集了能征集到的全部兵力,准备扼守英格兰南部的海岸,阻止威廉登陆。英格兰海军也不差,只要威廉上不了岸,一切都好说。

人算不如天算,哈罗德正死死盯着大海,大气不敢松一口时,一个坏消息传来,挪威人入侵了,国王哈拉尔德亲领。这还不算,陪同而来的还有个英格兰带路党——哈罗德弟弟托斯提格。

托斯提格本被封为诺森伯兰(昔日的七小王国之一)伯爵,但他残杀当地贵族,弄得人心骚动,墨西亚(昔日的七小王国之一)伯爵埃德温发兵驱逐了他。托斯提格实在太不得人心,哈罗德也没法偏袒他,只好将弟弟放逐,以埃德温的弟弟摩卡继任之。

大敌当前,哈罗德自然只能先稳住地方实力派那一头,但托斯提格却把哥哥一块恨上了。他跑到挪威,拉了一帮人回来报复。挪威人的威胁更迫在眉睫,哈罗德只好丢下南边,北上迎战。

托斯提格没有意识到,他这种吴三桂式的行为只会让他更为同胞所痛恨。英军上下无不对挪威海盗和叛徒托斯提格切齿痛恨,三军同仇敌忾,在斯坦福德桥打了一场酣畅淋漓的胜仗。哈拉尔德和托斯提格双双被杀,剩下的挪威人开船逃回老家去了。

哈罗德正要喘口气,一则更坏的消息把他脑壳砸晕了:威廉的大军已经在苏塞克斯郡的佩文西登陆。

在黑斯廷斯打起来了

哈罗德忙着救火的同时,威廉一点也没闲着,他先是跑到罗马,去争取教皇的支持。当时教皇亚历山大正和英国教会闹别扭,毫不犹豫地站在威廉一边,还赠给他一面"圣战之旗",等于承认诺曼人是正义的一方。

取得了名分后,威廉又四处张贴告示,到处招募同盟者,欧洲各国的冒险家闻风而来。加上诺曼领主们提供的队伍,威廉一下拥有了7 000人马(其中骑兵2 300人),可别嫌人少,在当时的欧洲,已经算是一支不小的军队了。

招兵买马,打造舰队,诺曼底公爵一下花去了好几个月时间。可老天不作美,风向老对诺曼人不利,直到1066年9月,远征军舰队才得以出航。不过等待也并非没有好处,此时离哈罗德撤军北上没几天,更走运的是,哈罗德为了节约开销,连海军也解散了。威廉在毫无抵抗的情况下越过了海峡天险。

早在维京时代,抢顺手的海盗们就敢于在登陆后修建临时营地,等冬天过了,进一步深入内地。诺曼人没丢了这一"传统",很快在黑斯廷斯地区盖起一座木堡,以此为基地四处出动三光,一时苏塞克斯郡深受其害。

哈罗德得知后急得不得了,领了还未好好休整的军队就欲南下。他的一个兄弟劝他先不要那么急,等各郡援军都到了再说。爱民如子的哈罗德根本听不进去。

斯坦福德桥之战,英军虽然得胜,但也付出了不小的代价。而哈罗德对随军的埃德温和摩卡根本不放心,半路上就把他们丢在伦敦了,致使英军实力进一步受损。不过即便如此,哈罗德还是拥有七八千人,并不输给诺曼人。

不过论质量,盎格鲁萨克逊一方可能就不如诺曼一方了。他们的组织和诺曼底公国颇为相似,但差别也是很明显的:中世纪的撒克逊社会的教士阶层是不服兵役的,兵源全部来自世俗势力。世俗势力分为4个阶层:王室成员、贵族(伯爵等)、塞恩、农民。农民又分为富农(ceorts)、中农(kotsetla)和贫农(ebur)3种。

军队分为3类:精锐部队(Select Fyrd)、皇家侍卫(housecarls)和民兵部队(Greater Fyrd)。精锐部队由职业战士组成,主力为贵族、塞恩和一部分富农。塞恩也译为大乡绅,为古撒克逊社会的服役武士。他们效忠于王室从而换取一份封地。无论在任何时候,只要国家有召唤,塞恩就必须与其他的精锐部队成员一道应召出征,或提供一定数额的家兵家将(一般是比较富有的塞恩)。他们的装备较好,军事技能也较为专业,为撒克逊军队的中坚力量。

剑是盎格鲁撒克逊人心中最有价值的兵器,但由于造价极其昂贵,在英格兰并不普及。当地墓葬发现中的剑是很少的。也只有少部分塞恩和皇家侍卫有装备。

绝大多数塞恩的首选兵器是长矛,长矛有两种,一种是投掷用的,一种是刺杀用的。一名战士一般携带两根投矛和一根刺矛。投矛矛头极长(44到56厘米),4边形,带有两个倒钩。他们的腰带上用铁环悬挂着一把"撒克逊匕首"(用于结束被击倒的敌人的生命),它是单刃的,刀身宽而重,用青铜线作装饰,长匕首的柄长到足以用双手持握。

重型棍棒也是撒克逊武士的兵器之一,这种棍棒可以像投枪一样投掷。

防护用具方面：塞恩的护甲也是锁子甲，但是是短袖的，下摆及腰，在颈部有个简单的开口作为领口。撒克逊人的锁子甲质地脆弱，每场战役结束后都要修理一番。

头盔叫"贝蒂 格兰奇盔"，是由一条额带和4片拱形铁片构成的，铁片之间的空隙用金属片填补。带有护鼻，盔顶嵌有一个制作得极为精巧的青铜野猪像——这是条顿神话中的天气、和平、粮食之神弗雷的象征。这尊铜像无法提供神力加持，但可以增强头顶部位的防护效果。

皇家侍卫队建立于11世纪初，由于创建者为克努特，因而成员多为领取军饷的丹麦籍雇佣军，但也有一部分塞恩和伯爵的私人卫队。他们的装备自然是最好的，主力兵器为可怕的维京式双手战斧。这是一种极为可怕的武器，单斧柄就长约1.25米，斧刃边缘用格外坚硬的钢铁铸就，两侧呈锐角形状。它可以轻易地把身披铠甲的人从头到脚劈成两半。

虽然塞恩和皇家侍卫无论在装备还是在实力上都不比诺曼骑士逊色多少，但他们的人数很有限。盎格鲁撒克逊军队中所占比例最大的还是基本以农民为主的民兵部队，只要身体条件适合，便在召集之列。他们的服役期限很短，大部分时间都在本郡负责守卫，外出作战时也不会走出超过半天行军路程的范围，但紧急情况下例外。他们没有军饷，也未经专门的训练，装备也很差：一支短矛，一面老式的带有锥形铁头的圆木盾。身上穿的仍是便服，只是在外头套一件皮夹克，头上戴的是前头下翘的弗里吉亚帽，或是一顶由许多交叉状头带组成的看起来像渔网一样的小钢帽。

相当一部分民兵在军中担任弓箭手和投石兵。投石索结构为一根皮带，中间装有一个开口袋，弹药为泥丸或石块。

弓箭很少出土，但在留存的文献中有提到。现存的盎格鲁撒克逊弓箭长度在120到320厘米不等，平均长度为180到210厘米。弓体用紫衫木制成，微曲，中部很厚，沿着两端方向逐渐变细，形状与后世的英格兰长弓区别很小。但撒克逊长弓的弓弦无法拉长至射手耳部，只能拉到胸部，这可能是制弓材料太过僵硬或弓弦拉力太差的缘故。

箭头出土很多，外观与轻型投枪枪头几乎一模一样：叶片形（有些带有倒钩），底部连有箭杆。箭杆长 60 厘米，分为 4 节，从上到下逐渐加粗。

上述装备均须民兵们自备。这些人虽是主力，却是名副其实的乌合之众。总而言之，盎格鲁撒克逊军队无论从指挥官的军事水平、经验还是从士兵的整体素质上来看，都不如自己的对手。但威廉征服英国的态度是无比坚定的，哈罗德也只能拼上一拼了。

1066 年 10 月 13 日，哈罗德赶到了黑斯廷斯，决战前夜，英王想和威廉再谈上一谈，却被无情拒绝，只好全力备战。

第二天上午，诺曼大军沐浴着明媚无比的阳光，精神十足地走出木堡，朝 6 英里外的森拉克山开去，英军的阵地就设在那里。敌人自 8 月起就没好好休息过，又全是清一色的步兵，俺们轻轻松松就能搞定他们。

然而一等开到目的地，诺曼人的满腔信心立刻消矢了一半。所有人都面面相觑：这仗怕是不好打。

怎么个情况？原来哈罗德也知道己方存在的劣势，因此在头一天晚上就把所有人都领到了森拉克山的半山腰，设好了防御工事。哈罗德挑选的阵地位置十分巧妙，左翼有一道小河流过，右翼则被森林和沼泽环绕。这样一来，诺曼人要进攻，只能攀着山路，从英国人的正面仰攻上去，难度可想而知。

威廉暗自咒骂一声，好在他本就是从战场上摸爬滚打出来的，大场面见得多了，立刻做出了相应调整，将部队分为三个部分：左翼为布列塔尼、安茹、普瓦图和缅因的雇佣军，指挥官为布列塔尼贵族——"红色"阿兰。右翼主力是来自法国的志愿军，加上一些毕伽底、波洛格内和佛兰德斯的人马，由波洛格内伯爵尤斯塔斯二世率领。威廉则亲自镇守中军，统领诺曼军队。诺曼底公爵下令把弓箭手排在队伍最前方，持矛的步兵设为第二列，而原本作为箭头部队使用的骑兵现在被丢到了末尾，作为预备队使用。从这个部署来看，威廉公爵的作战计划是这样的：先用队伍前排的弓箭手来削弱敌军，而后步兵跟进展开肉搏，争取在英军的防线上打开一道口子，随后让骑兵从缺口冲入，打垮英军。

黑斯廷斯战役对阵图

计划看来不错,实施起来却并不顺利,诺曼弓箭手的攻击收效甚微:森拉克山甚为陡峭,山腰和山脚之间形成的角度相当大。再加上哈罗德一开始就下令全军将士将盾牌彼此紧紧地重叠在一起,组成了一道厚厚重重的盾墙,结果诺曼人射出的箭支要么因轨迹太高,直接飞到山顶去。要么撞到盾牌上被弹了回去,几乎没有给英军造成伤亡。

远程打击不灵,那就近身肉搏。诺曼步兵高举着长矛,冒着飞箭和石块,直直攻了上去。英军看来并没有受到旅途劳顿的影响,士气依然高涨:塞恩们先是投出手中的短矛,而后拔出剑和斧头向敌人冲去。由于盎格鲁萨克逊矛的矛头太长,诺曼人一时无法砍断插入自己盾牌的长矛矛柄,在重压下,他们难以再举起盾牌。此时,已冲到跟前的撒克逊战士们踩住矛柄的尾端,迫使诺曼人丢下盾牌,在失去遮蔽的情况下被前者无情斩杀。

两击都不灵,威廉只好把骑兵队放了出去。然而这张王牌今天也没能奏效。地势上的不利把他们的冲击力给抵消了,单靠投枪根本无法在盾墙阵上撕开口子。一旦哪个冒失的诺曼骑兵单独冲到阵前,他立刻会被几支长矛刺中。或是因胯下坐骑被皇家侍卫们用维京战斧砍死摔下马来,被塞恩们按住割喉。战斗一直在胶着,英国人却越战越勇。突然,诺曼军左翼的布列塔尼雇佣军率先溃退,紧接着全军都开始后撤。英军战士发着呐喊,像岩崩一样冲杀了下来。

此时,有一则流言在诺曼军中传开,威廉公爵已经战死,这让诺曼军队更加混乱。眼看他们就要在英军的打击下全线崩溃。幸而有个人挺身而出,挽救了他们。

这个人不是别人,正是"被死亡"的威廉。他一急之下来不及考虑更多,冒着随时被敌人发现、砍倒的危险,扯掉头盔,撕下护面,光着头在己方队伍中疾驰,一面用嘶哑的嗓音高呼:"孩子们,你们的公爵还在,打起精神来!"诺曼军队的士气顿时振奋起来,他们重新聚集在威廉的麾下,朝英军逆袭过去。而此刻英军由于追击过猛,加之毫无纪律可言(本就是非职业军人为主),队伍变得混乱不堪。在诺曼人的反击下被打了个稀里哗啦,带队追击的两位盎格鲁撒克逊贵族——哈罗德的兄弟吉尔思和利弗怀恩当场阵亡。

时已过午，双方各自罢战歇息。乘此机会，经验丰富的诺曼底公爵制订了一个新的作战计划。这一部署对战局的走向起到了至关重要的作用，也对后世产生了不可估量的影响。

啥样的计划这么神奇？其实说来并不复杂：刚才诺曼人反攻顺利得手让威廉脑中灵光一闪："盎格鲁撒克逊人的弱点在于组织性很差，且头脑简单，打兴奋了就毫无阵型可言。那我为什么不充分利用下这一弱点呢？"

威廉立刻下令，骑兵队再度压上，"重演"刚才的失败。英军果然上当，又乱哄哄地追了下来。一到山脚下，诺曼骑兵马上回身攻击，此时战场已经转移到平原，已有利于骑兵。再加上徒步的人和骑马的人存在速度差距，等他们追到山脚的时候，双方已经拉开了一大段距离。而这段距离正好成为骑兵们的"助跑路"，未来得及组成盾墙的盎格鲁撒克逊步兵如何抵挡得住带着冲锋加成的诺曼骑士？参与追击的部队很快就被歼灭掉了。

尝到甜头的威廉试着再来一次，按理来说，连吃了2次大亏的盎格鲁撒克逊人是不该再上当的。可不知他们是真的脑子缺根筋还是急着为死伤弟兄们报仇，竟未能识破诺曼骑兵的伪装，结果自是可想而知。

接连三次追击受挫虽未摧毁哈罗德的信心，但也让他实力大损，尤其是最精锐的皇家侍卫队减员严重，只能用民兵来填补，这就使得盾墙阵的"工程质量"大打折扣。威廉乘机下令步兵和骑兵一齐发动攻击，这一次，英军已无法轻易将诺曼军逐回，双方在山腰上展开了拉锯战。守土有责的信念压在每一个盎格鲁撒克逊人的心头，在国王的号召下，他们咬紧牙关，一步不退。在战斗中，单威廉公爵的战马就连换数匹，足见战斗之惨烈。

眼看己方仍不能取胜，威廉做出了一个极为冒险的决定，这一决定彻底奠定了战役的结局：他让弓箭手们集结起来，朝山头仰射。

诺曼弓也是紫杉木质，外形与盎格鲁撒克逊的相仿，箭支则长约61到91厘米，箭头是狭窄的叶片形，长10到15厘米，有些带有倒刺。造箭时，将箭杆插入箭头底端的狭槽，涂上胶，再用蘸着焦油的细绳固定。它威力不小,可以在 46～92 米的距离内穿透链甲。

按维京传统,弓箭手是懦夫、没出息的人,因此维京人中的弓箭手很少,地位也很低。但威廉不这么看,他很欣赏长弓和后来传入的十字弓在战斗中所起到的作用,并下令着重建设弓箭队。他的这一举措在黑斯廷斯之战中终于换来了丰厚的回报。

我们不知道有多少诺曼人被己方弓箭误伤,但单凭一件事就可以看出,诺曼弓箭手给盎格鲁撒克逊人造成的死伤更重:一支射得特别准(也许是特别阴)的箭从民兵们的小圆盾缝隙中钻入,飞入了哈罗德的眼眶中,英王当场身亡。

国王一死,英军彻底撑不下去了。尽管所剩无几的皇家侍卫们忠实地护卫着国王的尸体直到最后一人战死,尽管还有一队勇敢的英国兵跳进一道战壕奋战并重创尤斯塔斯伯爵的队伍。但一切都已无济于事,胜利的果实已经落到了威廉手中。

回顾下整个战局,似乎是诺曼人的弓箭手起到了制胜作用,其实不然。若没有诺曼骑士利用他们的速度优势两度诈败重创英军的话,盾墙阵仍将岿然不动,弓箭手们再射个十回八回也伤不到在皇家侍卫的鸢形长盾严密护卫下的哈罗德。这就好比一个人要是连吃十个馒头才饱,自然不能把吃饱的主要功劳归于最后一个馒头,而应该归于头九个馒头一样。所以笔者以为,黑斯廷斯战役的胜利关键还是在于威廉对骑兵战术的灵活应用。

黑斯廷斯战役决定了英国的命运,失去了国王的盎格鲁撒克逊人再也无力组织强有力的抵抗。两个月后,威廉进军伦敦,在威斯特敏斯大教堂被加冕为王,诺曼王朝开始统治英国。由于威廉仍保留着诺曼底公爵的身份,这意味着他的后代可以随时以法国封臣的身份对法国王位提出要求。这导致了日后英法两国的多次争端,并最终引发了英法百年战争。

从军事角度而言,威廉在黑斯廷斯应用的诈败战术成为诺曼骑兵的经典战术之一,日后在西欧和南意大利的诺曼征服战争中,我们可以多次发现类似的战例。

亚平宁半岛的冒险

不列颠群岛战事正酣,南边的亚平宁半岛也不平静。

诺曼人在意大利的殖民活动比在英国更早,10 世纪之前,他们就不断踏足该地,不过那时他们只是将意大利当作前往圣地耶路撒冷的中转站。直到 1016 年,一批诺曼人协助萨勒诺领主盖马尔三世击退了进犯的萨拉森人(即阿拉伯人),盖马尔三世主动向法国派出使者,请求诺曼人参加他的军队。这才掀开了诺曼人正式进军意大利的历史。

1017 年,第一批诺曼武装移民(一说 40 人,一说 250 人)来到罗马。其时意大利半岛正处于动荡不安中,不到 30 万平方公里的土地上,拜占庭、教皇国、神圣罗马帝国、萨拉森人以及土生的伦巴第人的势力纵横交错,冲突不断。坎帕尼亚地区的伦巴第领主们大多不是支持希腊(拜占庭)就是支持神罗皇帝,两派之间相互攻击,戎火连连。诺曼人那娴熟的战斗技巧很快引起了领主们的注意,他们争相用金钱招募诺曼武士为己用,而诺曼人也乐得乘机左右逢源。

1024 年,因反对神罗皇帝而被废黜并下狱的加普亚公国领主潘道夫四世被赦免,一出狱他就策划着夺回自己的领地。在拜占庭人和诺曼雇佣兵领袖拉努尔夫德根特的帮助下,1026 年加普亚陷落,潘道夫重新成为公爵。

1027 年,潘道夫又进攻那不勒斯公爵塞尔吉乌斯四世,得到拉努尔夫助力的加普亚军队很快获胜,塞尔吉乌斯被迫逃走。然而,精明的拉努尔夫此时已意识到,任何一个伦巴第领主一家独大对诺曼人都不是好事,只有让坎帕尼亚地区维持势力平衡,诺曼人才有不断发展的空间。因此当塞尔吉乌斯朝他求援的时候,诺曼首领毫不犹豫地答应,潘道夫被赶了出去。感激万分的塞尔吉乌斯将自己领地北面的阿尔维萨送给拉努尔夫作为采邑,还将自己的妹妹嫁给后者,从此诺曼人在意大利获得了第一块落脚点。

消息很快就传回诺曼底,许多冒险家闻风而来,这其中就包括著名的豪特威尔家族的三兄弟：威廉、德罗戈和汉弗莱。在意大利的诺曼人队伍像滚雪球一样不断扩大。

亚平宁半岛最南端的西西里岛自10世纪初被阿拉伯人占领以来，一直掌握在穆斯林的手里。拜占庭帝国曾组织多次远征，都没有成功，1038年，皇帝米哈伊尔四世再度发动了一场大规模的军事行动。诺曼雇佣军也参与其中。在这次西西里远征中，诺曼人表现出众，帮助拜军一连打下13座城市，豪特威尔三兄弟的发挥尤其神勇，老大威廉在攻打锡腊库扎城的战斗中，单臂将该城埃米尔刺于马下，此举为其赢得了"铁臂威廉"的尊称。

尽管诺曼人战功累累，但拜占庭人还是没将这些北方来的蛮子放在眼里，在分配战利品时，诺曼人那份被克扣得很厉害。再加上拜占庭将军马尼亚切当众羞辱了伦巴第贵族阿尔杜因，诺曼雇佣军遂愤怒地与伦巴第人一道不告而去，西西里远征计划也就此流产。

回到领地的阿尔杜因很快就在阿普利亚地区掀起了一场反对拜占庭人的起义，威廉兄弟率领一些诺曼人积极响应。拜占庭的意大利总督米哈伊尔·杜基亚努斯调兵镇压。1041年3月17日，双方交战于奥利文内托河附近。

战前，杜基亚努斯遣使来下通牒：要么退兵，要么交战。诺曼领袖休·图波弗用戴着金属手套的手朝使者的坐骑的后脑猛地一击，当场将马打死，而后用另一匹马将吓呆了的使者送了回去。答复已经很明确了：来战吧！

第二天开战的时候，诺曼人的布阵方式有点特别：精锐的骑兵队不再布置在两翼，而是安置在中央地区，而两翼位置则由手持盾和长矛的步兵占据。很明显，诺曼人瞧不起拜占庭的骑兵，认为他们根本不是己方骑兵的对手，因而故意引诱他们先来攻击。

尽管拜占庭的骑兵也算是欧洲骑兵中的佼佼者，但驻守在意大利的那部分的质量看起来并不怎么样，拜占庭人来回冲击多次，愣是奈何不了在数量上处于下风的诺曼人。

拜占庭人多番攻击不成，士气已慢慢衰竭。诺曼骑兵见状发动反冲锋，在一次排山倒海般的冲锋中，拜军垮了，许多人被赶到奥利文内托河里淹死,杜基亚努斯差点没能逃回去。

奥利文内托河之战其实并不是诺曼人对拜占庭人的第一场胜利,早在拉努尔夫等人率领第一批武装移民来意的时候,他们就与巴里的伦巴第贵族梅莱斯一起多次战胜拜占庭驻军,但拜占庭人随即从本土调来了精锐部队——由北欧武士组成的瓦兰吉卫队,在坎尼大破伦巴第—诺曼联军。诺曼人损失惨重,包括拉努尔夫的兄弟在内的多名首领战死。所以这次阿普利亚起义爆发后,拉努尔夫一直持观望态度,威廉等人获胜后,他才鼓起信心加入。联军中的诺曼人一下扩大到原来的两倍:700 名诺曼骑士,约 1300 名步兵。

征战意大利的诺曼骑士

杜基亚努斯吃了败仗后也调来了援军,其中不但有来自亚洲军区的精兵和从西西里赶回的远征军,还有一支由挪威王储哈拉尔德(就是后来被哈罗德在斯坦福桥打死的那位先生)率领的瓦兰吉卫队。根据巴里编年史的记载,拜军的总数达到 18 000 多人。

5 月 4 日,两军在坎尼附近的马焦雷峰交手。坎尼还是那个坎尼,瓦兰吉卫队也还是那支骁勇的瓦兰吉卫队,只是战斗的结果完全不一样了:这一次,诺曼重骑兵抢先发动攻击,他们排成楔形阵,如同一道锋利的长矛一般向对面排出两道战线的拜占庭人压过去。第一道战线是拜占庭的亚洲军团,这些人远道而来,还没来得及好好休整一方,在诺曼骑士那气势如虹的猛攻下很快就顶不住了,乱纷纷地朝由西西里军团组成的第二道战线退去,两个军团一下子混在一起,连带着把拜占庭全军的阵型都搅乱了。

在西西里立下大功的"铁臂"威廉和他的两个弟弟此时已成为诺曼军队的指挥官,这当儿他正发着烧,勉强抱病出战,本只打算在附近的一座小山丘上观战。但看着同胞的英勇表现,他全身的战斗意志都燃烧起来了,竟一时忘却了病痛,也驰下山去,加入了战局。许多拜占庭士兵在西西里就亲眼看到过铁臂的高超武艺,见到这座凶神恶狠狠地杀过来,吓得丢下武器转身就逃。

这种情况下,就连曾是诺曼克星的瓦兰吉卫队也不顶用了。和前一场战役一样,拜军乱哄哄地溃退,许多人慌不择路,结果淹死在附近的奥凡托河里。瓦兰吉卫队也折损大半,从此对诺曼人的心理优势不再。

诺曼人缴获甚丰,包括兵器、马匹、帐篷、贵重的丝织品以及镶有金银的拜占庭战船。这些人一夜暴富,吸引着越来越多的诺曼骑士和当地匪棍投身起义的洪流中,联军的实力越发壮大。

杜基亚努斯逃回巴里,请求皇帝继续从西西里给他调拨援军,然而援军没有从西西里赶来,他本人反而被赶到西西里去了,其位置由博伊奥尼斯接替。

面对连战连胜、士气正旺的叛军,博伊奥尼斯觉得不宜与他们直接交手。他绕道袭击了已被叛军夺取的梅尔菲城。作为报复,联军也袭击了博伊奥尼斯设在蒙特派罗索近郊的位于布拉达诺河畔的蒙特西里卡洛(今伊尔西纳)大营。博伊奥尼斯坚守不出,但联军可不想在攻城战中耗得精疲力竭,他们设计袭击并夺走了拜军作为粮食用的牛羊。在饥饿的威胁下,拜军被迫放手一战。战斗进行得异常激烈,一直持续了大半天,但诺曼骑兵毕竟技高一筹,在威廉的指挥下,他们再度获胜,博伊奥尼斯在战斗中被俘,后被赎出。

蒙特派罗索战役是诺曼人和拜占庭人在意大利半岛打的最后一场较为艰苦的战斗。此后拜占庭势力被全面从沿海城市清除,整个南意大利的内陆地区都是伦巴第人和诺曼人的了。而此时诺曼人凭着在反拜占庭的战斗中起到的关键作用,也觉得不再需要伦巴第人了。1042年9月,诺曼人推选威廉为自己的领袖。由伦巴第人发起的起义,现在成了拜占庭和诺曼人之间的"对话"。

诺曼军队在威廉的带领下继续朝阿普利亚和卡拉布里亚挺进,1046年,拜占庭意大利总督府所在城市巴里投降,拜占庭人基本被赶出了南意。同一年发生了两件具有重要意义的事:1. 更多的诺曼人来到意大利,其中包括威廉同父异母的弟弟罗伯特·吉斯卡德和罗杰;2. 威廉去世,弟弟继承了他的"全阿普利亚和卡拉布里亚诺曼人伯爵",这一头衔在第二年得到神罗皇帝的承认,这代表着诺曼人的雇佣兵时代结束了。两个由诺曼人统治的公国迅速崛起:它们分别是由德根特家族统治的阿尔维萨伯国(后成为加普亚公国)和阿普利亚伯国

（后成为阿普利亚公爵领）。

恶战奇维塔泰

建立了自己的国家，诺曼人并没有因此停下征服的脚步，他们的目标是要征服整个意大利。这意味着昔日的盟友——伦巴第人现在要被拿来开刀了。这无疑引起了伦巴第贵族的恐慌，而诺曼老爷对待伦巴第人并不比过去的拜占庭老爷更好些，这又引起了伦巴第民众的普遍愤怒。诺曼底修道院院长在致教皇的信中承认："意大利人对诺曼人的憎恨之情现在已经蔓延得如此厉害，以至于像烈火一样燃遍整个意大利的城镇，几乎没有一个诺曼人出门在外时能平平安安地走路。"

憎恶诺曼人的并不只有伦巴第人。罗马教皇起初为了排挤拜占庭势力，对诺曼人一直采取支持态度，然而诺曼势力在南意发展得极为迅速，大有称霸此地的迹象。教皇渐渐也觉得他们是个巨大的威胁。1052年，教皇利奥九世先是打算与神罗皇帝联手，驱逐诺曼人。第二年6月，他干脆联合了一批伦巴第贵族和拜占庭的意大利总督，亲自南下与诺曼人交战。

此时，德根特家族和豪特威尔家族已有相互竞争的迹象，但在强大的外敌面前，他们还是抱成了团。德根特家族的首领理查和豪特威尔家族现任大当家汉弗莱一起率军赶往奇维塔泰城（今福贾市东北），截击教皇军。

虽然两大诺曼家族已联手，但诺曼人的兵力依然十分有限，他们的骑兵不超过3 000人，步兵更少，只有500人左右。而教皇联军拥有6 000人，几乎是他们的两倍。更严峻的是，尽管时值收获季节，但当地农民出于对诺曼人的厌恶，抢先将成熟的庄稼全部收走，弄得诺曼军在粮食供应方面遇到了巨大的困难。

种种不利让以勇猛顽强著称的诺曼人也有些泄气了，他们主动提出停战，却遭到了无情的拒绝。教皇一方认为自己胜券在握，这次非把这些北方来的蛮子赶尽杀绝不可。

退路全断,只能背水一战了。双方隔山而战,战术和部署也迥然不同:教皇军以步兵为主,分为左右两个部分。左翼是从意大利招募来的服役兵士,他们排成一个紧密靠拢的阵型。右翼则是来自德国施瓦本地区的步兵部队,他们排成一道又薄又长的战线,从右翼一直延伸到军阵中央。(教皇本人待在奇维塔泰城内,并未参战,负责指挥的是他的全权代表。)

奇维塔泰战役的对阵图

诺曼军仍以骑兵为主打,阵型是传统的左—中—右三分阵,右翼是理查的德根特重骑兵,汉弗莱公爵统领步行战斗的骑士,步兵和弓箭手组成中军。左翼指挥官则是罗伯特·吉斯卡德,他的部队是轻骑兵和一部分斯拉夫步兵。

战斗是以理查率领重骑部队使用迂回战术对教皇军左翼展开打击而拉开序幕的,奇维塔泰战场以平原为主,诺曼骑兵得以尽情发挥他们的冲锋威力,意大利服役军士虽并非临时拉来的民兵,但士气和战斗力都很一般,面对拼死冲锋的诺曼精锐部队,他们在精神上先垮了,许多人甚至连挥动一下手中的武器的勇气都没有就转身而逃。理查紧紧追击,奇维塔泰平原上留下了许多意大利人的尸体。获胜后的理查意犹未尽,又向教皇军的大营冲去,狠狠烧杀了一番后才意犹未尽地罢手。

而诺曼中军的情况就要糟糕得多了,教皇军右翼主动向他们开去,双方先用弓箭对射,而后进入残酷的短兵相接阶段。施瓦本军队皆为重型步兵,在装备和武功上一点也不比诺曼人差,编年史家——阿普利亚的威廉对他们曾有如下评述:"这些骄傲的人们有着巨大的勇气,……他们无法用骑枪重伤敌人。但他们对剑术极为擅长。他们的剑非常长,非常锋利,时常可以把某个敌人直直地一劈两半!……他们宁愿战死也不会夹着尾巴逃跑。这就是他们的勇毅,具备这种勇毅的日耳曼人在步行作战时远比骑在马背上要可怕。"

面对如此强悍的对手,即便是以诺曼骑士为主的诺曼步兵部队也难以抵敌。但在严格的纪律观念的约束下,在汉弗莱声嘶力竭的咆哮声中,诺曼中军死战不退。

战况渐渐危急起来，而贪战的理查尚在老远开外，眼看汉弗莱即将不支。猛然间，一队骑兵在一员猛将的率领下从斜刺里直撞过来，打了施瓦本部队一个冷不防，攻势暂时被阻住了。

这员猛将就是罗伯特·吉斯卡德。时年37岁的他此时还是第一次真正以指挥官的身份上战场。由于中军部队暂时顶住了教皇军的压力，所以他的左翼部队只能作为预备队使用。见兄长屡遇凶险，他再不迟疑，立刻出击。

不过，即便是武艺高强的罗伯特和休养充分的诺曼轻骑兵赶到助战，局面依旧不容乐观。据记载罗伯特本人曾三度被敌人从马上击落，又三度翻身上马复战。战事之惨烈，实非任何语言所能形容。

正当两军僵持不下之时，震天动地的马蹄声突然在战场另一端响起：杀够了烧够了抢够了的理查率领重骑兵队赶回来了。这支雄师挟着得胜之势，重重地打击在教皇军那毫无防备的后背上。施瓦本人这下也无力回天了，即便如此，他们还是英勇地战斗到最后一人。

出人意料的结局引发了出人意料的反响，奇维塔泰人对教皇的忠诚度并不高，看到诺曼人在认认真真地打造攻城器具，吓得立刻把利奥九世五花大绑，丢了出去。汉弗莱考虑到教皇威望仍在，并未为难利奥，但将他软禁了9个月，还逼着他签署了一些明显有利于诺曼人的协议。教廷从此承认了诺曼人在南意的统治地位。

利奥重获自由后，仍打算联合拜占庭反对诺曼人，但教皇特使在君士坦丁堡的表现显得过于无礼，拜占庭皇室终于与教廷彻底翻脸，并进而引发了日后东西方教会的永久分裂。奇维塔泰之战不仅是诺曼人在意大利命运的转折点，更和黑斯廷斯战役一样，对拉丁—基督教世界的势力范围和影响力做了重新划分。而这一切的发生，又是建立在以诺曼骑兵为主力的强大的诺曼军事实力基础上的。

奇维塔泰之战后4年，汉弗莱病逝，在战役中立下汗马功劳的罗伯特·吉斯卡德继为公爵。意大利境内已无人可以阻挡诺曼人前进的步伐。萨勒诺、加普亚、加埃塔、萨勒诺、贝文内托等地区相继沦陷。而德根特家族的领地也逐渐为豪特威尔家族所吞并。1091年，吉斯卡德和幼弟罗杰一道完成了拜占庭帝国未竟的事业——征服西西里。整个南意大利终于基本统一在豪特威尔家族的旗帜下。此时诺曼人的野心已不再局限于亚平宁，他们打算走向更为广阔的世界。

底拉西乌姆之战

1078 年，拜占庭军官尼基弗鲁斯·波塔尼阿提斯发动政变，推翻了皇帝米哈伊尔七世并自立为帝，然而不久他也被另一个军官亚力克修斯·科穆宁（后来的亚力克修斯一世）所推翻。

这一政变不打紧，米哈伊尔七世早已与罗伯特·吉斯卡德结为儿女亲家，早就在觊觎希腊的吉斯卡德遂以维护女儿的皇后地位为借口，发动了对拜占庭本土的远征。

尽管诺曼人之前已多次战胜拜占庭军，但吉斯卡德很清楚，这次是在拜占庭帝国的腹心地区作战，难度绝对是先前在它的边远省份作战所不能比的。因此他做了充足的准备，己方领地内所有适龄男子都被迫应召入伍。1081 年 5 月，年过六旬的罗伯特率领 150 条战船、16 000 名士兵亲征拜占庭。他很快就占领了科孚岛，进而围攻拜占庭伊利里亚省首府底拉西乌姆。

得知诺曼人大举入侵的亚力克修斯一世立刻竭力征集军马，皇帝不但将小亚细亚行省的守备队尽数调回，还不惜与死敌突厥人达成和议，借来了一支 7 000 人的援军。这支帝国军的总数约为 2 到 2.5 万人，明显多于诺曼人。

除了在数量上处于劣势外，诺曼人还面临着一些不利因素：拜占庭帝国向威尼斯求援，威尼斯海军与拜占庭海军联手，重创了诺曼海军；此时又赶上疫病流行，包括许多骑士在内的诺曼士兵大批大批地病死。

久经沙场的吉斯卡德没有被这些困境吓倒，他下令将所有剩下的船只凿沉，辎重烧掉，摆出一副破釜沉舟的姿态应战。如今海路已被封锁，自己既不能撤退，也等不到后援。唯一的出路就是和在奇维塔泰时那样：置之死地而后生。

军人出身的亚力克修斯一世在作战方面的经验也远胜于那些无能的先帝。他知道情急拼命的诺曼人不好对付，于是打算乘夜偷袭敌人的军营。然而帝国军的动向早已为吉斯卡德所侦知，就在皇帝的计划正式实施的那一夜（1081年10月18日），吉斯卡德提前空营而出，让皇帝的重拳失去了目标。

此时亚力克修斯一世已来不及召回派出的一部分瓦兰吉卫队，但他还是决定在当天早上开仗。拜占庭军队沿着底拉西乌姆城外靠海的斜坡展开：皇帝自领中军，帝国最有才华的两位将军梅利西努斯和帕库里安努斯分别指挥右翼和左翼，在中军的前方不远处还排列了两道战线：前一道是纳姆皮特斯将军所率领的瓦兰吉卫队，后一道由一队技艺娴熟的弓箭手组成。

诺曼军仍采取三分阵型：罗伯特自己统领中军，右翼紧靠大海布阵，指挥官是阿米基塔斯伯爵，左翼则交给了自己的儿子博希蒙德。

亚力克修斯先命令纳姆皮特斯将军将瓦兰吉卫队分为两个部分，分别向两翼移动。而后，视野彻底开阔了的弓箭手方阵开始开火，当弓箭手们的箭用得差不多了，向后退却时，亚力克修斯皇帝号召拜占庭全军集中靠拢，然后，皇帝本人亲率中军在前，沿着海岸线（这样可以避免被包抄）向敌军开去。

从第一批诺曼人踏上意大利的土地起，60多年已过，在这半个多世纪的时光里，诺曼人在与伦巴第人、希腊人和阿拉伯人等对手的作战中不断学习、改进自己的装备和战术。为适应地中海地区的炎热气候，诺曼骑士开始更多地佩戴半开放式的弗吉尼亚式头盔，它的外形和弗吉尼亚帽一样：圆锥形，顶端向前微微弯曲，表面涂有黄色和蓝色的油彩。没有护耳和护颈。此外，萨拉森人中流行的札甲和鳞甲也开始被引入诺曼军队中。

战术方面，最明显的变革就是著名的"夹枪冲锋"战术开始成为诺曼骑兵的标准战术：许多个楔形骑兵方阵平行靠拢在一起，形成一排笔直的战列线。骑士们一路小跑着前进，直到接近敌人的时候才一齐发动冲锋(这样可以节省马力),小跑前进的时候,骑枪是竖着握的,在正式冲锋时变为平举状态。骑士们必须牢牢握紧骑枪并用自己的胳膊使劲夹紧枪尖,以保证刺中敌人那一刻枪柄不至于脱手。这一战术若能在协调一致的情况下完成,威力极为可怕,拜占庭公主安娜·科穆宁认为"足以在城墙上撞开一个洞"。显然,即使是最精锐的拜占庭圣甲骑兵,也难以承受一波夹枪冲锋。

但一旦敌人聚拢在一起,形成一个巨大的密集方阵的时候,夹枪冲锋也无可奈何了,毕竟数万人肩并肩,所产生的抵抗力和反冲力也是空前强大的。此时吉斯卡德也不敢轻举妄动了,不过他也预料会出现这种情况并已有对策:一队诺曼轻骑兵沿着事先计划好的路线开始行动,轮番朝敌军投掷标枪。吉斯卡德希望用这支小部队来诱使一部分拜占庭士兵出击,从而在帝国军的乌龟阵上弄出道缺口来。然而老到的亚力克修斯根本不为所动,在他的指挥下,没有一个帝国军上当。

双方都不敢随意发动全面进攻,于是滑稽的一幕上演了:两军竟然不停地用小部队互相冲突、骚扰,而且还打得挺高兴。但他们毕竟都不是惯用此类战术的穆斯林军队,这种如同儿童嬉闹一般的打法是双方人员都无法长期忍受下去的,现在比的就是谁的耐心更强一点了。

最先按捺不住的还是诺曼勇士阿米基塔斯,他的右翼军最先杀向拜军前锋瓦兰吉卫队的尾部,这队人马立刻遭到了拜军主力的围攻。由于第一波冲锋未能撞开收缩的拜军战线,诺曼军的攻势立刻减弱了许多。加之吉斯卡德战前的盲目扩军导致己方军队质量变得良莠不齐,在凶猛的瓦兰吉战士的攻击下,右翼军渐渐无法抵挡,许多人转身就逃。由于已经没有了舰船,一些人竟跳进齐脖子深的海里,结果不是活活淹死,就是被赶上来的拜占庭、威尼斯舰队打死。

眼看右翼军就要彻底崩盘,此时又一位勇将挺身而出,令人惊异的是,此人竟是一个女人,她就是吉斯卡德的妻子西什盖塔。这位萨勒诺公爵妹妹勇悍程度不亚于其夫,作战时经常陪着吉斯卡德。此时她对着那些逃兵怒目而视,吼道:"你们打算逃到哪里去?回来,拿出点男子汉的气概来!"

诺曼版"雅典娜"的狮子吼收效甚微,许多人继续朝海边逃去。西什盖塔一急之下,竟抓起长矛,朝逃兵们猛冲过去。这才算把他们给震慑住了,右翼战线重新稳定了下来。

诺曼人的阵型稳住了,拜占庭人的阵型却出了问题。啥问题?脱节了。

性如烈火的瓦兰吉人作战时也和烈火一样不可阻挡,问题是火一般的战斗的激情常常把他们的脑子给烧出问题来。大概是太想为几十年前在意大利的同胞们雪耻了,纳姆皮特斯和他手下的瓦兰吉士兵竟把皇帝的命令抛到九霄云外,朝败退的诺曼右翼军猛追了下去。很快,这支人马和主力部队就拉开了相当一段距离。

吉斯卡德等的就是这一刻,他立刻派出一队步兵前去迎战,又命令骑兵对这队落单的敌军实行迂回冲锋。瓦兰吉人固然是十分悍勇,但一下跑了一大段路,再加上所使用的双手巨剑、双刃斧等兵器极为沉重,与诺曼步兵接战时已是气喘吁吁。更何况自己的侧翼和后方是全然的不设防,很快,他们就大部战死。剩下的人慌忙躲进了附近的天使长米勒伽的圣殿里,希望天神能保护他们。诺曼人的处理方式也够简单:一把火下去,躲在里面的瓦兰吉士兵连同圣殿一起化为了灰烬。

精锐部队的全军覆没对拜占庭人的士气来说是个沉重的打击,更糟的是,现在他们的密集方阵前方出现了一段空白。吉斯卡德可不会放过这个机会,诺曼人排成整齐的队形,成批冲杀进去。此时夹枪冲锋战术威力尽显,拜军的战线在许多部分被生生撕裂!

亚力克修斯皇帝到底是军人出身,仍坚守在自己的岗位上。怎奈他的部下已经坚持不住了。这支拜占庭军队的成分十分复杂:除了拜占庭人外,还有突厥人、亚美尼亚人、盎格鲁撒克逊人、塞尔维亚人和法兰克人。其中许多人就是为了钱而打仗的,根本没打算为皇帝尽忠。一见情况不对,7 000名突厥辅军拨马先走,紧接着塞尔维亚封臣也一箭不发而去。数万人的大军一下子跑散了一大半!

亚力克修斯皇帝虽继续拼死作战,还砍伤了一名诺曼贵族,但已于事无补。最终他只能悲愤而去,君士坦提乌斯等一大批拜占庭贵族和精兵殒命于此，存放在城外的圣尼古拉斯圣殿的辎重全部被诺曼人所缴获。欣喜若狂的吉斯卡德下令追击，亚力克修斯差点被追兵打下马来，额头也受了伤，但终究是逃了回去。

底拉西乌姆之战让拜占庭帝国一时再也无力组织强有力的抵抗，诺曼人一路向北推进，顺利地夺取了都拉佐等许多城市。然而亚力克修斯一世运用智慧弥补了战场上的失利：他与神圣罗马皇帝亨利四世结为同盟，让亨利袭击诺曼人的后方。对教皇格里高利七世早已心怀怨恨的亨利立刻进军意大利北部，作为格里高利七世的盟友，吉斯卡德只得回师救援罗马。拜占庭人乘机收复了全部失地。1084 年，吉斯卡德再伐希腊，但这一次，他自己成了疫病的战利品。翌年，一代枭雄病死在利克苏里以北的阿瑟拉斯。博希蒙德急于回国与兄弟争夺公爵职位，这次远征就这么草草收场。拜占庭再度躲过一劫。

罗伯特死后，诺曼人对外扩张的节奏放缓了一些，十余年后基督教世界发起了第一次十字军东征，包括博希蒙德在内的大批诺曼贵族投身其中，地中海世界暂时安定了不少。

12 世纪时的诺曼骑兵的装备和战术

第一次十字军东征取得了不小的成功，十字军在多留利姆、安条克城、阿斯卡隆等地的战役中都赢得了对突厥人的辉煌胜利。埃德萨、耶路撒冷、安条克、的黎波里四个公国先后建立。从这一系列历史事件都可以见到诺曼骑兵的赫赫战功。

然而，十字军在第一次东征取得的胜利是建立在穆斯林世界四分五裂的基础上的。当穆斯林们在一些伟大的君主的带领下重新团结起来的时候，基督教世界就很难再占到什么便宜了。1149 年，埃德萨公国被赞吉王朝苏丹努尔丁灭亡，赶来救援的第二支十字军又于 1151 年被击败。1175 年，埃及和叙利亚在中世纪伊斯兰教最伟大的英雄萨拉丁的努力下，统一在阿尤布王朝的旗帜下。1187 年，萨拉丁在哈丁设伏,全歼耶路撒冷王国军队,几乎将穆斯林世界的历来失地全部收复。消息很快传到欧洲,教皇乌尔班三世竟活活气死。欧洲各国君主也震惊不已,第三支十字军迅速组织了起来。这支东征十字军的主要领导人有:神圣罗马帝国皇帝——红胡子腓特烈一世、法国国王腓力二世和英国国王——绰号狮心的理查一世。而我们的主人公——诺曼骑兵也就此再度登场了。

有人可能又要问了:当时诺曼王朝已落下帷幕,统治英国的是安茹王朝(又名金雀花王朝),那英军又和诺曼骑兵有啥关系呢?其实道理很简单,骑兵作战的概念本就是诺曼人引进英国的,整个中世纪的英国骑兵都不定程度地受到诺曼人的影响。更何况此时诺曼王朝刚刚终结,诺曼文化在英国还有很大影响力,许多贵族仍以诺曼人自居(英国作家萨克雷的名著《艾凡赫》可以为证),而这些人正是英国骑士的主力。可以说此时的英国骑兵仍以"诺曼血统"为主。最后也是最重要的一点,诺曼底仍是英国国王的领地,根据历史资料记载,理查的部队中拥有大量招募自诺曼底的部队。所以第三次十字军东征时,诺曼骑士仍活跃在历史舞台上这一说法并不过分。

一个多世纪过去了,安茹—诺曼骑士们的装备和战术比起他们的祖先来又有了不小的变化。在护甲方面,札甲的应用更为普遍,样式较简单,主要是胸甲,由前后两片硬皮革组成,制作材料包括鲸须、牛角、硬皮皮革、黄铜和铁,硬皮皮革在成型之前先放到冷水或油里浸泡(软化处理),而后再置于模具中加热或烘干(硬化处理)。然后在表面垂直嵌入一排排的金属长条,再涂上一层蜡(防水处理)。为了增强防御效果,工匠们往往在皮甲内层用2到3行铁片加固。

链甲(锁子甲)的结构更为复杂了:分为身甲、臂甲、腿甲、肩甲、护手、兜帽等部分。身甲内穿有一件罩袍,罩袍里才是贴身的亚麻布内衣裤。罩袍的领口是方形的,用胸针别紧。肩甲部分内缝有毛毡,衣领部分高耸,经过硬化处理,内衬棉絮。十字军时期,手套式的护手也出现了。护手和链甲的袖子是连在一起的,掌心部分为皮质。腿甲一般用带子系在链甲外面,很像女士的吊带长筒袜。形制有半片(前半片)的和完整一片的两种。材质也有两种:一种是伊斯兰式的亚麻布质的,可以将整条腿包裹起来,有人形容它"白得像牧场上的小花",一种是金属质地,看起来和"悬挂的百叶窗"一样。链甲的风兜有和链接连在一起的,也有单独分离的,单独的风兜连有带子,绕到背后打结。风兜在颅骨部位绕有一圈皮质头箍,这样可以让头盔不容易掉下来。

十字军时代的诺曼链甲的各个部位厚度不同,在兜帽的前半部位有3毫米厚,胸铠处有2毫米厚,胳膊和腿部的护甲仅有1厘米厚,显然是着重防御穆斯林骑兵的钉头锤和长枪。

10到11世纪,链甲的胸口部位开始使用大片的金属板加厚,被称为"铁叶甲"。随着时间的推移,这种加固措施扩展到肩,腿,腹等部位,并最终演变为著名的板甲。当然,铁叶甲在当时仅限于少部分地位很高的贵族能装备(大约占作战人员的三分之一)。

与胸甲不同,链甲并未做冷处理,只是简单地加热以后锤炼成型。整件链甲重量达25千克,穿在身上既不觉得重也不会觉得不舒服(即使在热天也是如此)。

头盔家族变得更为丰富多彩:除了原有的星形盔和弗吉尼亚盔外,"大头盔"、宽帽檐头盔、罐头顶盔和"马桶盔"(12世纪后期出现)也都出现了。头盔上的扇形护面甲或保护喉部和下巴的金属薄片变得更为常见,这是用来应对当时普遍使用的十字弓的威胁的。

罐头式头盔为贵族使用,盔体呈圆柱形,护面为梯形,护面上在眼部开有两个长条形的口子,另缀有多个小孔作透气用。

"大头盔"(great helm)是用低碳钢在500摄氏度的环境下锻制而成,外表看上去像两个彼此倒扣在一起的圆柱状梯形体,因其形状特别,在网上被戏称为"马桶盔",12世纪后期开始流行,它用5片铁片组成,用铆钉连在一起。护面与罐头式头盔一样。盔顶和皮盔里之间填有一些稻草或马鬃。

宽帽檐头盔为半开放式,外表和二战英军的铜盘盔差不多,它散热性和视野开阔性都不错,多配给弓箭手使用。

诺曼人的链甲外也穿有一件罩袍,罩袍上画有各种图案和纹章,他们的盾牌表面也是如此。骑兵用的是巨大的圆桌形盾和一种卵形盾,后者内侧另覆有一层皮垫,上面装有三根握把,中间一根连着一条长长的皮带,这样盾牌既可以套在胳膊上,也可以像挎包一样挎在肩上。

12 世纪中期,欧式长剑的剑身均由低碳钢制成,变得更细、更长(长约 75 厘米)、更厚,并带有一道血槽。重量一般在 3 到 11 千克之间。

长枪在外形上没什么大变,枪柄的材料加入了苹果树的树干。12 世纪末以后,凸缘钉头锤作为破甲利器被广泛应用。它长 75 厘米,锤柄末端有根皮带,可以挂在手腕上。

坐骑和马具:理论上一名诺曼骑士拥有 3 匹马:一匹战马,一匹备用马,一匹驮马(运载装备)。贵族拥有 5 匹马。每个骑士都随身携带一名侍从。

马鞍出于保护骑手腹股沟和臀部的需要,显得大而重,表面画有纹章图案,上面覆有上等丝绸,下面垫有毡垫和一件厚厚的纤维马衣。胸带粗而宽,马甲分为头、脖颈和肩部、躯干两侧、后部四个部分。材质有两种,一种是外头是锁子甲,内衬棉絮。一种是部分为锁子甲,部分为硬质皮甲。马掌有青铜和铁的两种,铁制马掌上端的左右两侧均匀分布着几个狭长的钉口。马镫形状有梯形和三角形两种。

战术方面也无大变,仍以夹枪冲锋为主,诺曼骑士发动冲锋的时候,一部分侍从骑着备用军马,排成整齐有序的方阵跟随其后,另一部分骑马侍从则紧紧围拢在军旗周围。随从们有时会和骑士并肩冲锋或组成一道支援战线。战线上的每个方阵人数都差不多,约为 20 到 40 人。

阿 苏 夫 大 捷

当十字军们还在路上的时候,在哈丁战役中被俘后获释的前耶路撒冷王国盖伊(具体参见"马穆鲁克骑兵"章)已带着一支军队,于

1189年8月向被阿尤布王朝占领的阿克城发起进攻。然而一个月后，萨拉丁的主力就将他包围了起来。此时第三次十字军战争已然拉开序幕。

1191年，来自德国和法国的十字军都已赶到，但战局仍呈现僵持状态。当年6月，狮心理查加入战团，十字军士气大振，僵局立刻被打破。6月12日，阿克守军投降。萨拉丁不得不撤走。

耶路撒冷王国还没收复，十字军内部就因国王人选问题爆发了一场激烈的争吵，结果德国十字军统领——奥地利公爵利奥波德（腓特烈皇帝在途中溺死）和法国十字军统领腓力二世先后负气回国。理查成了无可争议的十字军总司令。

理查也是一名久经沙场的老将，他认为十字军在内陆地区无法与萨拉丁抗衡，因此决定先攻占重镇雅法，这样他就可以控制沿海地区。8月25日，他离开了阿克。十字军分为三部开拔，沿着迦密山附近的沿海道路行进。由于萨拉丁海军在阿克之战中已近乎损失殆尽，所以十字军海军可以毫无阻力地一路跟随并提供补给，避免遭到耶路撒冷王国军在哈丁一样的下场。

但十字军面临的环境依旧险恶：8月份的中东仍是盛夏时节，酷热难当。萨拉丁也会按照老习惯，沿途不断使用小股机动部队进行骚扰。一旦十字军无法忍受，行进间的队伍出现混乱，他就可以乘机从中取胜。

为此，理查将三军又分为三个部分：一支骑兵纵队和两支步兵纵队，骑兵夹在两支步兵部队之间行进。一队步兵一面保护着骑兵队的右翼，一面正面迎战穆斯林袭击部队，另一队则靠着沿海地带行军，并负责运输辎重和帐篷（因为十字军缺少运输用的牲畜）。狮心王把诺曼式的铁腕治军的作风带到了这支多国部队之中，他规定，无论阿军散兵部队的骚扰有多猛烈，不准任何一支部队在行军时脱离海岸线地区，骑兵们也不得私自向穆斯林骚扰部队发动冲锋，以免破坏行军队形。

十字军的行军序列，下图为狮心王的行军序列

这下萨拉丁的计划全落了空，他无法让部下越过敌军靠外的两支

纵队,去袭取十字军的辎重部队。而蚊子式的骚扰在狮心王的统一指挥和质量出色的欧式链甲面前也没能取得多大战果。据穆斯林史学家贝哈回忆,他曾看到一名十字军骑士身中十箭仍若无其事,而十字军步兵的诺曼长弓和十字弓却能轻易地将身穿半长袖札甲和鳞甲的阿军骑兵射下马来。

萨拉丁目前只有一个选择了,挑选个合适的地段,来一次大规模的伏击。他把伏击战战场选在阿苏夫城外,因为这里有一大片森林,可以很好地掩护穆斯林军队的行动。9月7日清晨,当十字军部队的左翼到达阿苏夫城外的种植园时,萨拉丁的军队出击了。

双方参战部队的规模并无明确的记载,根据史学家们推算,十字军步兵可能在2到3万之间,骑兵不超过5 000。阿尤布军队规模相仿,骑兵比例更高些。

萨拉丁将自己的帐篷设在主力部队后方,萨拉丁之子阿里·阿夫达尔指挥由来自叙利亚的部队组成的中军,左翼司令官是萨拉丁的哥哥阿里·阿迪勒,右翼的伊拉克部队交予摩苏尔埃米尔统率。

狮心王的布阵方式较为清晰:香槟的亨利统帅的步兵组成一道外围的防线,以翼护前锋和侧翼,他同时也负责指挥部署于十字军军阵后卫部分的辎重队,中军和侧翼各有4个骑兵方阵,他们的位置在队列和海岸之间。中军由盖伊及其兄弟乔弗里·德·吕西安指挥的普瓦图人和基耶纳人,再加上由理查本人指挥的诺曼人和安茹—诺曼人组成。圣殿骑士团——布列塔尼亚人和安茹人组成的右翼位于十字军行军队列的最前端,司令官是圣殿骑士团大团长罗伯特·德·塞布尔。左翼则被部署在行军队列的后部,它由法国人、佛兰德斯人、詹姆斯统帅的耶路撒冷骑士和医院骑士团组成,总指挥是医院骑士团大团长贾米尔·德·纳普里斯。左右翼均分布有军事修会的精锐兄弟会成员——圣殿骑士和医院骑士,他们组成了外围的序列。

最先遭到打击的是行进间的左翼和后卫部队,萨拉丁希望切断他们与十字军主力的联系,而后加以歼灭。成群结队的贝都因人和努米比亚人从隐伏的密林中冲出来,将投枪和箭支射向敌军纵队之中,而后朝道路两侧分开,以让后面的骑马弓箭手跟进攻击。当骑射手攻击完毕后退时，他们再顶上去。就这样不断循环往复，引诱十字军前来追击。该处战场的战斗变得越来越激烈，十字军多次被迫一边作战一边朝丛林中倒退着行进。整整一天，穆斯林战士们的喊声和十字军战士们的呼声，以及战鼓声、军号声交织在一起，碰撞在一起。萨拉丁和哥哥阿迪勒只带着两名随从，冒着飞箭，游走在左右翼部队之间，激励着部下们。

十字军左翼遭受的袭击最为猛烈，萨拉丁从各支部队中挑选出最好的战士，组成无数支尖兵部队，从四面八方紧紧压迫着他们。但无论战况有多么惨烈，医院骑士团都牢牢遵守着军纪，没有中穆斯林的计而让纵队中军的骑兵发动冲击。

在良好的甲胄和盾牌的护卫下，左翼部队伤亡并不大，但战马损失极多——穆斯林知道他们难以直接伤害到十字军骑士，就执行"射人先射马"的战术。这逼得贾米尔多次请求理查允许他们打个反冲锋，但每一次被驳回：狮心王观察到由于大海的存在，萨拉丁无法迂回包围十字军，只能保持紧密的压制队形。这样下去，阿军的战线会拉得越来越长，破绽也会越来越多。理查准备抓住机会，把全军骑兵集中到一起，一次性打垮敌人。

但此时医院骑士们已经无法忍受了：如果战马全完了，到时候他们只能和地位低贱的步兵一起作战，这对他们而言是个巨大的耻辱。很快，在整齐划一的"圣乔治"（医院骑士团的守护神）的呼喊声中，医院骑士和法国骑兵一起朝敌军冲杀过去。

这一下大大出乎理查的意料之外，也让萨拉丁兴奋不已，他立即下令穆斯林骑兵按原计划，包围这帮莽夫！

命令是下去了，但根本没有得到执行。原因很简单，阿尤布的骑射手们和底拉西乌姆的瓦兰吉人一样，被暂时的胜利冲昏了头。大多数骑射手为了便于瞄准，干脆翻身下马步射。谁知十字军左翼就在这时出击，一下把他们打懵了。

骑兵下了马，就和步兵一样了，而以穆斯林步兵那可怜的防护设施，是根本挡不住十字军那排山倒海般的冲击的。阿军登时大乱，叙利亚部队首先溃走，接下来是左翼、右翼……当秘书贝哈找到萨拉丁的时候，苏丹身边只剩下了17个马穆鲁克骑兵！

危急时刻，森林再一次帮了穆斯林军队的大忙。由于对密林中的情况不了解，狮心王没有下令追击逃入那里的阿尤布士兵。这给了萨拉丁喘息的机会，靠着他那出众的人格魅力，很快就将大部分人马重新招至麾下，而后对十字军发动了反冲锋。

萨拉丁的反击时机掐得不错，十字军此时正转身而行，完全没料到穆斯林战士们居然一脚踹在他们屁股上。不及防备间，落在队伍后方的许多步兵已经命丧阿尤布骑兵的钉头锤下。

战局又将逆转，此时，诺曼人那悍不畏死的作风终于在英军身上重现。理查高举手中的宝剑，统领中军对打得起劲的阿尤布军发动了夹枪冲锋。

安茹—诺曼的骑士们始终没有经历恶战，因此他们的斗志和精力都极为饱满；安茹—诺曼的骑士们是十字军部队的头号主力，因此他们的战斗力比谁都要可怕；安茹—诺曼的骑士们的夹枪冲锋能冲垮拜占庭的城墙，而阿尤布骑兵们显然没有那么坚强。以上几个因素叠加在一起，这波攻击的结果是毋庸置疑了。

数千支明晃晃的枪尖轻易地刺穿了阿军的铠甲，也刺穿了他们的心理防线。诺曼骑士们来回冲击，将敌人撞得溃不成军。狮心王更是勇不可当，只见他全身为剑光所笼罩，阿军士兵的尸体在他身边越堆越高……

阿苏夫战役中的狮心王

已陷入混乱的十字军余部见状也再度鼓起了勇气。胜利女神的天平再次倒向理查，这一次是决定性的。阿尤布残军靠着森林的掩护才逃得一命，萨拉丁回到营地后，悲伤到几乎食不下咽。

阿克和阿苏夫之战的败绩对于萨拉丁的威望来说是一次沉重的打击。虽然理查最终没能攻下耶路撒冷，但阿尤布军队上上下下都已产生了巨大的心理阴影。穆斯林史学家伊本·萨达德沉痛地写道："我们的弟兄全成了伤兵，不光是在肢体上，还在心灵上。"

而对强大的阿尤布军队的心灵造成如此重创的，除了理查外，还有那些可怕又可敬的诺曼骑士和他们那无敌的战术。对于这一点，想必读者们不会有太大异议吧。

图书在版编目(CIP)数据

铁甲洪流——古代骑兵 / 孟驰著. —上海：文汇出版社，2015.10
ISBN 978-7-5496-1573-5

Ⅰ.①铁… Ⅱ.①孟… Ⅲ.①骑兵—军队史—世界—古代—通俗读物 Ⅳ.①E151-49

中国版本图书馆 CIP 数据核字(2015)第 187073 号

铁甲洪流——古代骑兵

作　　者 / 孟　驰

责任编辑 / 卫　中
特约编辑 / 宋　毅
封面装帧 / 张　晋

出版发行 / 文汇出版社
　　　　　上海市威海路 755 号
　　　　　(邮政编码 200041)
经　　销 / 全国新华书店
排　　版 / 南京展望文化发展有限公司
印刷装订 / 上海新文印刷厂
版　　次 / 2015 年 10 月第 1 版
印　　次 / 2015 年 10 月第 1 次印刷
开　　本 / 640×960　1/16
字　　数 / 270 千字
印　　张 / 18.75

ISBN 978-7-5496-1573-5
定　　价 / 35.00 元